재판으로 본 세계사

재판으로 본 세계사

판사의 눈으로 가려 뽑은 울림 있는 판결

박형남 지음

Humanist

머리말

오늘, 다시 꺼내보아야 할 이유 있는 판결

누구나 행복을 추구하는 것이 당연시되고 서로 경쟁이 치열해지면서 '법 없이도 살 사람'은 줄어들고, "사회가 있는 곳에 법이 있다"라는 말은 현실로 다가온다. 일주일에 한두 번 열리는 '장날(판사들은 재판기일을 이렇게 부르기도 한다)'에 수십 건을 심리하면서 정의를 밝혀달라는 목소리가 커지는 것을 온몸으로 느낀다. 그런데 현실은 이런 재판에 대해 '유전 무죄, 무전 유죄'라든지 '전관예우'라고 뭉뚱그려 비난하지만, 구체적이고 체계적으로 비판하고 평가하는 일은 드물다. 판사는 "법관은 판결로 말한다"라는 말을 방패 삼아 속마음을 감추었고, 법조인은 문서를 작성하고 판례를 평석하는 데 그쳤으며, 인문학자와 사회과학자는 법 제도와 판례를 도외시했다. 송사가 있는 사람은 '재판부와 연고 있는' 변호사를 찾으면서 패소하는 경우 잘못된 법이나 판사의 불공정을 탓하고, 심지어 정치권이나 언론에서는 결과가 자기들이 추구하는 이념이나 정책에 들어맞는지에 따라 재판에 대한 평가를 달리하기도 한다. '내로 남불(내가 하면 로맨스, 남이 하면 불륜)'이라는 말에 빗대어, 재판에 대한 우리 사회의 법감정을 '유법 불정(우리 편에 유리하면 법에 따른 재판, 우리 편에 불리하면 정치적이거나 정실에 따른 재판)'이라고 표현해도 지나치지 않을 것이다.

이러한 현실에서 30여 년간 재판만 해온 사람으로서 시민들과 사법부의 거리를 좁히고, 건강한 논쟁 속에 공감대를 형성할 수 있는 무언가가 있었으면 했다. 현재 우리 사회를 뜨겁게 달군 재판들을 다루는 것도 좋겠지만, 현 사법부에 몸을 담고 있기 때문에 우선 고전처럼 오랫동안 인류에게 곱씹어볼 가치를 남긴 역사적 재판들을 다루면서 우리 현실을 투영해보는 것이 좋겠다 싶었다. 숨 가쁘게 흘러가는 재판 현장에서 한 걸음 떨어져 생각할 때마다 역사책을 읽으며 성찰의 시간을 가진 것도 계기가 되었다.

그동안 이런 유의 책이 한두 권 출간되거나 외서가 번역되었다. 여러 장점이 있음에도 불구하고 사건을 고르고 서술하는 데 한쪽으로 치우치거나 흥미 위주로 쓴 것이 많고, 우리 사회와 관련지어 평가한 것은 미흡한 편이다. 사법과 재판에 대해서도 역사적으로 고찰하는 것이 필요하다고 생각해서, 세기적 재판을 골라 재판 과정을 생생하고 재미있게 소개하면서, 사건이 일어난 사회적 배경과 판결이 사회에 미친 울림을 큰 눈으로 살펴보았다. '지금 여기' 우리가 곱씹을 것은 무엇인지 생각하고 가다듬어 쓰고자 했다.

이 책에서는 고대 아테네부터 현대 미국까지 사회적 상황과 갈등이 잘 드러나는 재판 사건을 선정했다. 선정된 재판에는 정치적(카틸리나 재판, 찰스 1세 재판, 마버리 재판), 경제적(로크너 재판), 사회적(소크라테스 재판, 드레퓌스 재판, 아이히만 재판, 미란다 재판), 문화적(드레드 스콧 재판, 브라운 재판), 종교적(토머스 모어 재판, 갈릴레오 갈릴레이 재판, 세일럼의 마녀 재판), 젠더적(마르탱 게르 재판, 팽크허스트 재판) 갈등과 분쟁이 두루 포함되어 있다. 이 재판들에서 사회적 대립과 갈등이 집약적으로 드러나거나 폭발했고, 재판 후에 논쟁과 평가를 거쳐 해결되었거나 새로운 방안을 찾게 되었다고 생각하기 때문이다.

역사에 길이 남을 정의로운 재판뿐 아니라 아무런 죄가 없는데도 억울하게 재판받은 사람도 소개하고자 했다. 역사적 오판을 살펴보면서 고인을 기리고, 그 원인을 되새겨보는 기회가 되었다. 역사적인 평가와 더불어 재판에서 지켜지지 않았거나 새로 정립된 법과 재판의 원리와 원칙은 무엇인지 나름대로 살펴보았다. 특히 이 책에서는 상반되는 평가를 모두 언급하면서 저자의 견해를 밝히고, 사실과 평가를 나누어 적었다. 한마디로 이 책이 뽑은 재판의 주제는 '법치주의는 무엇이고, 자유와 인권과 민주주의는 어떻게 펴져나갈 수 있었는가'라고 말할 수 있다.

이 책은 세계사에서 유명한 재판에 대한 이야기지만, 저자나 독자의 눈과 관심은 우리 현실에 있을 것이다. 타산지석, 반면교사라는 말이 있듯이, 다른 나라 재판을 거울삼아 우리를 되돌아보는 안목이 필요하다. 권력자를 처단하는 〈찰스 1세 재판〉을 쓰면서 당시 상황이 최근 우리 사회와 많이 닮았다고 생각했는데, 이에 공감하는 사람이 많을 것이다. 노동자의 최대 노동시간을 법으로 규제하는 문제를 다룬 〈로크너 재판〉을 보면 이미 100여 년 전에 벌어진 노동문제에 관한 논쟁의 뿌리와 깊이를 느낄 수 있다. 당대에는 노동자의 최대 노동시간을 제한하는 것이 위헌이었지만, 위대한 소수 의견 덕에 한 시대를 상징하는 이름이 되었다. 〈미란다 재판〉과 〈드레퓌스 재판〉에서는 형사재판을 바라보는 입장의 차이와 과거사 사건에 대한 재심의 어려움을 실감할 것이다. 이런 재판들이 비록 현실 문제에 대한 해답을 주지는 않으나, 생각의 실마리로 삼기에는 충분하다고 본다.

이 책은 우리 법원과 재판을 걱정하거나 비판하는 시민과 법에 관심이 많은 학생들을 위해 썼다. 법학 입문서인 《민법 총칙》을 처음 읽을 때 마치 외계인이 쓴 이상한 책 같아 적성에 맞지 않다고 낙담했는데, 법조인들은 올챙이 때 추억을 잊어버린 것은 아닐까 하는 생각이 든다. 젊었을 때는 '법 만능주의'를 부르짖다가 나이가 들면서 '법 허무주의'에 빠져 철학이나 종교에 심취하는 법조인도 종종 만난다. 법은 분쟁을 해결하는 수단일 뿐이고 법학이 '자기 인격 수양을 위한 학문爲己之學'이 아니라는 점을 깨달으면서, 평소에 인문학과 대화하는 것이 필요하다는 생각이 든다. 지나치게 많은 사건을 심리하느라 여유가 별로 없지만, 동료 판사들에게 재판과 사회의 '공명共鳴'을 성찰하면서 사람들의 아픔과 슬픔을 헤아리고, 사회와 역사에 대한 엄중함을 되새겨야 한다고 감히 말하고 싶다.

이제까지 거창하게 말했지만, 그냥 옛이야기로 읽어도 좋고 그것으로 충분하다. 얽히고설킨 사연과 욕망과 어리석음을 보면서 사람의 본성과 살아가는 모습은 변한 것이 없다고 생각할 수 있고, 다른 한편으로 진지하게 역사의 진보를 찾으려는 사람도 있을 것이다. 이렇듯 법과 재판의 모습은 양면적이고 보는 사람에 따라 다를 수밖에 없다. 고백하건대 이 책은 여러모로 부족하다. 그 나라의 원사료와 연구 결과를 읽은 것이 아니고, 역사학계를 비롯한 학자들의 글과 '선행 서적'을 읽은 후 비교 검토하고 정리한 것이기 때문이다. 독자적이고 심층적인 연구가 없는, 판사의 인상비평印象批評에 불과하다거나, 당시 법의 내용과 법리에 대한 설명이 턱없이 부족하다고 여길 수 있다. 또한 재판 이야기가 너무 자세하다고 불평할 수도 있고, 시대 상황에 대한 설명이 간략하다거나 오히려 불필요하다고 지적할 수도 있을 것이다. 다 맞는 이야기다. 법철학을 함축적으로 담고 있는 '소크라테스 재판'만 제대로 다루어도 이 책 분량의 지면이 필요하다.

'갈라파고스 군도'처럼 재판과 사법이 우리 사회와 동떨어져 있는 지금, 우리나라 판사의 시각에서 세계사적 재판을 알리는 것이 절실하다고 판단했다. 법원이 존립하는 기반은 권력이나 권위가 아니라 국민의 신뢰이기 때문이다. 우리 법원과 재판에 대한 신뢰가 그 어느 때보다도 떨어진 지금, 세계사적 재판을 함께 읽으며 소통하기 위해 수줍은 판사가 어렵게 용기를 내게 되었다. 모쪼록 재판과 사법에 관한 이야기가 법정 밖으로 나가 '세상 속으로' 널리 퍼지기를 바란다.

글을 마치면서 개인적인 소회를 밝히고자 한다. 어렸을 때 꿈인 역사가가 되지 못하고 '자의 반 타의 반' 판사로 살아왔는데, 역사서로 쌓은 만리장성에 이상하고 색다른 돌멩이 하나를 올려놓았다고 생각해본다. 글이 앞으로 나가지 않을 때마다 '두물머리 길'을 걸으면서 자연의 아름다움과 계절의 무상한 변화를 느꼈는데, 소중한 추억으로 오래 남을 것 같다. 이 책을 써보라고 권유했으며 힘들어하는 저자에게 따뜻한 격려와 엄정한 평가를 아끼지 않은 이호근 교수님의 우정을 오래 간직하고 싶다. '근대를 읽는 역사 스토리텔러'라 불리는 주경철 교수님은 바쁜 시간을 내어 제자들과 함께 이 책에 대해 시각은 적절한지 사실史實은 정확한지 검토해주셨다. 머리 숙여 깊이 감사드린다. 물론 이 책에서 발견되는 모든 잘못은 전적으로 저자의 책임이다. 법학적 측면에서 초고의 부족한 부분을 지적해주신 윤성근 판사님과 전상현 교수님께도 감사의 말씀을 드린다. 마지막으로 초보 저자의 거친 원고를 다듬어 멋스럽게 책을 만들어낸 휴머니스트 편집부에 고마움을 전한다.

2018년 7월

박형남

차례

재판으로 본 세계사

1

소크라테스는
신을 섬기지 않고
젊은이들을
타락시켰는가?

자크 루이 다비드, 〈소크라테스의 죽음La Mort Socrates〉(1787)

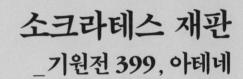

소크라테스 재판

_기원전 399, 아테네

시간과 법정

기원전 399년, 아테네 배심원 법정

사건 당사자

소크라테스Sokrates

재판의 쟁점

소크라테스는 신을 섬기지 않고 젊은이들을 타락시켰는가?

재판의 결론

유죄, 사형

역사적 질문

옳고 그름은 개인의 이성적 기준으로 판단해야 하는가? 아니면 다수의 의견이나 공동체의 권위에 따라 판단해야 하는가?

소크라테스는
'악법도 법'이라고 말했는가

소크라테스는 "너 자신을 알라", "악법도 법이다"라고 말한 고대 아테네의 철학자로 알려져 있다. 첫 번째 명제는 윤리적·사회적으로 문제가 되어 논쟁이 된 적이 없었다(이 구절은 델피 신전의 문에 적혀 있었고, 그가 맨 처음 말한 것이 아니다). 하지만 두 번째 명제는 사회적으로나 (도덕·법·정치) 철학적으로 문제가 있으며 학자들 사이에서 논쟁을 불러일으켰다. 정말 소크라테스가 '악법도 법이다'라고 생각했거나 말했는지 우리나라에서 벌어진 논쟁 과정을 가볍게 살펴보자. 이 명제에 대해 처음으로 문제를 제기한 권창은, 강정인 교수에 따르면, 1990년대까지 많은 도덕·철학 교과서에서 대략 이렇게 적고 있다.

> 부당하게 신을 모독하고 아테네의 청년들을 타락시켰다는 죄로 사형 선고를 받고 감옥에 갇힌 소크라테스는 국외 탈출을 권유받았으나, 비록 악법이라 해도 법을 어겨서는 안 된다는 신념을 가지고 기꺼이 독약을 마셨다.[1]

1993년 두 교수는 각자의 글에서, 플라톤Platon의 저서《소크라테스의 변론Apologia》과《크리톤Kriton》을 상세하게 분석한 후, 소크라테스가 그런 말을 한 적도 없고 그렇게 생각하면서 독배를 마신 것이 아니라 철학적 삶을 끝까지 지키려고 죽음을 선택한 것이라고 밝혔다. 한마디로 과거 권위주의 정부가 맹목적으로 준법정신을 강조하려고 만들어낸 말이라는 것이다. 여러 언론에서 두 교수의 주장을 소개했고, 이후 이정호, 김주일, 박동천 교수는 그들의 주장을 지지하는 취지의 글을 발표하기도 했다.

학계에서 이런 주장이 있고 별다른 반론이 제기되지 않은 상황에서 2002년 국가인권위원회는 교육부장관에게 초등학교 도덕 교과서에서 인권 존중 의식이 형성되는 데 부정적인 영향을 줄 수 있으므로, 인권 침해를 정당화하거나 편견을 조장할 우려가 있는 구절에 대해 수정할 것을 권고했다. 2004년 헌법재판소는 과거 유신과 권위주의 정권이 공동체를 위해서는 개인의 기본권을 희생해야 한다는 점을 강조하고자 준법교육을 강화하는 과정에서 '소크라테스의 일화'가 무리하게 적용되었다고 지적하면서, 실질적 법치주의에 대한 토론 자료로 수정해 사용할 것을 권고했다.

2007년경부터 발간된 교과서에서는 '소크라테스의 일화'가 빠졌으며 대부분 준법정신에 대해서도 기술하지 않는다. 이는 국가인권위원회나 헌법재판소가 교수들의 주장을 전면적으로 인정해서가 아니다. 옳고 그름을 떠나 민주주의 국가의 법치주의와 인권 의식에 부합하지 않은 '소크라테스의 일화'를 교과서에 소개하기에는 부적절하다고 어중간하게 봉합했기 때문이라고 보인다.

최봉철 교수는 이에 대해 소크라테스는 악법도 법이고 다만 그것이 타인에게 불의를 가하는 경우 지키지 않겠다고 생각했는데, 스스로에게 가해지는 불의이므로 감수한 것이라고 반박했다. 김상돈 교수는 '소크라테스의 일화'가 악법에 대한 저항과 준법의 숭고함 사이에서 긴장을 보여주므로, 교과서에서 준법정신에 대한 좋은 사례로 활용되어야 한다고 주장했다. 이런 주장은 지극히 전문적인 데다가 대응해서 논쟁이 벌어진 것이 아니므로 일반인으로서는 이해하기 어렵다. 여기서는 소크라테스 재판이 어떻게 진행되었는지 검토한 후, 필자 나름의 생각만 밝히기로 한다. 실제로 재판 과정에 대한 공식 기록이 없기 때문에, 재판이 끝난 뒤 플라톤이 스승을 기리면서 쓴《소크라테스의 변론》과 다른 대화편을 중심으로 살펴보겠다.

아테네 민주주의의 성장과
스파르타와의 전쟁 패배

테세우스가 그리스 남동부 지역에 세운 도시국가(폴리스Polis) 아테네는 처음에는 왕정으로 출발했는데, 귀족들이 실권을 잡게 되면서 귀족정으로 바뀌었다. 해상무역으로 부를 쌓은 상인들과 수공업자들은 귀족에게 불만을 품고 솔론을 지도자로 뽑고, 민회를 주축으로 귀족과 평민의 권리를 조정하는 정책을 시행할 것을 촉구했다. 솔론은 많은 개혁 정책을 폈으나 양측 모두에게 지지를 얻지 못해 물러났고, 그 후 무력을 동원해 권력을 잡은 참주僣主 페이시스트라토스는 빈민을 구제하고 경제성장을 도모하는 정책을 시행했다. 그가 죽은 후 아테네는 귀족들의 권력 다툼으로 혼란을 겪다가, 기원전 6세기 말 클레이스테네스가 배심원 제도, 500인 평의회 제도, 추첨으로 임명한 공직자에게 수당을 제공하는 제도, 독재자가 될 위험인물을 쫓아내는 도편추방제 등으로 평민의 권한을 확대하면서 세계 최초로 급진적 직접민주주의를 구현했다.

인민에 의한 지배를 뜻하는 민주정치demokratia 아래서 18세 이상의 자유민 남자들은 민회에서 공동체에 중요한 영향을 끼치는 사안에 대해 의사를 결정하고, 배심원 재판에 참여하는 것을 최고의 권한으로 여겼다. 고대 아테네에서는 기소를 담당하는 기관이 따로 없었고 시민 누구나 고발자가 될 수 있었다. 재판을 담당하는 배심원은 추첨으로 선출되었고, 이들은 고발인과 피고발인의 말을 들은 후 판단을 내렸다.

기원전 490년, 동방의 대제국 페르시아가 그리스 도시국가를 침략하는 페르시아 전쟁이 일어났다. 마라톤 전쟁과 살라미스 해전에서 아테네는 다른 폴리스들과 연합해 전쟁을 승리로 이끌었는데, 중무장 보병과 갤리선의 노잡이 해군으로 참여한 평민들의 피와 땀이 승전의 밑거름이 되었다. 아테네는 최고·최강의 폴리스로 급성장했으며, 시민들의 권한은 엄청나게 확대되었다. 페르시아 대군이 그리스 연합군에 패배해서 물러간 기원전 479년부터 약 반세기 동안 아테네는 소아시아까지 식민지를 건설하며 민주정체를 채택한 제국帝國으로서 최고의 영광과 권력을 누렸다. 그리고 라이벌 스파르타를 소외시킨 채 폴리스들의 연합체인 델로스 동맹을 결성하고 강력한 해군력과 왕성한 무역으로 부를 축적했으며, 동맹의 맹주로서 다른 폴리스에 개입해 과두정寡頭政을 민주정으로 전복시키기도 했다. 이 시기를 전후해 아크로폴리스의 건축물과 파르테논 신전이 세워졌고, 3대 비극작가 아이스킬로스와 소포클레스와 에우리피데스, 역사가 헤로도토스와 투키디데스 등이 활약했으며, 소크라테스도 거리의 철학자로서 살았다.

기원전 443년경부터 아테네 민주정치의 최고 지도자 페리클레스가 전면에 등장했다. 아테네에서 민주적인 제도가 확립되고 경제·문화적으로 전성기를 맞았으며, 민회의 권한이 강화됨과 동시에 국력도 크게 신장했다. 그러나 아테네 제국의 영광은 그리 길지 않았다. 스파르타가 남그리스 도시국가와 펠로폰네소스 동맹을 맺었는데, 기원전 431년 민주정 아테네와 과두정 스파르타는 전쟁에 돌입했고 27년 동안 전쟁의 소용돌이에 휘말렸다(펠로폰네소스 전쟁, 기원전 431~기원전 404). 전쟁 중에 페리클레스가 사망했고, 그를 이은 지도자들은 무책임한 선동가일 뿐 나라를 이끌고 전쟁을 수행할 능력이 부족했다. 기원전 404년 아테네가 스파르타에 항복하면서 전쟁은 끝났다. 종전 후 아테네는 오랜 전란과 전염병으로 인구가 급격히 줄고, 전쟁 비용과 배상금으로 재정은 바닥났으며, 전쟁 피해의 책임과 국가의 운용 방향에 대한 의견이 분열되면서 혼란은 극에 달했다.

기원전 404년 스파르타의 지지를 받은 부유층과 귀족들이 쿠데타를 일으켜 '30인 과두정권'을 수립했다. 이들은 평소 아테네 민주주의를 비판하고 스파르타를 찬양했는데, 정권을 잡자마자 시민들과 외국인의 재산을 약탈하고, 민주파 지도자들을 포함해서 1,500명을 처형하고, 부유한 시민 3,000명에게만 참정권을 주는 등 공포정치를 실시했다. 그러나 민주주의를 경험했던 시민들은 독재와 공포정치에 저항했으며, 민주파는 군대를 양성해 과두파와 일대 결전을 앞두게 되었다. 두 정파는 협상을 통해 8개월 만에 민주정체로 복귀하는 대신 과거에 반대파를 직접 살해한 경우를 제외하고는 모든 시민의 과거 정치 행위를 묻지 않는 것(사면)으로 대타협이 이루어졌다. 다시 아테네에 민주주의 시대가 도래했고 시민들은 일상으로 돌아갔다. 그러나 내부적 갈등과 폭력 사태가 아테네 시민들에게 남긴 트라우마는 깊었는데, 이런 상황에서 소크라테스는 시민들에 의해 재판을 받고 사형에 처해졌다.

소크라테스에 대한 고발과
재판의 시작

기원전 399년 5월 아침, 70세의 소크라테스는 광장(아고라Agora)에서 열린 아테네 배심원 법정에 재판받기 위해서 출석했다. 아테네에서 석공인 아버지와 산파인 어머니 사이에서 태어난 소크라테스는 젊었을 때 다른 시민들처럼 1년 동안 평의회에서 일했으며, 중무장 보병으로 세 번 펠로폰네소스 전쟁에 나가서 용맹한 군인상을 받기도 했다.

그런데 40세 무렵부터 소크라테스는 여느 시민과는 다른 길을 걸었다. 일은 하지 않고 아테네의 시장과 거리를 거닐면서 만나는 사람들에게 실생활과는 관계없는 '덕德이란 무엇이고, 훌륭하고 올바르게 산다는 것은 어떤 것인가'라는 식의 질문을 던졌다. 소크라테스는 이 물음에 대해 자기는 잘 모른다는 점을 인정하면서도(무지無知의 지知), 알고 있다고 착각하는 사람들에게 끊임없이 질문을 던지며 생각을 이끌어내고(대화법對話法 또는 산파술産婆術), 이를 통해 윤리적·도덕적으로 성찰하고 올바른 삶을 살도록 촉구했다(지행합일知行合一). 그 질문에 대해 아둔하고 상투적인 대답을 해왔던 사람들은 대화를 나누면서 그동안 깊이 생각하거나 반성하지 않고 살아온 스스로를 되돌아보았다. 젊은이들을 비롯한 어떤 사람들은 소크라테스를 스승으로 모시면서 따라다녔던 반면에, 어떤 사회 지도층은 불쾌감과 모욕감을 느끼면서 적대시했다. 소크라테스는 젊은 제자들에게 전통적으로 내려오는 종교적 믿음과 가치에 대해서도 의문을 갖고 자기 스스로 이성적으로 따져보고 판단하라고 강조했다.

평화로운 시기에는 비판적이고 삐딱한 이런 사고방식을 너그럽게 봐줄 수 있겠지만, 당시는 스파르타와의 전쟁에서 패배하고 정파적 갈등

소크라테스와 제자들 | 혼란의 시대를 만나서였을까. 소크라테스는 신성모독죄와 젊은이들을 현혹한 죄로 사형 판결을 받았다. 니콜라스 기발, 〈페리클레스를 가르치는 소크라테스Socrates teaching Perikles〉(1780)

으로 내부적 혼란이 거듭되던 불안하고 엄중한 시기였다. 한편 '30인 과두 정권'의 공포정치하에서 소크라테스는 피해를 입지 않은 데다 정권에 참여한 제자들이 있다는 이유로 아테네 민주정체에 대한 그의 충성심을 의심하는 사람들도 있었다. 사회적 혼란의 희생양이 필요했을까. 드디어 '예수 재판'과 더불어 세계사적으로 유명한 '소크라테스 재판'이 시작되었다.

시인 멜레토스Meletus, 웅변가 리콘Lycon, 민주파 정치인 아니토스Anytus가 제출한 고발장에 따르면, 소크라테스는 나라에서 믿는 신을 믿지 않고 새로운 신을 숭배하면서 아테네의 젊은이들을 타락시켰다는 혐의로 재판에 넘겨졌다. 당시 아테네 법이 어떤지 정확히 알 수 없지만, 신성모독죄 또는 불경죄로 고발되지 않았을까. 그 죄의 적용 범위는 모호하고도 넓었을 것이다.

지금까지 전해오는 그리스 신화에 따르면, 아테네 사람들은 제우스를 비롯한 올림포스의 신들이 사람들의 운명을 좌우한다고 믿었는데, 무역과 인적 교류로 다른 세상과 접하는 과정에서 전통적인 종교심이 약해지면서 자연을 탐구하거나(자연철학자), 인간 사회의 질서에 대해 토론하고 남에게 가르치는 사람(소피스트Sophist)들이 늘어났다. 소크라테스도 젊었을 때 자연을 공부했다는 둥, 이상하게 말재주를 부린다는 둥 소피스트들과 크게 다르지 않았다. 한편, 소크라테스는 젊었을 때부터 내면으로부터 올바른 길로 인도해 어떤 행동을 하거나 삼가도록 알려주는 '다이몬daimon'의 소리를 듣는다고 주장했다. 지금으로서는 양심의 소리로 여겨지는데, 아테네 사람들은 알 수 없는 자연의 힘이나 영적인 것이 그의 마음을 움직인다고 생각했을 수도 있다. 또한 제자들이 그의 가르침에 매료되어 전통적인 믿음을 무시하거나 회의하는 태도를 보인 것은 확실하다. 제자 알키비아데스는 아테네 젊은이들이 소크라테스의 철학하는 마음에 심취해 '독사에 물린 고통'처럼 쉽게 치유되지 못하고 도망갈 수 없는 지경에 이르렀다고 말하기도 했다. 고발인들이 보기에 소크라테스는 전통적인 신을 거부하는 불경을 저지르고 타락의 길로 젊은이들을 인도함으로써 사회질서를 무너뜨리는 사람이었다.

소크라테스에 대한 재판은 제비뽑기로 선출한 배심원 500명 앞에서 진행되었다. 배심원들은 신발 수선공, 목수, 대장장이, 농부, 상인 등다양한 계층의 일반시민이었다. 배심원단을 지도하는 판사도, 이들의 의견에 영향을 줄 만한 검사와 변호사도 없었다. 배심원들은 고발인들과 피고발인의 발언을 들은 후(이 재판에서 증인은 없었다) 하루 만에 결론을 냈다. 배심원들은 쌍방의 평소 성격과 평판을 판단의 중요한 근거로 삼았으며, 고발인과 피고발인은 설득력 있는 언변으로 상대를 공격하거나 자신을 변호했다. 때로 이들은 다른 사람이 작성해준 연설문을 읽기도 했는데, 소크라테스는 친구들의 도움을 거절하고 자신의 이성과 말만으로 재판에 임했다. 과반수로 유무죄를 가르는 배심원단의 결정을 뒤엎는 상급법원도 없었고, 판결에 이의를 제기할 수도 없었다. 배심원들이 유죄를 선언하면 쌍방에게 적절한 형벌을 말하게 한 후, 배심원들은 그중 하나의 형벌을 선택했다.

《소크라테스의 변론》에는 피고발인 소크라테스가 변론하는 것만 소개되어 있고, 그 앞 절차에 대해서는 서술되어 있지 않다. 추측건대 행정관이 고발장과 예비 청문회에서 한 소크라테스의 주장을 정리한 글을 배심원들과 방청객들 앞에서 읽은 뒤, 고발인들에게 약 3시간 동안 진술할 기회가 주어졌고, 그런 다음 소크라테스에게 변론할 시간이 비슷하게 부여되었을 것이다. 《소크라테스의 변론》은 유죄 판결을 받기 전까지 고발의 배경이 된 사유와 고발에 대한 1차 변론, 유죄 판결 이후 형벌에 대한 2차 변론, 사형이 선고된 후 소회를 밝히는 3차 변론으로 구성되어 있다.

1차 변론

아테네인 여러분, 나를 고발한 사람들로 인해 여러분이 무슨 일을 겪었는지 난 알지 못합니다. 하지만 어쨌든 나는 그들로 인해 나 스스로도 거의 나 자신이 누구인지를 잊어버릴 지경이었습니다. 그 정도로 그들은 설득력 있게 말하고 있었던 거죠. 하지만 진실에 관한 한 그들이 사실상 아무것도 말한 게 없다 할 수 있습니다.[2]

이렇게 말문을 연 소크라테스는 미사여구를 사용해 정연하게 변론하지 않고 평소 시장이나 거리에서 했듯이 생각나는 대로 말하는 것에 대해 양해할 것을 배심원들에게 당부했다. 소크라테스는 고발인들이 자신을 고발한 원인에 대해 "소크라테스는 신을 믿지 않은 채 하늘 위에 있는 것을 사색하고 땅 밑에 있는 돌을 탐구하며, 근거가 박약한 논리를 강하게 주장하는 지혜를 갖고 있으며, 젊은이들에게 캐묻는 것을 즐기도록 가르쳐서 경건함을 잃게 하고 타락시킨다"라고 추측했다. 이것은 당시 아테네 사람들이 그의 언행을 이해하지 못하고 무신론자들의 생각에 소피스트의 말을 더한 것으로 오해해 편견을 갖고 있었음을 보여준다. 소크라테스는 이 점이 판결에 영향을 미친다고 생각해서 먼저 반박했던 것이다.

소크라테스는 자신이 살아오는 동안 자연철학적 탐구를 한 적도 없고 근거가 약한 논리를 주장하지도 않았음을 배심원들이 잘 알고 있을 것이라고 말했다. 그리고 편견의 빌미가 된 소피스트의 언행이 자신의 언동과 같지 않다는 점을 구체적으로 이야기했다. 즉, 자신은 돈을 받고 가르치지 않았으며, 그들처럼 자랑삼아 우쭐거리면서 이야기할 만한 지식을 갖고 있지 않다는 점에서 다르다고 역설했다. 소크라테스는 자신이 자연철학자나 소피스트와 달리 인간적인 지혜를 가지고 있어서 비난받았다고 주장했는데, 그 지혜가 무엇인지는 잘 모른다고 말했다. 비난받은 이유에 대해서는 델피 신전의 무녀가 자신의 친구에게 "세상에서 소

고대 아테네의 아고라
(기원전 5세기경)

아크로폴리스
감옥
법정
아고라
헤파이토스 신전

도시국가 아테네 | 여기에는 신전이 모여 있는 언덕 아크로폴리스와 상업 활동이 활발한 아고라가 있었다. 아고라에서 철학자들과 시민들이 거닐며 정치 및 사회 문제를 토론했다. 물론 소크라테스도 이곳에 있었다.

신탁의 장소 | 델피는 지혜와 예언의 신인 아폴론을 모시는 신전으로 성스러운 신탁의 장소였다. 입구에는 두 경구가 새겨져 있다. "너 자신을 알라", "무엇이든 지나쳐서는 안 된다".

크라테스보다 더 지혜로운 사람은 없다"라고 말했다는 신탁을 소개했다. 신탁을 듣고서 정치가, 시인, 장인 등을 만나서 대화를 나누었는데 그들 모두 진실로 좋고 아름다운 것에 대해서는 전혀 알지 못한다는 사실을 깨달았고, 그들은 무지가 폭로되면서 수치심을 느끼고 분노하면서 고발 하기에 이르렀다고 밝혔다. 여기서 신탁의 뜻에 대한 소크라테스의 말을 직접 들어보자.

> 그런데 실은 여러분, 신이야말로 진짜 지혜로우며 이 신탁을 통해서 인간적인 지혜는 거의 혹은 아예 가치가 없다는 말을 하려는 것 같아 요. 그리고 신은 소크라테스가 이런 사람이라고 말하면서 내 이름을 그냥 덧붙여 사용하는 것으로 보입니다. 나를 본으로 삼으면서 말이 죠. 마치 "인간들이여, 그대들 가운데 누구든 소크라테스처럼 자기가 지혜와 관련해서 참으로 아무런 가치가 없다는 것을 아는 사람이 가 장 지혜롭다"라고 말하는 것처럼 말입니다.[3]

이렇게 소크라테스는 자신에게 쏟아진 오해와 편견에 대해 해명한 후, 고발 사유를 반박했다. 이 부분은 멜레토스와 문답을 나눈 내용이 있 고 논의가 다양하므로 간략하게 살펴본다. 첫째, 나라가 믿는 신과 관련 해서는 무신론자면서 새로운 신을 섬긴다는 주장은 모순이다. 자신은 태 양을 돌이라고 하고 달을 흙이라고 주장하는 무신론자가 아니며, 자신도 다른 사람들처럼 신의 존재를 믿되 더 높은 차원에서 믿고 있다. 둘째, 새로운 신에 관해서 자신은 내면에서 올바른 길로 인도하는 영적인 다이 몬의 소리를 듣고 있는데, 이것은 신의 정령으로부터 내려오는 것이다. 다른 사람들 역시 델피 신전에서 신탁을 듣고 신의 자손인 정령을 믿는다는 점에서 차이가 없기 때문에 자신이 새로운 신을 믿는 것은 아니다. 마지막으로, 젊은이들의 타락에 대해서는 말 훈련은 자격을 갖춘 사람이 해야 하듯 젊은이들을 교육하는 것도 마찬가지다. 또한 젊은이들에게 둘러싸여 있는 자신이 물들 위험이 있는 그들을 타락시킬 이유가 없으며, 어느 제자도 자신 때문에 타락했다고 말하지 않았다. 소크라테스는 여기서 그치지 않고 '자신의 생애를 위한 변론'을 이어갔다.

> 그런데 아마 누군가가 말할지도 모르겠습니다. "아니 소크라테스. 당신은 지금 당신을 죽을 위험에 처하게 만든 그런 유의 일을 추구했던 게 수치스럽지도 않습니까?"라고 말입니다. 그럼 나는 이 사람에게 다음과 같은 정의로운 말로 대답해줄 수 있을 겁니다. "이보시오, 아름답지 않은 말을 하고 있는 겁니다. 뭔가 조금이라도 쓸 만한 가치가 있는 사람이 어떤 일을 하면서 자기가 정의로운 일을 하고 있는지, 훌륭한 사람의 행동을 하고 있는지, 나쁜 사람의 행동을 하고 있는지만 따져봐야 한다고 생각하는 게 아니라, 사느냐 죽느냐의 위험을 계산에 넣어야 한다고 당신이 생각한다면 말입니다."[4]

> 내가 돌아다니면서 하는 일은 다름이 아니라 바로 여러분 가운데 젊은이에게나 나이 든 이에게나 영혼을 돌보는 것(즉, 영혼이 최대한 훌륭한 상태로 되도록 돌보는 것)보다 우선해서, 혹은 그것과 비슷한 정도로 열심을 가지고 육체나 돈을 돌보지 말라고 설득하는 일이거든요. "돈으로부터 덕이 생기는 것이 아니라, 덕으로부터 돈과 인간들에게 좋은 다른 모든 것이 사적인 영역에서든 공적인 영역에서든 생깁니다"라고 말하면서 말입니다. 그런데 이런 말들을 하면서 내가 젊은이

들을 망치고 있는 거라면, 이 말들은 해로운 게 되겠지요.[5]

여기서 더 나아가 소크라테스는 자신을 '등에'(파리처럼 생긴 곤충)에 비유했는데, 덩치가 크고 혈통이 좋은 말은 게으르고 굼뜬 편이라 등에의 자극이 필요하듯, 신이 아테네를 위해 자신을 보냈으므로 사람들을 일깨우고 설득하며 나무라기를 그만두지 않겠다고 다짐했다.

1차 변론에서 소크라테스는 자신에게 죄가 없다는 주장과 함께 자신의 철학적 원칙과 삶의 정당성을 피력하는 데 중점을 두었다. 신이 아테네를 위해 자신을 보냈고, 유죄 판결을 내리는 것은 사람들의 비방과 시기심 때문이며, 사형을 선고하는 것은 배심원들 스스로를 해치는 일이다. 자신은 빌어서 무죄를 받아내기보다 오히려 재판관을 가르치고 설득하겠다. 이런 말들은 배심원들의 화를 돋우고 분노를 키웠을 것이다. 변론이 끝난 후 배심원들은 유무죄를 가르는 두 항아리 중 하나에 청동 원반을 넣었다. 280 대 220으로 유죄 표가 더 많아 소크라테스는 불경죄를 저지른 죄인이 되었다.

2차, 3차 변론

유죄가 선고되자 멜레토스는 소크라테스에게 사형을 내려줄 것을 요청했다. 당시 관행에 따르면, 죄인은 조국을 떠나는 추방형을 대안으로 제시하고 배심원들은 특별한 사유가 없으면 받아들였다. 그러나 소크라테스의 2차 변론은 사람들의 예상을 빗나갔다. 먼저, 소크라테스는 자신이 평생 동안 사람들에게 충고하느라 여가가 없었으므로, 올림피아 경기의 우승자처럼 영빈관에서 식사 대접을 받는 것이 적절한 형벌이라고 말했다. 관대하게 처벌해달라고 빌지는 못할망정 오히려 상을 받아야 한다는 이 말이 심하다고 생각했는지 그는 곧바로 말을 바꾸었다. 징역형은 옥살이를 할 이유가 없다면서 반대하고, 추방형은 쫓겨 다니며 사는 것은 올바르지 않다는 이유로 반대했으며, 마지막으로 벌금을 내겠다고 제안했다. 이런 오만한 제안은 배심원들을 조롱하는 것이었다. 변론을 마치기 전 소크라테스는 어떻게 살아야 하는지에 대해 다시 한번 강조했다.

내가 날마다 덕에 관해서 그리고 다른 것들(즉 내가 그것들에 관해 대화를 나누면서 나 자신과 다른 사람들을 검토하는 걸 여러분이 듣는 그런 것들)에 관해서 이야기를 만들어가는 것, 이것이야말로 인간이 누릴 수 있는 최상의 좋음이며, 검토 없이 사는 삶은 인간에게 살 가치가 없다고 말하면, 여러분은 이런 말을 하는 나를 훨씬 못 미더워할 겁니다. 그렇지만 여러분, 실상은 내가 주장하는 대로예요. 다만 그걸 설득하기가 쉽지 않을 뿐이죠.[6]

배심원들은 360 대 140으로 소크라테스를 사형에 처하자는 고발인들의 제안을 받아들였다. 재판은 약 10시간에 걸쳐 진행된 후 하루 만에 끝났다. 다른 죄인들에게는 더 이상 기회가 없었지만, 소크라테스의 평판을 고려해서인지 마지막으로 배심원들에게 말할 기회가 주어졌다. 소크라테스는 먼저 사형 투표를 한 사람들에게, 그다음에는 무죄 투표를 한 사람들에게 말했다.

여러분이 사람들을 죽임으로써 누군가가 여러분에게 올바르지 않게 살고 있다고 비난하는 걸 막을 수 있을 거라고 생각한다면, 여러분은 아름답지 못한 생각을 품고 있는 거여서 하는 말입니다. 이렇게 벗어나는 일은 그리 가능하지도 아름답지도 않으며, 오히려 저렇게 벗어나는 일, 즉 남들을 억누르는 게 아니라 자신을 가능한 한 훌륭하게 되도록 다잡는 것이 가장 아름답고 쉽게 벗어나는 것이니까요.[7]

그런데 아무 감각도 없는 잠과 같은 것이라면, 즉 누군가가 자면서 꿈조차 전혀 꾸지 않을 때와 같다면, 죽음은 놀랄 만한 이득일 겁니다. 이렇게 보면 시간 전체조차도 단 하룻밤보다 많은 게 전혀 아니라고 보이니 말입니다. 그럼 이번에는, 죽음이 이곳에서 먼 곳으로 떠나 사는 것과 같고, 전해지는 말이, 즉 죽은 사람들이 전부 그곳에 있다는 말이 사실이라면, 재판관 여러분, 이보다 더 크게 좋은 일이 뭐가 있을까요? 자, 재판관 여러분. 여러분은 죽음에 대해 좋은 기회를 가져야 하고, 다음과 같은 진실 하나에 유념해야 합니다. 훌륭한 사람에게는 살아 있을 때든 삶을 마치고 나서든 어떤 나쁜 것도 없으며, 이 사람의 일들은 신들이 안 돌보지 않는다는 것 말입니다.[8]

소크라테스는 마지막으로 운명을 이야기하고 감옥으로 향했다.

아니, 벌써 떠날 시간이 되었군요. 나는 죽으러, 여러분은 살러 갈 시간이. 우리 중에서 어느 쪽이 더 좋은 길을 향해 가고 있는지는 신 말고는 그 누구에게도 분명치 않습니다.[9]

크리톤과의 대화

소크라테스에 대한 사형 집행은 건국자 테세우스를 기리기 위해 델로스 섬의 아폴론 신에게 보낸 제사祭使가 돌아올 때까지 연기되었다. 제사가 돌아올 무렵 어린 시절 친구인 크리톤이 찾아와 간절하게 탈옥을 권유했다. 하지만 소크라테스는 차근차근 이유를 대면서 거부했는데,《크리톤》에 그 전말이 자세하게 적혀 있다.

크리톤은 소크라테스를 설득했다. 부당한 방법을 써서라도 탈옥해야 한다, 도망치지 않고 처형을 당하려는 것은 소심함 때문이다, 훌륭하고 용감한 사람이라면 도망치라는 친구의 우정 때문에라도 살아남아서 자식들을 양육하고 교육시키며 그들과 함께 고난을 견뎌내야만 한다. 이에 대해 소크라테스는 자신의 일관된 삶의 태도를 강조했다. 그저 사는 것보다 훌륭하게 잘 사는 것이 중요하다. 어떤 경우라도 고의로 올바르지 못한 행위를 하는 것은 정의롭지 않은데, 설혹 상대가 자신에게 올바르지 못한 행위를 했더라도 앙갚음으로 올바르지 못한 행위를 해서는 안 된다. 어떤 일이 옳다고 동의한 것은 반드시 지켜야 하므로, 자신이 지금 탈옥하는 것은 남에게 해를 끼치는 부정의라고 설명했다. 크리톤이 이해하지 못하겠다고 말하자, 소크라테스는 다시 국법과 나라를 의인화하고 자신과의 상상적 대화를 꾸며 설명했다. 바로 이 부분이 "소크라테스는 악법도 법이라고 말했는가?"라는 질문과 관련이 있는데, 여기서는 이정호 교수가 정리한 것을 소개한다.

• 탈옥은 판결의 구속성을 개인이 무효화하는 것이므로 국법과 나라 (국체)를 파괴하는 것이다.

- 탈옥은 국법과의 합의를 저버리는 것이다.
- 국법은 소크라테스 자신 및 조상을 양육하고 교육시킨 부모나 주인 그 이상의 것이고 소크라테스는 자식이나 노예 같은 것이거늘, 국법을 거역하는 것은 부모 및 주인을 거역하는 것 이상의 부정의다.
- 언제든지 떠날 자유가 있는데 재판과 국사의 처리 방식을 다 보고서도 머물러 있는 것은 무엇이든 국가의 명령에 따르기로 동의한 것이다.
- 국가의 처분에 따르든지, 부당하다면 국가를 설득하든지 선택의 여지가 있는데도 탈옥을 택한다면, 누구보다도 국가와의 합의에 투철했던 소크라테스로서는 가장 큰 죄를 저지르는 것이다.
- 재판 과정에서 국외 추방형을 받아 지금 하려는 것과 같이 죽음을 면할 기회가 있었는데도 그것을 거부하고 이제 와서 탈옥하려는 것은 국법과의 약속을 어기는 천한 노예와 같은 행위다.
- 더구나 국법과의 합의는 강요나 속임수가 아닐 뿐만 아니라, 오히려 네 자신이 누구보다도 국법을 좋아하고 마음에 들어했던 것인데, 그 것을 지키려 하지 않는다는 것은 자가당착적인 웃음거리다.
- 소크라테스가 도망가면 친구들에게 해를 끼침은 물론이고, 국외에서도 법의 파괴자로 비난받는다.
- 소크라테스가 도망가면 재판관들의 생각과 판결이 정당했다는 것을 오히려 확정해주는 것이다.
- 소크라테스가 도망가면 네 자신이 평생 동안 가르쳐온 덕과 정의와 법률이 인간에게 가장 소중한 것이라는 너의 가르침과 모순되고 그 러한 가르침을 계속할 수도 없으며, 자식의 양육에도 도움이 안 된다.
- 죽음을 받아들이는 것은 소크라테스 네 자신의 죽음이 인간들에 의한 누명임을 밝혀내는 것이지만, 탈옥은 부정과 가해에 대한 보복이

며 약속의 파기며 국가와 친구들에게 폐를 끼침이다. 따라서 탈옥은 부정의며, 크리톤의 간청은 부당한 것이다.[10]

재판이 있은 지 약 한 달 후인 기원전 399년 6월, 소크라테스는 감방에서 가족을 모두 내보내고 친구들과 제자들이 보는 가운데 독미나리 즙으로 만든 독약을 마시고 사망했다. 플라톤의 대화편《파이돈Phaidon》에는 소크라테스가 생애 마지막 날을 새벽부터 해질녘까지 어떻게 보냈는지 상세하게 적혀 있다. 소크라테스는 죽음과 혼의 불멸성에 대해 제자들과 대화를 나눈 후, 옆방으로 가서 목욕을 마치고서는 통곡하는 사람들을 타이른 뒤 의연하게 독약을 마셨다. 약 기운이 퍼지자 얼굴에 덮었던 것을 벗고 마지막으로 이렇게 말했다.

크리톤, 우리는 아스클레피오스(그리스 신화에 나오는 의술의 신)에게 닭 한 마리를 빚지고 있네. 부디 갚아주게, 잊지 말고.[11]

역사의 법정에서

아테네의 선량한 시민 소크라테스는 왜 고발되었고 사형 선고까지 받게 되었을까? 끊임없이 덕과 올바름에 관해 질문하는 소크라테스에게 사람들 대부분은 스스로 성찰하고 반성하기보다 불쾌감과 모욕감을 느꼈을 것이다. 대화법을 익힌 젊은이들이 동네 어른이나 부모 세대에게 꼬치꼬치 캐묻고 따질 때, 기성세대는 소크라테스 때문에 젊은이들의 버릇이 없어졌고 말세가 되었다고 한탄했을 것이다. 소크라테스는 자기 내면의 소리에 귀 기울여 옳고 그름을 따졌으며 다른 사람들도 그렇게 해야 한다는 주장을 펼쳤다. 이에 그들은 윤리적 규범의 원천이자 시민들을 공동체의 일원으로 묶어주는 신에 대한 믿음에 혼란을 가져온다고 생각했을 것이다. 평범한 사람들의 어중이떠중이 의견이 아니라 덕 있는 사람들의 지혜로움으로 정치가 운영되어야 한다는 생각은 아테네 민주주의에 반대하고 시민들의 권력을 무시하는 것으로서 시대의 흐름에 반했다.

소크라테스의 제자들이 스파르타와의 전쟁 중에 조국을 배신하거나 '30인 과두정권'에 참여했다는 사실은, 민주파 정치인들에게 정치·사회적 혼란을 야기하는 희생양으로 삼는 데 호재로 작용했을 것이다. 전쟁 직후 아테네가 안정을 추구했던 시기에 시민들은 자신들이 믿어온 가치관과 신념에 도전하는 사람이 아니라 승인해주는 사람을 원했다. 이런 상황에서 배심원들의 동정심을 이끌어내기보다 자신의 정당성을 주장한 것은 소크라테스의 고집스러움을 보여주는 증표가 되었다. 하지만 유무죄를 가리는 첫 번째 표결에서 표 차이가 크지 않았으므로, 조금만 부드럽게 변론했다면 무죄 판결을 받을 수도 있었다. 결국 배심원들 입장에서 볼 때 '캐묻고 따지는 철학'은 신을 믿지 않도록 부추기고 사회 혼란을 불러일으킬 수 있기 때문에 더 이상 허용될 수 없었다.

소크라테스 재판은 적법하고 공정한 것이었을까? 지금으로서는 하루 만에 재판이 끝났고 증인이 없었으며 상소가 허용되지 않은 점이 이해가 안 되지만, 당시 아테네 법을 위반한 것은 아니다. 나라에서 믿는 신을 믿지 않고 젊은이들을 타락시켰다는 혐의에 대해서는 여러 정황상 유죄로 판단하기에 부족하고 소크라테스의 변론이 타당하다. 새로운 신을 숭배했다는 혐의에 대해서는 그의 주장대로 내면적인 양심의 소리라고 하더라도, 그런 신은 전통적으로 받아들여지지 않았으므로 유무죄의

국민참여재판 | 우리나라에는 2008년 1월부터 시행된 배심원 재판제다. 만 20세 이상의 국민 신청자 중에서 무작위로 선정된 배심원들이 형사재판에 참여해 유무죄 평결을 내리고 적정한 형을 정하면, 재판부가 이를 참고해 판결을 내린다. 영화 〈의뢰인〉(2011)에 나온 국민참여재판의 한 장면.

판단이 쉽지 않다. 무죄를 주장하려면, 자기가 믿는 신은 무엇인지, 죽음을 무릅쓰면서까지 복종하고자 하는 신의 명령이 무엇인지 적극적으로 해명해야 한다. 사실 이렇게 변론했더라도 당시 통념상 무죄가 선고되기는 어려웠을 것이다. 아테네에서는 나라를 보존하고 정책을 결정하는 데 도움이 된다는 취지에서 시민에게 민회와 아고라에서 자유롭게 말할 권리를 주었는데, 배심원들은 소크라테스의 언행이 이 문제와 전혀 무관하거나 오히려 공동체에 해를 끼친다고 생각했을 것이다. 아테네 역사상 젊은이들을 타락시키고 신을 믿지 않았다는 죄목으로 사형당한 사람은 소크라테스가 처음이었으므로 공정한 재판은 아니었지만, 벌금형으로 그치기에는 죄질이 나빠서 사형선고를 내릴 수밖에 없었다. 후대 철학자들로부터 아테네 민주주의와 관련해 비판받는 이 재판에 대한 책임은 일차적으로는 배심원들에게 있지만, 피고인 또한 그로부터 자유롭지 못하다.

이제 소크라테스 재판이 주는 철학적 질문, 즉 옳고 그름은 개인의 이성적 기준에 따라 판단해야 하는지, 혹은 다수의 의견이나 공동체의 권위에 따라 판단해야 하는지 살펴보자. 오늘날 자유주의 사회에서는 개인의 양심과 자율성을 존중하고 사회의 다양성을 보장하며 이를 바탕으로 국가가 존재한다. 따라서 도덕적 문제는 개인이 자율적으로 옳고 그름을 판단하고, 공동체의 정치적 결정은 민주적 절차에 따라 다수의 의사를 존중해야 한다. 그런데 아테네 사람들은 국가 안에서만 올바른 행동을 할 수 있었으므로 공동체의 규율이 곧 사람이 일상생활에서 지켜야 할 도덕적 기준이었다. 또한 제국의 힘과 시민의 이익을 중요시하는 민주정체에서 얼마나 많은 사람이 옳다고 생각하는지가 공동체의 판단 기준이 되었다. 하지만 소크라테스는 오랜 관습과 집단의 지배적 견해를 그대로 받아들이지 않고 의심하며(이성적 회의주의), 덕이란 무엇이고 훌륭하게 산다는 것은 무엇인지 끊임없이 성찰해야 한다고 생각했다(도덕적 개인주의). 그리고 사람들이 이렇게 살 수 있도록 도움을 주는 것이 정치의 목적이라고 주장했다. 나아가 아테네 보통 사람들의 몰지각과 시기심으로 스승이 억울하게 처형되었다고 생각한 플라톤은 올바른 국가에서는 최고의 지혜와 덕을 갖춘 철학자가 나라를 다스려야 한다고 주장했다. 선한 사람과 훌륭한 시민이 서로 모순되고, 개인의 자유와 사회의 안전이 갈등하고, 고결한 소수와 보통 사람들의 뜻이 대립할 때, 소크라테스는 전자를 우선시하고 아테네 사람들은 후자를 우선시했기 때문에 비극은 일어날 수밖에 없었다.

정말 소크라테스는 '악법도 법'이라고 말했는가? 《소크라테스의 변론》,《크리톤》등 플라톤의 어떤 대화편에서도 그런 말은 나오지 않는다. 《크리톤》에서 의인화한 국법과 나라의 말이 그런 취지를 함의하고 있다는 주장은 여러 가지 점에서 받아들이기 어렵다. 첫째, 크리톤에게 철학적 원칙에 따라 탈옥하지 않겠다고 설득했으나 이해하지 못하자 평범한 사람들의 통념에 따라 보충적으로 설명했다. 둘째, 소크라테스가 문제가 많은 그 내용에 대해 평소와 달리 예리한 질문과 비판을 하지 않았으므로 그의 진정한 생각이라고 보기 어렵다. 셋째, 소크라테스가 재판 받을 때 "국가가 나에게 철학을 포기할 것을 명령할지라도 결코 포기하지 않을 것이다"라고 말하는 등, 국법보다 자기 자신의 양심과 철학하는 정신을 우선시한 일관된 모습과 신념에 부합하지 않는다. 넷째, 소크라테스는 기원전 406년 전쟁 중 침몰한 함선의 군인들을 구조하지 못한 장군들을 한꺼번에 재판하려는 '500인 평의회'의 위법한 결정에 반대했고, 기원전 404년 어떤 사람을 사형에 처하려고 데려오라는 '30인 과두정권' 참주의 부당한 지시를 따르지 않았는데, 이런 행동은 악법이라면 따르지 않겠다는 생각을 보여준다. 설령 그런 취지가 있었더라도, 소크라테스는 악법도 법이라고 생각했기 때문에 탈옥을 거부한 것이 아니라, '어떤 상황에서도 악을 행해서는 안 된다', '철학하지 못하는 삶은 철학자에게 무의미하다'는 소신에 따라 독배를 마신 것이다.

김주일 교수에 따르면, 일제시대 일본인 법철학자가 문헌을 남기지 않은 채 소크라테스가 악법도 법이라고 말했다고 가르쳤는데, 제자들이 별다른 연구 없이 그대로 이어받았다는 것이다. 필자는 초·중·고 교과서에서 '소크라테스의 일화'를 준법교육의 사례로 드는 것에 반대한다. '소크라테스의 일화'와 관련해 오해를 살 여지가 많고 고대 아테네와 오늘날 대한민국은 법질서와 시민의 권리에 대한 시각차가 크기 때문이다.

논쟁거리가 많은 철학자의 특수한 사례가 아니라, 일상생활에서 일어날 수 있는 사례에 대해 학생들이 자기 눈높이에서 생각하고 토론하는 것이 훨씬 바람직할 것이다.

소크라테스 재판은 오랫동안 수많은 학자와 지식인에 의해 연구되고 재음미되었다. 1960년대 미국에서 베트남전쟁에 대한 반전운동과 민권운동이 활발할 때 '표현의 자유'와 '시민 불복종'이라는 관점에서 다양하게 논의되었다. 기원전 5~4세기 민주정하의 아테네는 사회적 발언이 자유로운 곳으로서, 시민들은 민회와 법정과 광장에서 활발하게 자기 의사를 표현했다. 이렇게 표현의 자유를 보장한 이유는 시민의 권리를 보장하기 위해서가 아니라, 다양한 견해를 제시하고 반박하는 과정에서 정책의 주요 방향을 올바르게 결정할 수 있었기 때문이다. 공동체의 유지와 이익을 위해 표현의 자유를 보장했으므로, 이와 무관하거나 공동체를 반대하고 비판하는 주장은 억압되고 제지받았다. 소크라테스는 자신의 주장이 아테네 사람들과 조국을 올바르게 이끌어갈 것이라고 생각했으나, 패전과 내란으로 위기에 처한 아테네는 기존의 가치관을 비판하는 철학자에게 더 이상 관용을 베풀지 않았다. 소크라테스는 시민들에게 비판적 정신을 받아들여달라고 요구했다가 처형되었는데, 이런 비판 정신을 만들어낼 수 있었던 곳도 아테네 민주정뿐이라는 점은 역사의 아이러니다. '시민 불복종'은 앞에서 본 '악법도 법인가'라는 질문과 관련이 있다. 대체로 소크라테스가 '시민 불복종'을 실천했다고 보는데, 이 역시 국가체제와 사회 상황, 문제가 된 정책이나 법의 부당성의 정도, 불복종자의 평소 신념과 불복종 행태 등을 찬찬히 따져보아야 한다.

마지막으로, 법조 실무의 시각에서 소크라테스 재판을 바라보고자 한다. 소크라테스는 법정에서 사용되는 변론 기술을 잘 알지도 못하며 말재주에 불과한 소피스트적 화법을 쓰지 않겠다고 말했다. 그러나 후대 학자들의 연구에 따르면, 변론에서 패러디(parody모방)와 아이러니(irony역설) 등 당대 수사법이 최고 수준으로 사용되었다고 한다. 다만, 배심원들을 찬양하거나 회유하거나 동정심을 이끌어내기는커녕 자신의 철학적 소신을 배심원들에게 가르치려 했다는 점에서 그 시대의 다른 변론과 차이가 있으며, 그 때문에 유죄 판결이 선고되었던 것이다. 변호사처럼 말하고 생각하고 글 쓰는 것을 배우는 우리나라의 법조 실무 교육에서 소홀히 다뤄지는 분야가 '변호사처럼 말하기'다. 변호사의 변론이 단순히 준비서면이나 변론요지서를 요약해서 읽는 것이 아니기에, '말의 성찬'이라고 칭송되는 아테네나 로마의 수사학적 법정 변론을 배우고 익히는 것도 필요하지 않을까.

2

카틸리나는
로마 공화정을
전복하려는 모반을
일으켰는가?

체사레 마카리, 〈카틸리나를 추궁하는 키케로Cicero Denounces Catiline〉(1888)

카틸리나 재판
_기원전 63, 로마

시간과 법정

기원전 63년, 로마 원로원

사건 당사자

루키우스 세르기우스 카틸리나Lucius Sergius Catilina

재판의 쟁점

카틸리나는 로마 공화정을 전복하려는 모반을 일으켰는가?

재판의 결론

유죄, 사형

역사적 질문

• 국가의 안전보장을 위해 시민권은 희생될 수 있는가?
• 귀족과 평민의 갈등은 어떻게 해결되어야 하는가?

로마 최고 변호사, 키케로

"로마는 세 번 세계를 제패했고, 세 번 여러 민족을 통합했다"라고 독일 법학자 예링은 말했다. 첫 번째는 로마가 번성할 때 무력으로 국가를 통합하고, 두 번째는 로마가 망한 후 기독교를 통합하고, 세 번째는 중세에 로마법의 계수繼受를 통해 법을 통합했다는 뜻이다.

로마는 신화에 따르면 기원전 753년 건국해 왕정(기원전 509년까지) - 공화정(기원전 27년까지) - 제정(476년까지. 동로마 제국은 1453년까지)으로 정치체제를 바꿔가면서 서유럽 지역 대부분과 북아프리카를 지배했다. 마리우스, 술라, 폼페이우스, 카이사르 등 역사에 이름을 남긴 장군들과 병사들이 칼과 방패를 앞세워 영토를 확장하며 로마제국을 건설했다. 그 넓은 지역의 여러 민족이 저마다 종교를 믿고 각기 다른 관습을 따랐다. 모든 사람과 지역에 일률적인 시스템이 적용되지 않았더라면 이처럼 다양한 사회가 통합되고 오랫동안 유지되지 못했을 것이다. 영토를 넓히고 사회적 갈등이 일어날 때마다 로마인들은 '법의 민족'이라 불렸을 정도로 법률을 제정하고 법 이론을 탐구했다.

로마의 많은 법률은 6세기 동로마 유스티니아누스 황제가 주도해《로마법 대전Corpus Juris Civils》으로 정리되었다.《로마법 대전》은 법학 초학도를 위한 교과서〈법학제요Institutiones〉, 법학자들이 쓴 책을 정리한〈학

로마 최고의 변호인 | **카틸리나 재판의 주역은 바로 키케로다. 로마시대를 통틀어 가장 말을 잘한 사람으로 손꼽을 만큼 법정에서 명연설로 청중의 마음을 사로잡았다.**

설휘찬Digesta〉, 황제들의 결정을 모아놓은 〈칙법휘찬Codex〉을 총칭한다. 그 후 중세 후반기부터 서유럽 여러 민족이 지역적으로 독립되어 나라를 이루면서 정치권력을 집중하고 사회질서를 유지하기 위해 최고로 발전된 로마법을 받아들이고 발전시켜나갔다. 18세기 영국 역사학자 에드워드 기번이 쓴 《로마제국쇠망사The History of the Decline and Fall of the Roman Empire》는 1,000년 동안 로마법의 발전 과정과 내용을 50쪽가량에 걸쳐 자세하게 설명하고 있다.

공화정 로마시대에 사회가 분화되고 발전하면서 수많은 민사사건과 형사재판이 법정의 문을 두드리게 되었다. 인구가 늘고 자산이 많아질수록 제 몫을 주장하는 목소리가 늘어나고, 이런 주장을 권리라는 이름으로 정당화하면서 소송을 벌이는 변호사들은 돈을 벌고 사회적 지위와 명예를 얻게 마련이다. 요즈음 우리나라 변호사들은 소송사건을 맡게 되면 사실관계를 파악하고 판례에 나타난 법리를 정리해 글로 적어내는 것을 가장 중요하게 여긴다. 이에 반해 고대 로마 변호사들은 법정에서 철학적인 논리와 조리 있는 말로 상대방을 반박하고 법무관(사법 업무를 담당하는 정무관)과 심판인을 설득하는 것을 중요시했다. 실제로 변호사의 웅변술이 소송의 승패에 많은 영향을 미쳤다. 역사가들은 그리스 철학을 연구하고 원로원과 법정에서 화려한 웅변으로 이름을 날린 마르쿠스 툴리우스 키케로Marcus Tullius Cicero를 로마 최고의 변호사로 꼽는다.

키케로 재판을 이야기하는 글 첫머리에 변호사 키케로를 소개하는 이유는 무엇인가? 키케로는 루키우스 세르기우스 카틸리나Lucius Sergius Catilina의 모반을 찾아내 원로원에 대책을 마련하도록 촉구하고 논쟁을 주도하면서 유죄를 이끌어낸 후 카틸리나와 그의 추종자를 제거함으로써 '조국의 아버지'라는 이름까지 얻었다. 카틸리나 재판은 실로 패배자 카틸리나와 승자 키케로의 오랫동안 얽히고설킨 한 편의 드라마다.

로마 공화정 체제에서
귀족과 평민의 갈등

공화정시대 로마는 귀족과 평민의 갈등과 투쟁을 거치면서 원로원을 중심으로 하는 정치체제를 정립하고 숱한 전쟁을 통해 이탈리아 반도를 통일했다. 이탈리아 도시 연맹을 토대로 로마는 카르타고와 세 번에 걸친 포에니 전쟁에서 승리함으로써 지중해 전역의 패권을 차지했다. 하지만 승리의 열매는 귀족과 평민에게 골고루 나누어지지 않았다. 정복한 지중해 동쪽 지역에서 산출되는 각종 사치품은 대부분 귀족에게 돌아갔다.

평민들 중에는 눈덩이처럼 불어난 빚을 갚지 못해 파산자가 늘어났고, 그들은 고리 대금업자들의 빚 독촉에 시달렸다. 각종 선거에 출마하고 사치품을 사느라 귀족층 젊은이들까지도 빚에 쪼들리는 일이 많았다.

로마 공화정이 수립되고 몇 해가 지난 뒤부터 평민들은 끊임없이 문제 제기를 했다. 숱하게 참전해서 얻은 이익은 귀족의 주머니로 들어가는데, 왜 평민들은 목숨 바쳐 싸워야 하는가? 닥치는 대로 가해지는 폭력에 노출되고 심지어 빚의 수렁에 빠져 노예가 되는 것이 다반사인데, 평민들이 온전한 시민권을 가졌다고 할 수 있겠는가? 귀족들은 무슨 권리로 평민들을 아래 계급으로 두는 것인가?

귀족들은 힘과 권세로 평민들을 마냥 억압할 수만은 없었다. 평민들을 대변하기 위해 호민관 직위를 만들고, 집정관console을 비롯한 주요 정무직을 평민들에게 개방하고, 채무노예 제도를 없앴다. 그리고 로마 시민의 자유는 양도할 수 없는 권리라는 원칙이 확립되었다.

역사가 대부분은 그때부터의 로마 공화정을 집정관과 원로원, 민회를 주축으로 하는 혼합정체(왕정, 귀족정, 민주정의 혼합)라고 설명한다. 그러나 한 걸음 더 들어간다면, 로마 공화정은 원로원을 주축으로 하는 과두체제라고 보는 것이 실제에 들어맞는다. 집정관 같은 주요 정무직은 대부분 원로원 의원 중에서 배출되었고 임기가 끝나면 다시 원로원으로 돌아갔다. 2명의 집정관은 정복 전쟁을 수행하기 위해 로마를 떠나 있는 경우가 많았는데, 그때마다 내정과 외교 및 군사 등 다방면에서 로마를 이끌어간 것은 원로원이었다. 원로원은 법적으로 정책 결정권은 없고 조언하거나 권고할 권한밖에 없었지만, 실질적으로 국정을 운영하는 중심 기관이었다.

공화정시대 귀족들은 원로원을 중심으로 자기들의 이익과 권한을 주장하고 확보했다. 반면 평민들은 호민관과 민회를 통해 자기들의 권리를 주장했지만 결과는 미약했다. 이런 상황이 계속되면서 일부 귀족들은 농지 분배·곡물 배급·부채 탕감·군 제대 후 보상 등을 요구하는 평민들을 보호해야 한다고 주장하며 '평민파populares'라는 당파를 결성했다. 귀족들 대부분은 사유재산을 보호하기 위해 원로원 의원들과 기사(귀족과 평민 사이 중간계층)들의 화합을 주장하면서 '귀족파optimates'를 구성해 대항했다. 집정관 선거에서 여러 번 떨어진 카틸리나는 빚에 허덕이는 귀족들과 불만에 찬 평민들을 모아 로마를 뒤집으려는 음모를 꾸몄다. 원로원은 치열한 논쟁을 거쳐 국가의 질서 유지를 위해 일반적인 법 절차 없이 관련자들을 모두 검거해 즉결 처형했는데, 바로 이것이 카틸리나 재판이다.

카틸리나의 야망과 도전

기원전 108년에 유서 깊은 귀족 가문에서 태어난 카틸리나는 젊은 시절부터 군사적 재능을 보였다. 그는 다양한 계층에서 따르는 사람이 많았는데, 재무관과 법무관 등 관직에 나가고 집정관 선거를 여러 번 치르느라 많은 빚을 지게 되었다.

기원전 65년 카틸리나는 모든 귀족이 선망하는 '관직의 사다리'의 정점인 집정관 선거에 입후보하려고 했다. 뒤늦게 평민파로 선회한 그는 퇴역한 병사들에게 토지를 분배하고 부자든 가난한 사람이든 모든 사람의 채무기록을 말소해 빚을 탕감해준다는 공약을 내걸었다. 화들짝 놀란 원로원은 카틸리나가 그전 아프리카의 속주 총독 시절 부당하게 재산을

로마의 모반자 | 카틸리나가 당대 사회에 불만을 품고 세상을 바꾸고 싶었는지는 모르겠지만, 공안 정국이 조성되었다는 것은 현실적으로 로마의 사회적 갈등이 극도로 고조되었다는 것을 의미한다.

취득했다는 혐의로 고발된 재판의 결과가 나오지 않았다는 이유를 들어 후보 자격을 박탈했다. 무죄 판결을 받은 카틸리나는 기원전 64년에 다시 집정관 후보로 나섰지만, 변호사로서 한창 이름을 날리고 있던 키케로와 유명 변호사를 아버지로 둔 사람이 집정관으로 당선되는 바람에 3등에 머무르며 고배를 마셨다.

그래도 카틸리나는 야망을 버리지 않고 기원전 63년 10월 20일에 열린 집정관 선거에 나갔다. 지난해보다 상대하기 쉬운 사람들이 출마했지만, 카틸리나가 공약으로 내걸은 토지 분배와 부채 전액 말소 정책은 절대로 막아야 한다고 생각한 귀족파가 반대 여론을 조성했고, 카틸리나는 이번에도 3등으로 낙선했다. 당선인 중 한 사람이 선거법 위반으로 고발되었는데, 아직 집정관 임기가 끝나지 않은 키케로가 직접 변호에 나서서 무죄 판결을 받아냈다. 이때 '혹시나' 하고 꿈을 꾸었던 카틸리나는 '역시나'라고 탄식하며 선거 비용으로 생긴 빚을 갚을 기회를 가로막은 키케로에게 반감을 갖지 않았을까.

여기서 '2,000년 전에 일어난 사건을 어떻게 날짜까지 정확하게 알 수 있을까'라는 의문이 들 수도 있다. 이에 대한 답변은 '일단 믿어도 좋다'이다. 말과 글에 유능했고 그 힘으로 집정관 자리까지 오른 키케로는 원로원과 민회에서 카틸리나를 공격한 연설 4편 등을 모아 《카틸리나 음모기In Catilinam》('카틸리나 탄핵'으로도 번역된다)로 펴냈다. 20년 후 살루스티우스C. Sallustius Crispus가 카틸리나 사건의 전후 과정을 자세하게 기록한 《카틸리나와의 전쟁Bellum Catilinae》을 내놓았다. 하지만 패배자 카틸리나는 아무런 글도 남기지 못했다.

집정관 키케로, 카틸리나를 공격하다

집안 족보를 따지면 로마 건국 시조까지 거슬러 올라가는 카틸리나와 비교할 때, 키케로는 정치적 이념뿐 아니라 출신 배경도 너무나 달랐다. 키케로는 로마 남동부 아르피눔에서 기사 가문의 아들로 태어났다. 그의 일가는 지역 유지였지만 정계에서 두각을 나타낸 이는 없었다. 키케로는 법정에서 철학적이고 문학적인 연설로 심판인의 감성을 뒤흔들어 큰 인기를 얻었고, '명문가의 자제 여러 명'을 성공적으로 변론해 귀족들의 환심을 사고 다양하게 연고를 맺어 마침내 집정관에 올랐다. '개천에서 난 용'이라고 할 수는 없지만 정치적으로 자수성가한 사람인 것은 확실하다.

기원전 60년대 로마의 보통 사람들은 생활 형편이 팍팍했다. 집과 토지의 임대료가 엄청나게 올라서 빚을 제때에 갚지 못하는 사람들이 늘어났다. 심지어 파산하는 경우도 있었다. 그 전에도 부채의 4분의 3을 탕감해주겠다는 법이 시행되었지만, 빚에 쪼들리는 사람들의 수와 부채는 계속 늘어갔다. 토지를 재분배하고 부채를 탕감해주겠다는 카틸리나의 공약에 찬성하는 사람들 중에는 퇴역한 뒤 어렵게 농사를 짓거나 소규모로 상점을 운영하는 사람이 많았다. 또한 그와 비슷하게 생활이 곤궁한 귀족들 중에서 로마 정부에 불만을 품은 과격한 사람들도 모여들었다. 여기서 카틸리나가 공모한 귀족들을 어떻게 설득했는지 살펴보자.

> 인간의 정신을 가진 어떤 사람이, 우리는 생활필수품마저도 부족한데 독재자는 많은 부를 가지고 있으며, 바다를 밀어내고 산을 평평히 하는 데 정력을 기울이는 것을 참을 수 있겠습니까? 그들은 2개 또는 그 이상의 저택을 연결하며 사는데, 반면 우리 중 누가 가정에 벽난로를 가지고 있습니까? 그들은 그림, 조각, 양각 화병을 쌓아두고, 새것을 부수고 다른 것들을 세웠습니다. 요컨대 그들은 모든 방법에서 재산을 잘못 사용했고, 결국 극도의 사치 때문에 재산을 지킬 능력을 잃었습니다. 그러나 우리는 궁핍하며, 부채를 지지 않았더라도 현재는 비참하고 미래는 더욱 희망이 없습니다. 요컨대 비참한 삶 이외에 우리에게 무엇이 남아 있습니까?[1]

알려진 카틸리나의 계획은 이러했다. 기원전 63년 10월 28일 키케로를 비롯한 정무관들을 암살하고, 로마 시내 관저에 불을 지르고, 토스카나 지방에서 군대가 로마로 진군하는 과정에서 퇴역한 병사와 농민이 합세하는 것이었다. 그러나 몇몇 원로원 의원과 가난한 젊은 귀족이 공모한 이 계획은 실행되기도 전에 발각되었다. 키케로의 주장에 따르면,

공모자들 중 한 사람이 성공을 확신하고 애인에게 계획을 발설했는데, 그 여자가 키케로에게 애인한테 들은 이야기를 일러바쳤던 것이다.

기원전 63년 9월 집정관 키케로는 원로원을 소집하고 국가에 아무런 해가 없도록 강력한 조치를 취하자고 주장했다. 원로원 의원이기도 한 카틸리나는 회의에 참석해 모반을 강하게 부정했고, 의원들 대부분도 명확한 증거가 없다는 이유로 키케로의 주장에 반대했다. 그러나 사람들 사이에 소문이 퍼지고, 키케로가 거듭 사태의 심각성을 강조하고, 일부 병사들이 로마 시내 외곽에 집결해 있다는 사실이 알려지게 되었다. 원로원은 10월 21일 모든 법률과 시민의 권한을 정지하는 '원로원 최종 권고senatus consultum ultimum'를 의결하고 집정관에게 비상대권非常大權을 부여했다. 쉽게 말해서 로마판 긴급조치나 계엄령이 발동된 것이다. 그러나 카틸리나는 조작된 음모라는 점을 보여주려는 듯 계속 로마에 머물렀다. 11월 7일 정무관들을 암살하기 위해 선정된 자들이 키케로의 집으로 찾아갔다가 경계가 엄중한 것을 보고 되돌아갔다. 키케로는 카틸리나 일당의 음모를 확신하고 바로 원로원 비상회의를 소집했다.

원로원에서 벌어진
치열한 연설 전쟁

11월 7일 밤 로마에 있는 원로원 의원들이 카틸리나를 비롯해 모두 회의장에 모였다. 키케로는 변호사로서 갈고닦은 웅변술을 발휘해 생애 최고의 변론을 했다. 그 후에도 카틸리나를 처단하기 위해 11월 8일과 12월 3일 민회에서 2, 3차 연설을 하고, 12월 5일 다시 원로원에서 4차 연설을 했다. 이 연설문 4편은 오늘날까지 라틴어를 배우는 학생들의 강의 계획서에 남아 있으며, 오바마 미국 대통령을 비롯해 유명 정치인들의 연설문에서 종종 인용된다. 키케로의 첫 번째 연설을 직접 들어보자.

카틸리나, 당신은 언제까지 우리 인내를 시험할 것인가? 얼마나 오랫동안 당신의 광기가 우리를 조롱할 것인가? 어디까지 당신의 고삐 풀린 만용이 날뛰도록 놓아둘 것인가? '팔라티움' 언덕의 야간 경비, 도시의 보초병, 인민의 공포, 모든 선량한 시민의 회합, 빈틈없는 경호 아래 개최된 오늘의 원로원, 이곳에 참석한 위원들의 표정을 보면서 당신은 아무것도 느끼지 못하는가? 당신의 계획이 백일하에 드러났음을 느끼지 못하는가? 여기 있는 모든 사람에게 알려짐으로써 당신의 음모가 이미 좌절된 걸 보지 못하는가? 어젯밤에, 그저께 밤에 당신이 무엇을 했는지, 어디에 있었는지, 누구를 불러 모았는지, 어떤 계획을 꾸몄는지 당신은 우리 가운데 누가 모를 것이라 생각하는가?

시대여, 세태여! 원로원은 이것들을 알았고, 집정관은 보았습니다. 그런데 이자는 숨을 쉬고 있습니다. 숨을 쉴 뿐입니까? 심지어 원로원에도 출석하고 공적 논의에도 참여했으며, 우리 하나하나를 눈으로 지목하며 죽음을 결정했습니다. 이자의 광기와 폭력을 모면하는 것만으로도 우리는 국가를 위해 할 일을 다한 용감한 사내로 보일 것입니다.

이제 원로원 의원 여러분, 조국이 제게 제기한 정당하다 할 불만에 대해 답변할까 합니다. 여러분, 제가 드리는 말씀을 경청해주십시오. 제 말을 여러분의 마음과 머릿속에 깊이 새겨주십시오.

제 목숨보다 훨씬 소중한 제 조국이, 로마 전체가, 온 나라가 제게 이렇게 말할지도 모릅니다. "마르쿠스 툴리우스, 무얼 하는가? 국가의 적으로 파악된 자를, 장차 전쟁의 괴수로 확인된 자를, 적들의 요새에서 사령관으로 활약할 것이 예상되는 자를, 범죄의 주동자를, 반역의 수괴를, 타락한 노예와 시민의 징집자를 떠나게 놓아두려는가? 네가 그를 로마에서 쫓아낸 것이 아니라 로마를 공격하도록 네가 그를 내보낸 것으로 보인다면 어쩔 셈인가? 감옥에 가두도록, 사형에 처하도록, 최고의 형벌로 다스리도록 명령하지 않을 셈인가? 무엇이 너를 가로막는가? 조상의 관례인가? 하지만 이 나라에서 개인이 사사로이 위험인물을 죽음으로 처벌한 것은 드문 일이 아니다. 혹은 로마 시민의 처벌에 관한 법률 때문인가? 하지만 이 나라에서 국가에 위해를 가한 시민은 어떤 경우에도 권리를 주장하지 못한다. 혹은 후세의 질타를 두려워하는가? 훌륭한 조상 덕분이 아니라 너 자신의 능력으로 인정받은 너를 모든 관직을 두루 거쳐 국가 최고의 정무관으로 세운 로마 인민에게, 만약 사람들의 질타 혹은 어떤 위험 때문에 네 동료 시민들의 안녕을 소홀히 한다면, 그것을 진심 어린 감사라 할 수 있는가? 하지만 무언가 질타의 두려움을 네가 느낀다면, 그것은 엄정과 용기의 질타가 아니라 무지와 무능의 질타여야 한다. 로마가 전쟁으로 황폐하게 변하고, 도시들이 파괴되고, 가옥들이 불탈 때 너는 너 자신이 그런 질타의 화염에 태워 없어질 것을 생각하지 않는가?"

원로원 의원 여러분, 저는 여러분에게 약속합니다. 여러분은 저희 집정관들의 커다란 주도면밀함으로, 여러분의 커다란 위엄으로, 로마 기사 신분의 커다란 용기로, 선량한 시민 모두의 일치단결된 의지로, 카틸리나가 로마를 떠난 이후 모든 것이 드러나고 명백해지며, 제압되고 처벌받는 것을 보게 될 것입니다.[2]

갑자기 공격을 당한 카틸리나는 의원들에게 집정관 키케로의 말을 믿어서는 안 된다고 주장했다. 그리고 자신의 훌륭한 조상과 뛰어난 업적에 빗대어 키케로의 미천한 출신을 조롱했다. 그러나 카틸리나의 계획이 로마 전체를 불태울 것이라는 소문에 시민들이 등을 돌리자, 카틸리나는 밤중에 몰래 로마에서 달아났다. 다음 날 키케로는 원로원에 이 사실을 보고했지만 아직 그 일당이 남아 있는 데다 이들을 체포할 증거를 잡지 못했다. 한 달가량 지난 후 키케로는 변방의 부족장을 함정에 빠뜨려 로마의 귀족 일부가 모반에 가담했다는 서약서를 손에 넣었다. 곧바로 현직 법무관과 원로원 의원 5명을 체포한 후, 12월 5일 이들에 대한 처벌 문제를 놓고 원로원 회의를 열었다.

'원로원 최종 권고'가 이미 발동되었으므로 집정관은 국가의 안전을 위한다는 명분으로 재판 절차 없이 바로 처형할 권한이 있었다. 하지만 체질적으로 '법의 인간'으로 타고난 키케로는 법이 정한 재판을 거치지 않고 로마 시민을 처형하는 데 불안감을 느꼈을 것이다. 이날 회의에서 키케로는 판결은 회의가 끝난 뒤에 투표로 결정하겠다고 밝혔다. 차기 집정관으로 선출된 2명은 즉시 처형해야 한다는 견해를 밝혔다. 곧바로 차기 법무관으로 선출되고 나중에 로마 역사상 최고의 문제적 인간으로 평가되는 평민파 카이사르는 삼엄한 분위기에서 차분하게 온건론을 폈다. 여기서 살루스티우스가 전하는 카이사르의 반론을 들어보자.

원로원 의원 여러분, 여러분만이 아니라 모든 인간에게 적용되는 말이지만, 의심스러운 일에 결정을 내려야 할 때는 증오나 우정, 분노, 자비 같은 감정은 일단 잊어버리는 것이 정당한 태도라고 생각합니다. 베일에 가려진 진실을 확인하는 것은 결코 쉬운 일이 아닙니다.

탄핵당한 카틸리나 | 왼쪽에서 밝은 빛을 받으며 연설하는 사람이 키케로, 오른쪽 구석에 홀로 앉은 사람이 카틸리나이다. 체사레 마카리, 〈카틸리나를 탄핵하는 키케로Cicero Denounces Catiline〉(1888)

특히 그것이 한때나마 사람들에게 만족을 주고 공동체에 이롭다고 여겨지는 경우에는 더욱 그렇습니다. 이성에 무게를 두면 두뇌가 주인이 됩니다. 하지만 감정이 지배하게 되면 결정을 내리는 것은 감성이고, 이성이 끼어들 여지는 사라지고 맙니다.

첫 화살을 쏘는 사람이 이번처럼 집정관 키케로라면 걱정할 것은 없습니다. 하지만 로마에는 다른 성격을 가진 사람도 많이 살고 있습니다. 다른 기회에 다른 집정관이 거짓 음모를 진실이라고 믿고, 자기 손에 넣은 권력을 남용한다면 어떻게 되겠습니까? 이번 일이 선례가 되면, 선례가 있다는 이유로 집정관과 '원로원 최종 권고'가 칼을 빼 들었을 경우, 어느 누가 한계를 깨우쳐주고, 어느 누가 폭주를 막을 수 있겠습니까?

그러면 이제 결론을 말씀드리겠습니다. 후세에 미칠 영향을 고려해 죄인을 석방한다는 것은 당치도 않습니다. 그래서는 카틸리나 일당을 강화시킬 뿐입니다. 따라서 나는 이렇게 제안하고 싶습니다. 5명의 재산을 몰수하고, 지방 도시에 한 사람씩 맡겨서 감금하는 것입니다. 그리고 앞으로 그들에게는 원로원이나 민회에서 발언하는 것을 허용하지 않아야 합니다. 이를 위반하면 이번에야말로 그들을 국가의 적으로 규탄하고 거기에 상응하는 형벌에 처하는 것입니다.[3]

어쨌든 아직 모반이 일어나지 않은 상황에서 카이사르가 논리적으로 주장하자, 즉시 처벌하자는 원로원의 분위기는 다소 흔들렸다. 하지만 귀족파의 떠오르는 별 카토가 발언권을 얻어 날카롭게 재반론을 폈다.

다른 범죄라면 사후에 처벌해야겠지만, 이번 경우는 다릅니다. 그런 범죄를 미연에 방지하는 것이 우선인 이상, 아직 실질적인 피해가 없다 해도 제재를 가해야 마땅합니다. 영생불사의 신들에게, 여러분에게 호소하고자 합니다. 여러분의 마음은 솔직히 말해서 국가의 이익보다는 여러분 각자의 소유물, 즉 저택이나 별장, 초상, 그림 등으로 가득 차 있습니다. 여러분이 그토록 집착하고 있는 재산을 평화롭게 누리고 싶으면, 국가의 운명에도 조금은 마음을 써야 합니다. 나는 물품세나 특별세를 말하는 게 아닙니다. 내가 여러분의 주의를 환기시키고자 하는 것은 우리의 자유에 관해서이고, 여기에는 우리의 생명 자체가 달려 있다고 말하고 싶습니다.

요즘 우리는 말의 진정한 의미를 잊어버린 채 사용하고 있는 것 같습니다. 남의 재산을 강탈하는 것을 자유라 부르고, 악행을 꾀하는 것을 용기라 부르고 있습니다. 바로 이런 경향 때문에 공화국은 파멸 직전에 있습니다. 남의 재산을 강탈하는 자를 자유인으로 찬양하고, 세금을 가로채는 자를 관용하는 것이 우리의 전통이라고 말하고 싶으면, 그렇게 말해도 좋습니다. 하지만 우리의 목숨과 관련된 경우에도 그렇게 함부로 말하는 것은 용납할 수 없습니다. 소수의 악당을 용서함으로써 다수의 선량한 사람을 파멸로 몰아넣는 것은 결코 용납할 수 없습니다.

그래서 나는 제안하겠습니다. 악당들의 음모와 책략으로 국가가 위기에 처해 있고, 학살이나 방화로 국가와 시민들을 해치려는 잔혹한 책략이 꾸며진 것은 물적 증거와 자백이 이미 증명하고 있는 이상, 그것만으로도 누군가가 말하는 달콤한 죽음을 그들에게 내리기에 충분하다고 믿습니다. 그들에게 죽음을 내립시다. 우리 조상들의 행위에 충실하기 위해서라도 그들에게 죽음을.[4]

카토의 열변으로 원로원 의원들은 또다시 흔들렸다. 표결에 들어가기 전 최후 변론의 주인공은 집정관 키케로였다.

지금이야말로 여러분은 이 토론을 시작했을 때처럼 진지하고 의연한 태도로 자신의 생각을 밝힐 때입니다. 이것은 어디까지나 로마인과 여러분 가족의 안전이 달려 있는 문제이고, 도시와 가정과 신전, 즉 로마 공화국 전체의 운명이 달려 있는 문제라는 사실을 잊어서는 안 됩니다. 여러분에게는 여러분의 결정을 단호하게 실행에 옮길 키케로라는 집정관이 있습니다. 그리고 그 집정관은 살아 있는 한 국익 수호의 책임을 완수할 것입니다.[5]

원로원의 최종 결정과
카틸리나 일당의 처단

기원전 63년 12월 5일 원로원은 압도적 다수로 모반자 5명을 사형에 처하기로 결정했다. 키케로가 '원로원 최종 권고'의 집행 권한을 다시 확인받은 셈이었다. 체포된 사람들은 그날 키케로의 명령에 따라 법이 정한 재판을 거치지 않고 감옥에서 처형되었다.

원로원을 떠나 로마 북부에 임시로 꾸려진 군대로 간 카틸리나는 바로 군사행동을 취하지는 않았다. 카틸리나를 따르는 사람은 1만 2,000명이었다. 가난한 농부들과 퇴역 병사들이 많아서 무장을 제대로 갖출수 없었다. 카틸리나는 이들 대부분을 고향으로 돌려보내고 마지막까지 남은 3,000명에게 칼과 방패를 지급했다. 원로원은 시민권을 박탈당하고 누구나 죽일 수 있게 된 카틸리나 일당을 토벌하기 위해 군사 3만 명을 파견했다. 기원전 62년 1월 어느 날, 로마 정규군은 모반자들을 포위하고 우세한 전력으로 신속하게 전투를 끝냈다. 카틸리나를 비롯해 3,000명은 모두 목숨을 잃었다. 포로가 된 사람도, 등에 상처를 입고 죽은 사람도 없었다. 하나같이 가슴이나 얼굴이 칼에 찔려 죽었다. 카틸리나와 함께한 사람들은 목숨을 걸고 끝까지 싸웠는데, 왜 그랬는지 그가 사람들에게 한 연설을 들어보자.

전쟁에 나아갈 때 여러분은 오른손에 있는 자유와 조국을 가슴에 품는 것 외에 재산·영예·명예를 기억하십시오. 만약 우리가 승리한다면 모든 것이 우리로 인해 안전할 것이며, 군수품이 가득 찰 것이며, 자유시와 식민시는 문을 열 것입니다. 그러나 만약 우리가 두려워 멈

춘다면, 그 반대가 될 것입니다. 어떠한 장소와 친구들도 무기로써 보호할 수 없는 사람들을 보호하지 않을 것입니다. 게다가 병사들이여, 우리와 저들은 긴박한 상황에 똑같이 처해 있지 않습니다. 우리는 나라와 자유와 목숨을 위해 싸우고 있습니다. 저들은 소수의 권력을 지키려는 헛된 투쟁을 하고 있습니다. 그러니 더 큰 용기를 가지고 진군하십시오. 여러분의 예전의 용맹을 기억하십시오.[6]

키케로의 지지자들은 카틸리나 모반을 미리 적발하고 처단해 국가를 위기에서 구했다고 칭송하면서 키케로를 '조국의 아버지'라 불렀다. 그러나 집정관 임기 마지막 날 정적 2명이 민회에서 고별 연설을 하는 키케로를 가로막은 채 "법정 심리도 없이 로마 시민을 처벌한 자에게는 말할 권리가 없다"라고 대들었다. 기원전 58년 재판을 거치지 않고 로마 시민을 죽음에 이르게 한 자는 누구든 추방한다는 결정이 나자, 키케로는 스스로 로마를 떠났다. 한때 '국부國父'로 추앙받았던 키케로는 로마가 다시 부르기 전까지 1년간 그리스 북부에서 외롭게 살았다.

키케로는 카틸리나 일당을 처단한 후 20년 동안 자신이 "국가를 보존했고", "원로원을 대학살로부터 구했다"라며 공적을 찬양했으며, 로마 공화정에서 "정말 없어서는 안 되는 사람이 곧 나 자신"이라고 말했다. 친구에게 보낸 편지를 함께 읽어보자.

로마 역사에서 내가 수행한 역할에 대해 그대의 천재성을 발휘해 마음껏 칭송해주기 바라네. 나는 자네가 생각하는 것보다 훨씬 더 따뜻한 마음으로 국가를 위난에서 구해냈다네. 그러니 역사의 객관적 관점을 약간 벗어나는 한이 있더라도, 다시 말해 자네 눈에 과장으로 느껴지는 한이 있더라도 내 공적을 드높여주기 바라네. 진실보다 약간 더 과장되게 말일세. 그렇게 한다면 지속적인 명성에 대한 나의 주장이 어느 정도 타당하게 되리라 생각하네. 이왕 이렇게 겸손함의 울타리를 딱 한 번 벗어날 양이면 철저할 정도로 뻔뻔스러워지는 것이 최선이라네.[7]

역사의 법정에서

1,000년 이상 지속된 로마 역사에서 카틸리나 모반 사건은 어떤 위치에 있을까? 영국 고전학자 메리 비어드는 《로마는 왜 위대해졌는가》에서 이 사건을 계기로 비로소 로마인들은 도시와 제국의 초창기를 체계적으로 연구하면서 로마가 나아갈 방향에 관해 깊이 고민하게 되었다고 설명한다.

카틸리나는 정말 로마 공화정을 전복하려는 모반을 꾀했는가? 지금까지 전하는 기록에 따르면, 키케로의 주장대로 카틸리나가 반란을 공모한 것은 사실이다. 그러나 적발될 때까지 모반죄의 '실행實行의 착수着手'로 나가지 않은 점이 문제다. 이미 '원로원 최종 권고'가 있었지만 로마 최고 변호사이자 집정관인 키케로가 함정수사를 하면서까지 증거를 확보하고도 카틸리나를 즉결 처형하지 않은 것이 그 사실을 잘 말해준다. 그 당시 다른 나라에서는 모반하겠다는 생각을 품었다고 의심만 받아도 사형되지 않았느냐고 반론을 펼 수 있겠지만, '법의 민족' 로마인들에게는 그렇게 단순한 문제가 아니다.

만약 키케로가 사전에 적발하지 않았다면 카틸리나 일당의 모반은 성공할 수 있었을까? 역사에서는 '만일, 이러면 어땠을까'라는 질문이 허용되지 않지만, 보통 사람들은 이런 가정을 더 궁금해한다. 단언컨대 대답은 '아니다'이다. 빚에 쪼들리는 사람들이 많을수록 어떻게 해서든 빚을 떼이지 않으려는 고리대금업자들의 욕망은 커지고 그 방법 또한 다양해질 것이다. 로마의 귀족 대부분과 많은 평민에게 모든 채무를 탕감해주겠다는 카틸리나의 공약은 두렵고 허황되게 들렸을 것이다. 채무를 일부 줄여주거나, 못 갚은 이자를 면제하거나, 변제 시기를 늦춰주겠다는 정책이라면 몰라도. 사실 이런 정책은 로마에서 여러 번 시행되었다. 한편, 카틸리나가 끌어들인 병력만으로는 결코 로마 공화정을 전복할 수 없었을 것이다. 이보다 몇 년 전 스파르타쿠스가 훈련된 수만 명의 검투사와 도망노예와 함께 벌인 반란도 전쟁 기계인 로마 정규군에 진압되지 않았던가.

오래전 제정된 로마법에 따르면, 로마 시민은 재판을 거치지 않고 처형될 수 없으며, 전시가 아닌 평시에 선고된 사형에 대해 민회에 상소할 권리가 있었다. 12월 5일 즉결 처형된 5명과 카틸리나는 로마 시민인데, 이들이 반란 음모를 했는지 제대로 조사되지 않았고 재판 절차도 거치지 않았으니, 상소권을 이야기하는 것은 말의 사치일 뿐이다. 원로원 연설에서도 이 문제가 치열하게 다투어졌다. 키케로는 조국에 반기를 들고 일어난 자들까지 로마 시민으로 인정해야 하느냐라는 논리로 빠져나갔다. 그러나 곧바로 키케로가 집정관의 권한을 남용해 로마인들이 소중하게 생각하는 시민권을 침해했다는 이유로 사실상 추방당한 사실에 비추어보면, 보통 사람들의 법감정을 고려하지 않은 행동이었다. 심각한 사회적 동요로 정권이 불안해질 때 정치 권력자가 기본적인 법 절차를 지키지 않으면, 다음 사람들도 선례가 있다고 말하면서 거리낌 없이 '긴

급조치'를 발동하게 된다. 귀족파와 평민파가 정치적 명운을 걸고 부딪치는 과정에서 법률로 보장된 로마 시민의 자유와 권리는 권력자의 필요에 따라 양보되거나 희생되었다. 카틸리나 음모가 발생한 지 약 20년 후 로마의 귀족파와 평민파는 전면적인 내전에 들어갔다. 내란의 소용돌이 속에서 '법의 인간' 키케로는 기원전 43년 재판 절차도 없이 평민파 장군 안토니우스가 보낸 병사들에게 살해되었고, 잘린 그의 머리와 오른손이 꼬챙이에 꿰인 채 광장 한복판에 내걸렸다.

기원전 63년경 로마는 빈부 격차가 심했고, 사람들은 대부분 더럽고 열악한 생활환경 속에서 굶주림에 시달렸다. 집정관까지 출마한 혈통 귀족 카틸리나가 폭력으로 세상을 뒤엎을 생각을 했다면, 그럴 만한 이유가 있었을 것이다. 마지막까지 남은 3,000명 가운데 단 한 명도 도망가거나 항복하지 않고 맞서 싸우다가 죽었다는 것도 그들이 믿었던 신념의 정도를 잘 말해준다. 카틸리나 재판이 있던 해에 집정관 키케로는 로마 일부 도시 빈민들에게 토지를 재분배하자는 제안을 묵살했다. 기원전 63년 키케로가 나라를 구했는지는 모르겠으나, 몇십 년 후 카이사르의 양아들 아우구스투스가 내전에서 승리한 후 황제가 되어 펼친 정책을 보면, 키케로가 바라는 공화정 체제는 계속 유지될 수 없었다.

로마 공화정 시대의 역사적 상황과 관련해, 정치가로서 키케로의 생애와 활동을 소개하는 책이 많이 나와 있다. 키케로는 정치가이자 뛰어난 철학자이며 수사학자로 평가받는다. 그리스 철학을 연구하면서 책을 많이 썼는데, 그중《의무론》,《최고 선악론》,《노년에 관하여》,《우정에 관하여》등이 국내에 번역, 소개되었다. 키케로는 사람들과 토론하고 설득하는 수사학에 관심이 많아《수사학》이라는 이론서를 썼고, 자기가 한 54개 연설을 묶어서 책으로 출간하기도 했다. 키케로는 유능하고 잘 나가는 변호사였으며, 이성의 힘에 따라 정의와 불의를 판별하는 기준으로 자연법을 믿는 법학자였다. 그는 "국가의 안전은 모든 선량한 사람들, 특히 부자들에게 이익이 될 때 도모될 수 있다"라며 카틸리나 일당의 반항은 가혹한 사회·경제적 상황에 대한 대응이 아니라 개인적인 나쁜 자질과 악감정의 결과였다고 주장했을 정도로 보수적 태도를 보였다. 그러나 정치적 이념과는 관계없이 키케로의 말과 생각은 2,000년 동안 서양의 지식인들에게 많은 영향을 끼쳤다.

국내에 소개된 글이나 책에서는 카틸리나 사건을 보통 '카틸리나 탄핵'이라고도 부른다. 탄핵은 고위 공직자의 잘못을 추궁해 자리에서 물러나게 하는 것이고, 형사재판은 모반죄를 포함해 누가 범죄를 저질렀는지 그리고 어떤 형벌을 부과할지 정하는 것이다. 카틸리나 사건을 '탄핵'으로 볼 수도 있으나 필자는 '재판'이라고 규정하는 것이 옳다고 생각한다. 카틸리나의 모반이 중대해서 배심재판 제도인 '상설사문회(常設査問會, quaestio perpetua)'[8]가 아니라 원로원이 직접 결정했다고 해서 심판의 성격이 바뀌는 것은 결코 아니다.

3

대법관 토머스 모어는
반역죄를 저질렀는가?

대법관이자 추기경이었던 토머스 울지는
헨리 8세의 이혼을 반대하다 반역으로 쫓겨났다.
그 자리에 오른 사람이 토머스 모어였으나
그의 운명도 울지와 크게 다르지 않았다.

토머스 모어 재판
_1535, 잉글랜드

시간과 법정

1535년, 잉글랜드 런던 웨스트민스터 홀 왕좌법정

사건 당사자

토머스 모어 Thomas More

재판의 쟁점

토머스 모어는 반역죄를 저질렀는가?

재판의 결론

유죄, 사형

역사적 질문

- **양심의 자유는 어떻게 보장되어야 하는가?**
- **지식인의 정치 참여는 바람직한가?**

판사들의 속마음

2015년 경제협력개발기구OECD에서 발표한 사법 시스템에 대한 신뢰도 조사에서 우리나라는 조사 대상 42개국 중 꼴찌에 가까운 39위(27%)를 차지했다. 2017년 한국행정연구원이 국민 8,000명을 대상으로 한 '사회 통합 실태조사'에 따르면, '법원이 공정한 재판을 보장한다'고 응답한 비율은 37.9%, '법원을 신뢰한다'는 비율은 29.8%에 그쳤다. 이처럼 국민들은 사법부에 대해 부정적인 견해가 압도적으로 많고, 이를 바탕으로 각계에서는 사법개혁을 주장한다. 일반 시민들은 판사들이 스스로를 어떻게 생각하는지 궁금할 것이다. 미셸 몽테뉴Michel Eyquem de Montaigne는 프랑스 페리괴 조세법원과 보르도 고등법원에서 조세 담당 판사로 15년 이상 일했는데, 자신의 저서 《수상록Essais》에 이렇게 쓰고 있다.

> 법이 신뢰를 얻는 것은 공정해서가 아니라 법이기 때문이다. 이야말로 법이 가진 권위의 불가사의한 근거이고, 그 밖에는 아무 근거도 없다. 그것이 법의 권위에 큰 도움이 된다. 법은 어리석은 자들이 만드는 경우가 많다. 아니, 그보다는 공평함을 싫어하고 공정하지 못한 인간이 법을 만든다.[1]

우리 시대의 변호사와 판사는 모든 소송사건에서 자기 좋을 대로 둘러맞출 구멍을 찾아낸다. 그렇게도 무한하고 그렇게도 많은 견해와 독단적인 권한에 매여 있는 지식의 분야에서는, 그렇기에 판단에 극도의 혼란이 일어나지 않을 수 없다. 그런 만큼 잡다한 의견이 생길 수 없을 정도로 사리가 명백한 소송사건이란 없다. 한 패가 이렇게 판결한 것을 다른 패는 달리 판결한다. 그리고 같은 패라도 때가 바뀌면 다르게 판결한다.[2]

16세기 중엽 세금의 종목과 세율 등 여러 면에서 법률과 법리와 선례가 매우 복잡했다는 프랑스 조세 사건만 다루었던 몽테뉴가 승진에서 탈락하고 사임한 후 세상일에 달관하면서 쓴 것이라는 점을 접어주더라도 놀랍다. 우리의 주인공 토머스 모어Thomas More는 법과 법조인에 대해 어떻게 생각했는지 그가 1516년에 쓴 《유토피아Utopia》에서 찾아보자.

그들(유토피아 사람들) 생각에 다른 나라(잉글랜드)의 결점은 법률과 그에 대한 해설서가 지나치게 많다는 점입니다. 다 읽을 수 없을 정도로 양이 많고 누구나 명백하게 이해하지 못할 애매모호한 법률들로 사람을 옭아매는 것은 대단히 불공정한 일입니다. 변호사란 사건 수를 늘리고 싸움을 증폭시키는 부류로서 유토피아에서는 전혀 필요 없는 존재라고 주장합니다. 모든 사람이 각자 자신의 사건에 대해 스스로 변론하고, 변호사에게 말할 내용을 바로 판사에게 이야기하면 됩니다. 이것이야말로 모호성을 줄이고 진리에 더 가까이 가는 길입니다.[3]

법이 분명치 않다면 그것은 무용한 것입니다. 단순한 생각을 가진 사람에게는(대부분의 사람들은 이런 부류이고 또 이런 부류의 사람들에게는 그들의 의무가 무엇인지 말해줄 필요가 있습니다) 끊임없이 논쟁을 벌인 끝에 속임수를 쓰는 사람들이 해석을 내리는 식의 법은 아무런 의미가 없습니다. 보통의 평범한 사람은 이런 법률적인 궤변을 이해할 수 없습니다. 아마 일생 동안 그것을 연구하더라도, 그 와중에 생계를 위해 일해야 하는 점을 고려하면, 끝내 이해하지 못할 것입니다.[4]

판사들 간에 이견이 생기면 세상에서 가장 분명했던 일들도 아리송해지고 진리 자체가 의문시됩니다. 이렇게 되면 국왕은 법을 자기 뜻대로 해석할 수단을 얻게 되고 그러면 다른 사람들은 수치 때문이든, 혹은 공포 때문이든 거기에 동의하게 됩니다. 판사들은 주저 없이 국왕의 이익을 옹호할 것입니다. 국왕에게 유리한 판결을 내릴 핑계는 얼마든지 찾을 수 있으니까요. 왕에게 유리한 방향으로 형평법을 주장할 수도 있고, 혹은 법률 문구가 우연찮게 맞아떨어지거나 그렇지 않으면 법률 문구들을 뒤틀어서 갖다댈 수 있겠고, 이런 것들이 모두 실패하는 때에는 국왕 대권에 호소하면 되지요. 이는 자신의 '의무'를 잘 알고 있는 판사들에게 결코 실패할 리 없는 근거가 됩니다.[5]

하급 법원의 서로 다른 판결례를 정리하는 것이 잉글랜드 대법관의 직무라는 점과 모어가 신앙에 따라 왕의 권위를 부인한 반역죄로 처벌받은 '순교자'라는 점을 고려하더라도 놀라울 뿐이다. 놀란 사람은 세상물정을 잘 모르는 판사들뿐이고, 시민들은 뭐 당연한 것을 새삼스럽게 고백하느냐고 생각하는 것은 아닌지 모르겠다.

사계절의 사나이

모어는 천사의 위트와 뛰어난 지식을 가진 사람이다. 그는 온유함과 상냥함을 가진 사람이다. 때에 따라 놀라운 환희와 오락을 아는 사람 이며 무거운 중력을 가진 사람이다. 사계절의 사나이(a man for all seasons).[6]

모어는 영국 지성사에서 가장 위트 있고 총명한 사람(〈사계절의 사나 이〉, 1966년 같은 제목으로 모어의 일생을 영화화했다)으로 손꼽힌다. 르네 상스를 대표하는 네덜란드 인문학자 에라스무스Desiderius Erasmus는 모 어를 "어떤 문제가 생기면 그 문제의 양면을 진지하게 생각할 수 있는 사 람, 자신이 선택할 수 있는 것들을 확고하게 인식하고 상황에 맞는 말을 선택하며, 그 말을 가지고 자신의 사고 수준을 표현할 능력이 걸출한 인 물"이라고 평했다. 이 정도라면 그의 일생을 찬찬히 살펴볼 만하지 않겠 는가.

1478년 모어는 성공한 법률가였던 존 모어의 장남으로 태어났다. 12세 때부터 2년간 캔터베리 대주교이자 대법관인 모턴 추기경 집에 시 동侍童으로 있었다. 모턴의 학문적 보살핌과 인품에 감명을 받은 모어는 14세에 옥스퍼드 대학에 들어가 그리스어와 수학을 공부했다. 이 학문 은 당시 르네상스라는 새로운 정신적 분위기를 느끼게 했는데, 공부에 방해된다고 생각한 아버지 손에 이끌려 모어는 대학에서 나와 법학원 New Inn에 등록했다. 2년간 공부한 후 아버지가 회원으로 있던 링컨법학 원Lincoln's Inn에 들어가 4년간 법학을 공부했고, 22세 때 법학교수와 변 호사 자격을 얻었다. 모어는 여느 모범생처럼 법률 공부만 하지 않았다.

신념을 지킨 사나이 | 모어는 영국 지성사가 낳은 위대한 사람으로 손꼽힌다. 우리에게는 《유토피아》의 저자로 널리 알려져 있지만, 정치가, 법률가, 성직자로서도 명망이 높았다.

에라스무스를 비롯한 많은 인문학자와 깊이 교유하면서 철학·그리스 문학·역사학에 관한 책을 폭넓게 읽었다.

변호사 자격을 얻었지만 인문학과 종교적 충동 사이에서 갈등을 느낀 모어는 '기도와 고행을 통해 진정한 소명을 발견하려고' 카르투지오 수도원에 들어갔다. 4년간 명상과 기도에 몰두하며 수도사 생활을 했는데 '불충한 사제가 되기보다 충실한 남편이 되기 위해' 1505년 제인 콜트와 결혼했다. 모어는 딸 셋과 아들 하나를 두었는데, 자상하게 가족을 돌보고 검소하게 생활하면서 학문과 신앙을 굳게 지키는 모범적인 삶을 살았다.

모어는 공직 생활에서도 탄탄대로를 걸었다. 1504년 하원 의원에 선출되었고, 1510년에는 런던의 부시장과 하원 의장을 지냈다. 계속해서 국왕재판소 판사(1517), 추밀원 위원(1518), 재무차관(1521), 잉글랜드 하원 의장(1523), 랭카스터 왕실 직할영지 대법관(1525)을 거쳐 1529년 수상 직책을 겸하는 대법관Lord Chancellor이 되었다. 공정한 행정과 재판으로 '곤경에 처한 사람들의 보호자'로 칭송받았고, 잉글랜드 대사 자격으로 외국에서 외교적 능력을 발휘하기도 했다.

모어는 하원 의원에 선출되어 혹독한 시련을 겪었다. 1504년 헨리 7세는 자식의 결혼과 기사 서임에 드는 특별세를 의회에 요구했다. 모어는 하원에서 동료 의원들을 설득해 요구액을 3분의 1로 삭감하는 데 성공했다. 그러나 이 일로 그는 의원직을 사퇴하고 잠시 수도원에 들어갔으며, 판사인 아버지는 '아들을 잘못 가르친 죄'로 투옥되어 벌금까지 냈다. 그러나 1509년 헨리 8세가 18세의 젊은 나이로 즉위하자 모어는 기대를 걸었고, 헨리 8세 또한 모어를 총애해 많은 공직을 주었다. 모어는 1517년 정신(廷臣, 국왕 측근 신하)이 되었는데, 헨리 8세가 모어의 어깨에 팔을 두르고 정원을 거니는 모습이 자주 목격되었다. 하지만 모어는 이런 관계가 위험할 수 있음을 잘 알고 있었다. 어느 날 사위인 로퍼에게 "만약 내 머리를 날려서 왕께서 프랑스의 성 하나를 얻을 수만 있다면 반드시 그렇게 될 걸세"라고 말했다. 그러나 이 말이 씨가 될 줄은 몰랐다.

헨리 8세의
갑작스러운 개종과 이혼

헨리 8세는 영국인들이 왕 이야기를 할 때 가장 많이 언급되고, 드라마나 영화 소재로도 자주 등장한다. 우리나라에도 영화 〈천일의 앤Anne of the Thousand Days〉(영국에서는 1969년 상영되었다)으로 많이 알려졌고, 6명의 부인과 자식들까지 합치면 헨리 8세에 관한 책은 10여 권에 이른다.

왕가 사이의 왕위 계승 전쟁인 장미전쟁이 끝나고 정통성이 있는 유일한 왕으로 등극한 헨리 8세는 만능 스포츠맨인 데다가 라틴어와 프랑스어를 구사하는 등 외모와 자질 면에서 뛰어났다. 하지만 왕비가 문제였다. 헨리 8세는 즉위하면서 어려서 죽은 형 아서의 부인 캐서린 Catherine of Aragon과 결혼했다. 캐서린이 아서와 부부관계가 없었다고 해, 여섯 살 어린 헨리 8세는 당시에 유럽 최고 강국인 에스파냐 왕가 출신인 형수와 결혼한 것이다. 부부 사이에 여섯 아이를 낳았으나 어려서 죽고 메리 공주만 남았다. 헨리 8세는 딸만 낳는 캐서린을 멀리하고 바람을 피우다가 마침내 캐서린의 시녀인 깜찍하고 도발적인 성격의 앤 불린 Anne Boleyn에게 마음을 주었다. 앤이 결혼 전에는 절대로 왕을 받아들이지 않겠다고 하자, 다급해진 왕은 이혼을 거부하는 캐서린을 쫓아낼 구실을 찾아야만 했다. 왕은 〈레위기〉 20장 21절에서 해답을 찾았다.

제 형제의 아내를 데리고 사는 것은 추한 짓이다. 그것은 제 형제의 부끄러운 곳을 벗긴 것이므로 그는 후손을 보지 못하리라.

당시 가톨릭 교회법은 이혼을 인정하지 않았기 때문에, 캐서린과의 혼인 자체가 무효임을 주장하기 위해 헨리 8세는 추기경이자 대법관인 토머스 울지를 내세워 교황을 설득하려고 노력했다. 왕에게는 불행한 일이었지만, 캐서린의 조카 카를 5세가 신성로마제국의 황제로서 교황청을 장악하고 있었다. 온갖 방법이 물거품이 되자 울지는 왕에게 혼인 무효 결정을 재고하라고 권고했는데, 화가 난 헨리 8세는 울지의 재산을 박탈하고 반역죄로 처단했다. 1529년 해임된 울지의 후임자로 토머스 모어가 대법관에 임명되었는데, 평민으로서는 처음이었다. 이때 헨리 8세는 모어에게 왕의 신하로서 이혼 문제와 관련해 자기편에 서줄 것을 호소했다. 모어는 공인이 양심을 버리면 나라가 혼란에 빠지게 된다고 생각해 팔을 칼로 끊어낼망정 '분명한 양심'으로 사는 것을 선택하겠다고 대답했다.

캐서린과의 혼인 무효에 대해 교황의 승인을 받을 수 없다는 것이 분명해지자, 헨리 8세는 로마 교황청과 결별하고 국왕이 잉글랜드 교회의 수장을 겸임하는 계획을 세웠다. 1520년 루터가 가톨릭 개혁을 주장하자, 이에 반박하며 헨리 8세는 〈칠성사 옹호론〉을 써서 가톨릭을 수호했고, 로마 교황은 헨리 8세에게 '신앙의 수호자Fidei Defensor'라는 칭호를 주었다. 왕은 "교황 성하는 전체 사제뿐 아니라 모든 군주가 복종해야 하는 세계에서 가장 위대한 분"이라고 칭송하는 편지까지 보냈었는데, 이제는 이 모든 맹서와 서약이 헌신짝처럼 되어버렸다.

잉글랜드의 저명한 신학자와 성직자 등은 왕과 캐서린의 결혼이 '신학적'으로 무효이며, 왕의 결혼은 국가 중대사이므로 교회법이 아니라 국법의 해석이 우선한다는 내용의 논문과 팸플릿을 제작해 반포했다. 1532년 잉글랜드 교회가 교황청에 직접 헌금을 바치는 관례가 폐지되었고, 대주교회의는 국왕의 동의 없이 회의를 소집하거나 중요한 결정을 하지 않겠다고 결의했다. 결국 1533년 1월 왕은 임신 중인 앤과 비밀리에 결혼했고, 3월 로마 교황청에 상소하는 것을 막는 법이 제정되었다. 5월 캐서린과의 이혼소송에서 헨리 8세와 캐서린의 결혼이 무효라고 선언되었으며, 6월 앤이 왕비로 책봉되었다. 교황은 왕을 파문했으나, 1534년 10월 의회는 헨리 8세가 '지상에서 잉글랜드 교회의 유일한 수장'이라고 선언하는 '수장법(Acts of Supremacy, 또는 수장령)'을 선포했다. 이제 잉글랜드 교회는 더 이상 로마 교황청의 지시를 받지 않고 잉글랜드 국왕에 소속되었으며, 사람들은 '잉글랜드 국교회(The Anglican Domain, 또는 영국 국교회, 잉글랜드 성공회)'라고 불렀다. 2016년 6월 영국은 유럽 대륙을 경제적·사회적으로 통합하는 유럽연합EU에서 탈퇴하는 브렉시트Brexit를 국민투표로 결정했는데, 이미 500년 전에 유럽의 종교 공동체에서 탈퇴하는 결정을 했던 것이다.

침묵의 대가

대법관으로 일하면서 모어는 소송사건을 공정하고 신속하게 처리했으나, 왕의 이혼 문제에 대해서는 공개적으로 찬성도 반대도 하지 않고 침묵했다. 1532년 5월 대주교회의가 가톨릭과 결별하겠다고 선언하자, '가톨릭교회 질서와 그것을 뒷받침하는 정신적 권위가 세속 권력의 위에 있다'고 굳게 믿은 모어는 권세와 명예보다도 소중한 양심을 지키기 위해 다음 날 건강상의 이유를 대며 왕에게 사직서를 제출했다. 모어는 1533년 앤의 왕비 대관식에도 참석하지 않았다. 그는 주위 사람들에게 "그들의 요구를 하나라도 들어주면 그다음 것을 들어주지 않을 도리가 없다. 대관식에 참석하면 그다음에는 새로운 질서를 위해 강연을 하고 글쓰기를 하라고 강요당할 것"이라고 말했다.

　비록 공직에서 물러났지만 모어는 여전히 추밀원 위원으로서 사회적으로 영향력이 있었다. 헨리 8세의 뜻을 맹목적으로 시행하는 토머스 크롬웰Thomas Cromwell은 모어를 반대파의 정신적 지도자로 여기고 처단하기 위해 대법관 시절에 뇌물을 수수했다는 혐의로 추밀원에 소환하기도 했다. 그러나 이는 곧 거짓임이 드러났다. 또 한 번은 어떤 하녀가 왕의 이혼에 대해 불길한 예언을 하고 다닌다는 이유로 재판을 받았다. 그 여자가 모어를 만난 적이 있다고 해 모어가 공범으로 몰렸으나, 모어는 그녀에게 예언 따위의 말을 하지 말고 나랏일에 끼어들지 말라며 타일렀다는 사실을 입증함으로써 모함에서 벗어났다.

1534년 3월 의회는 오직 헨리 8세와 앤 불린 사이에서 태어난 자식만이 적법한 왕위 계승권을 가진다는 '왕위 계승법Act of Succession'을 제정했다. 이 법은 왕과 캐서린의 결혼이 '완전 무효'임을 선언했다. 그리고 신하들은 법률의 모든 내용과 효력을 지지하겠다는 선서를 해야 한다고 규정했으며, 선서를 담당하는 특별위원회가 설치되었다.

모어는 1534년 4월 17일 특별위원회에 소환되었다. 그는 선서 내용에 왕을 잉글랜드 교회 수장으로 인정해야 한다는 조항이 추가되었음을 발견하고는 선서를 거부하되 그 이유는 설명하지 않겠다고 했다. 이렇게 하면 왕위 계승법을 위반하지만 더 무거운 반역죄는 피하리라고 생각했기 때문이다. 나중에 그는 이렇게 설명했다.

나는 왕위 계승법이나 그 법을 만든 사람 또는 선서문이나 그 선서를 하는 사람에 대해 잘못을 따지려는 것도, 다른 사람의 양심을 비난하려는 것도 아니었다. 나는 왕위 계승에 대해 선서하는 것을 굳이 거부하지 않겠지만 내 영혼을 파멸로 몰아넣지 않고서는 내게 제시된 선서문대로는 양심상 도저히 선서할 수가 없었다.[7]

특별위원회는 이런 모어의 변호사적 수법을 간파했다. 5일 후 모어는 런던탑에 구금되고 토지와 재산은 몰수되었다. 모어를 회유하거나 압박하기 위해 고관대작들이 모여 회의를 한 것처럼 연출하기도 했고, 불시에 심문이 이루어졌으며, 책 차입이 금지되었다. 하지만 모어의 마음을 돌리지는 못했다. 어느 날 아내 앨리스(첫 번째 아내와는 결혼한 지 6년 만에 사별했다)가 런던탑으로 면회를 왔다.

앨리스 | 당신은 정말 놀랍군요. 항상 지혜로운 사람이라고 칭송받았는데, 이제 어리석은 바보처럼 이 좁고 더러운 감방에서 쥐새끼들과 함께 갇혀 있는 걸 만족해하다니요. 이 나라의 모든 주교와 학자가 하는 대로만 하면 자유로이 외국에도 갈 수 있고 왕과 조정의 총애와 신임도 받을 수 있어요. 첼시에 가면 근사한 집과 서재, 책, 화랑, 과수원, 온갖 물건이 다 있고 거기서 아내와 자식들, 식솔들과 함께 더불어 즐겁게 살 수 있는데, 하느님의 이름으로 한다는 일이 고작 여기 이렇게 주저앉아 있는 건가요?
모어 | 여기도 내 집처럼 천국에 가깝지 않소?[8]

1534년 10월 '수장법'이 통과되면서, 수장법과 '반역법Act of Treasons'에 따른 새로운 선서가 요구되었고, '말이나 글로써 악의적으로 왕가의 위엄이나 직위 또는 직함을 박탈하려고 의도하는 자'는 사형에 처할 수 있게 되었다. 15개월 구금 기간 내내 모어는 수차례 심문을 받았으나 답변을 거부했으며, 결국 반역죄로 기소되었다.

주님이 아실 것입니다

1535년 7월 1일 웨스트민스터 홀 왕좌법정King's Bench에서 모어에 대한 반역죄 재판이 시작되었다. 모어 사건을 심리하는 법정은 옛 친구 토머스 오들리 대법관과 왕비 앤의 아버지와 오빠를 포함해서 재판관 18명으로 구성되었다. 법무장관 크롬웰이 공소장을 낭독한 후, 재판부는 왕의 뜻에 따른다면 선처를 베풀겠다고 제의했지만 모어는 거절했다.

공소장에 기재된 모어의 반역죄 공소 사실은 네 가지였다.

첫째, 불성실하고 반역적이며 악의적으로 잉글랜드 교회에 대한 왕의 수장권과 왕의 결혼에 저항해 왕위 계승법과 수장법에 대한 맹세를 거부했다.

둘째, 런던탑에 갇혀 있을 때, 캐서린 왕비를 공개적으로 지지했다가 일주일 전에 처형당한 존 피셔 주교와 반역을 모의하는 편지를 주고받았다.

셋째, 재판 전 신문에서 수장법을 '양날을 가진 칼'이라고 표현하며 만약 그것을 인정하면 영혼을 잃지만 목숨은 살리게 되고, 받아들이지 않으면 영혼은 구하겠지만 목숨은 잃게 될 것이라고 말했다. 피셔도 살아 있을 때 같은 표현을 사용했다.

넷째, 런던탑에 갇혀 있을 때 법무차관 리처드 리치Richard Rich와 대화하면서 의회는 왕이 잉글랜드 교회의 수장이라고 선언할 권한이 있음을 부인함으로써 왕의 권위를 부인했다.

모어는 냉정하고 침착한 태도로 전 대법관답게 조목조목 반박했다.

첫째, 맹세를 거부한 것이 아니라 침묵했을 뿐이다. 반역은 말이나 행동을 통해 가능한 것이지 침묵으로 할 수 없다. 법률 격언에 따르면 침묵은 동의한 것으로 보아야 한다.

> 당신은 이것을 알아야 합니다. 진실하고 충성스러운 신하는 이 세상의 다른 무엇보다도 자신의 영혼과 양심을 존중해야 할 의무가 있습니다. 왕에 대한 중상과 폭동, 치안 방해를 선동하는 경우가 아니라면 그의 양심까지 문제 삼을 수는 없습니다.'

둘째, 오랜 친구인 피셔에게는 친밀하게 이야기를 나누려고 편지를 보냈다. 피셔가 편지를 불태운 상황에서 반역죄라 할 만한 증거는 없다.

셋째, 재판 전에 "만일 양날의 칼과 같은 법이 있다면, 한 끝을 피하자면 다른 한 끝으로 베일 테니 누가 빠져나갈 수 있겠는가"라고 말한 적이 있다. 수장법을 특정해서 말한 것이 아니라, '만일 어떤 법이 그렇다면'이라고 가정해서 말했을 뿐이다. 피셔와 나의 답변에 유사성이 있다면 지혜와 학문이 우연히 일치했기 때문이다.

세 가지 공소사실에 대해 모어는 혐의에서 벗어났고, 이제 마지막으로 남은 것은 왕의 권위를 부인했다는 것뿐이었다. 리치가 법정에서 쓰는 가발을 벗어던지고 증인석에 섰다. 리치의 증언에 따르면, 6월 12일 크롬웰의 명령에 따라 책과 필기도구를 압수하러 런던탑으로 모어를 찾아갔을 때, 그가 "왕은 의회에서 법으로 만들어질 수도 있고 해임될 수도 있지만, 교회의 수장은 하느님의 문제이므로 그렇지 않다"라고 말했다는 것이다. 모어는 리치와의 대화 내용을 자세하게 진술한 후 이렇게 마무리했다.

존경하는 재판관 여러분, 내가 이토록 중대한 재판을 받으면서 국왕과 국왕의 고귀한 자문관들을 다 제쳐놓고 리치 경처럼 진실성이 없다고 소문난 자를 믿고 국왕의 수장권에 대한 내 속마음을 털어놓는다는 일이 있을 수 있겠습니까? 바로 그 점이 나를 잡으려고 오랫동안 노려온 쟁점 아닙니까? 여러분이 판단하기에 이게 사실일 수 있겠습니까?[10]

리치가 런던탑에 함께 갔던 두 사람을 증인으로 내세웠으나, 이들은 모어의 책을 가방에 싸서 밖으로 나오느라고 대화 내용을 제대로 듣지 못했다고 진술했다. 리치와 같은 입장에 있는 사람들이 이렇게 진술한 것을 보면, 리치의 증언은 허위일 가능성이 높다.

휴정한 후에 열린 선고 법정에서 오들리 재판장은 판결문을 읽었다. 유죄임을 밝히고 형벌을 선고하려는 순간, 모어는 "재판장님, 내가 전에 재판할 때는 판결을 내리기 전에 관례에 따라 피고인에게 반론할 수 있는 기회를 주도록 되어 있었습니다"라고 말했다. 재판장은 실수를 인정하고 모어에게 최후진술을 할 기회를 주었다. 더 이상 잃을 것이 없다고 생각한 모어는 가톨릭 신자로서 속마음을 드러냈다.

여러분은 내게 유죄 판결을 내리기로 확고히 결심한 것 같으니(내가 어떻게 했는지는 주님이 아실 것입니다) 이제 나는 양심에 거리낌 없이 공소장과 그 법령에 대한 내 생각을 분명하고 자유롭게 말하고자 합니다. 이 기소장은 하느님의 법과 성스런 교회와 정면으로 배치되는 의회의 법령을 기초로 하고 있습니다. 교회의 최고 통치권은 결코 어떤 법으로도 세속 군주에게 부여할 수 없으며, 우리 구세주께서 친히

세우신 로마의 교황에게 있고 성 베드로와 그의 후계자들, 특권을 부여받은 교황청의 주교들에게만 있습니다. 따라서 이 기소장은 법적으로 그리스도인을 처단하기에 불충분합니다.[11]

나는 진심으로 그렇게 확신하며, 따라서 여러분이 지금은 이 땅에서 재판관으로 나를 정죄하지만, 나중에 우리가 하늘에서 다시 만나 영원한 구원을 함께 누릴 수 있기를 간절히 기도하겠습니다.[12]

모어가 최후진술을 마치자, 바로 사형이 선고되었다. 1535년 7월 6일 모어에 대한 사형이 집행되었다. 그날 모어는 죽음 앞에서도 당당한 태도와 유머 감각을 잃지 않았다. 그는 헨리 8세가 반역자에 대한 형벌로 창자를 빼낸 뒤 교살하고 사지를 찢어 죽이는 죽음에서 참수형으로 감해준다는 말을 듣고, "고마우신지고. 하지만 내 친구들은 모쪼록 그런 호의조차 필요 없는 삶을 살기를"이라고 말했다. 교도소 관리가 처형에 대비해 머리를 단정하게 깎으라고 권유하자, "왕이 내 머리를 겨냥해 재판을 일으켰는데, 사태가 끝날 때까지 거기에 더 비용을 지출할 필요가 있겠나?"라며 거절했다. 형장으로 가는 도중 한 여인이 대법관 시절 모어가 자신에게 부당한 판결을 내렸다며 소리치자, "부인, 난 그 사건을 분명히 기억하고 있소. 장담하건대 지금 다시 판결하라고 해도 나는 똑같이 할 것이오"라고 말했다.

모어는 단두대로 천천히 올라가 꿇어앉은 다음 사람들에게 왕을 위해 기도해달라고 부탁하며 "나는 국왕의 충직한 신하로 죽습니다. 그러나 그에 앞서 하느님을 섬기는 신하로서 죽습니다"라고 말했다. 현장을 지켜본 모어의 사위는 마지막을 이렇게 전했다. 모어는 단두대로 올라가면서 사형 집행관에게 "나를 부축해 안전하게 올라가도록 해주게. 내려

실패한 정치인 | 철학과 신앙을 삶의 중요한 잣대로 삼았던 기독교 인문주의자 모어는 자신이 원한 개혁에 한 발도 다가가지 못하고 단두대에서 생을 마쳤다. 가톨릭교회는 500여 년이 흐른 뒤에 모어를 '정치가와 공직자의 수호성인'으로 추대했는데 정치가로서는 실패한 그에게 아이러니한 일이다.

갈 때는 내가 알아서 내려갈 테니" 하면서 "힘을 내게. 자네 일을 하는 데 두려워하지 말게. 내 목은 매우 짧으니 조심해서 자르게"라고 말했다. 단두대에 머리를 누이려던 모어는 "내 수염은 반역죄를 짓지 않았으니 구해주어야겠군" 하면서 턱수염을 아래로 늘어뜨렸다고 한다.

모어의 시신은 매장되었고, 참수당한 머리는 런던교 위에 매달렸다. 몇 달 후 딸 마가렛은 아버지의 머리를 수습해 시댁 가문의 지하 납골당에 몰래 매장했다.

《유토피아》 이야기

우리에게 토머스 모어는《유토피아》의 저자로 널리 알려져 있다. 유토피아는 '어디에도 없는 곳'이자 '세상에서 가장 좋은 곳'을 뜻하는데, 이 책에서 모어는 당시 사회를 비판하면서 사람들이 동경하는 이상사회를 묘사했다. 16세기 잉글랜드 사람들은 종교개혁의 소용돌이 속에서 정신적으로 방황했고, 정치·사회적으로 헨리 8세의 절대왕정 아래에서 통제받았으며, 지주들이 값비싼 모직물을 얻으려고 농사를 짓던 소작인들을 몰아내고 울타리를 치고 양을 키우는 '인클로저enclosure'가 시작되면서 사회는 여러 계층으로 분열되었다.

> 양들은 언제나 온순하고 아주 적게 먹는 동물이었습니다. 그런데 이제는 양들이 너무나도 욕심 많고 난폭해져서 사람들까지 잡아먹는다고 들었습니다. 양들은 논과 집, 마을까지 황폐화해버립니다. 아주 부드럽고 비싼 양모를 얻을 수 있는 곳이라면 어디에서든지 대귀족과 하급 귀족, 심지어 성무를 맡은 성직자들까지 옛날에 조상들이 받았던 지대에 만족하지 않게 되었습니다.[13]

독실한 가톨릭 신자로서, 사람들의 아픔을 따뜻하게 보듬고 고전을 통해 성찰하는 인문주의자로서, 법으로 사회를 올바르게 이끌겠다는 정의로운 법조인으로서 모어는 시대의 고통을 함께하면서《유토피아》를 저술했다. 이 책은 모어가 유토피아섬에서 생활했다는 포르투갈 선원과 이야기를 주고받는 대화체의 소설이자 정치 철학서다. 총 2부로 구성되었는데, 1부는 유럽과 영국 사회에 널리 퍼진 부정과 부패를 풍자적으로

현실에 없는 곳 | 유토피아는 그리스어로 '없는 ou-' '장소topos', 곧 '존재하지 않는 곳'을 뜻한다. 《유토피아》는 제목처럼 현실에 대한 풍자와 역설적 표현으로 가득해 재미있지만 지은이의 속내를 제대로 이해하기는 여간 어려운 것이 아니다.

비판하고, 2부는 쾌락과 소유가 평등해 누구나 즐거운 나라의 모습을 그리고 있다.

　유토피아가 추구하는 체제와 이념에 대해서는 여러 의견이 있다. 사회주의 또는 공산주의라고 주장하는 이도 있고, 중세 수도원주의 또는 그리스도교 휴머니즘이라고 해석하는 이도 있다. 또한 사회질서와 조화를 최우선시하는 파시즘체제라고 하는가 하면, 정작 미래의 영국을 예견한 제국주의라고 주장하기도 한다. 과연 이 책을 쓴 모어의 생각은 어떨까? 모어가 묘사하는 유토피아의 실상을 보면, 현실 국가에 비해 표면적으로는 더 나아 보이지만 우스꽝스럽거나 부족한 부분도 많이 발견된다. 당시 현실 세계에서 보면 유토피아섬은 상대적으로 바람직한 곳이지만, 그 역시 불완전하며 여전히 새로운 희망이 필요한 곳이다. 그렇다면 현실 정치와 재판에 깊이 관여한 지성인 모어가 유토피아를 마지막 이상향으로 제시한 것은 아닐 것이다. 모순된 사회 현실에 낙담하거나 안주하지 않고 또 다른 사회의 모습을 보여주는 거울이 되고자 《유토피아》를 저술했을 것이다.

역사의 법정에서

헨리 8세는 교회를 저버릴 만큼 사랑한 앤과 행복하게 살았을까? 앤은 첫 아이로 딸 엘리자베스를 낳고 둘째는 아들이었으나 사산했다. 왕은 앤에게서 마음이 떠나 제인 시모어라는 여인에게 눈을 돌렸다. 결국 앤은 1536년 여러 사람과 간통한 죄로 기소되었고, 왕비의 간통은 반역죄로 인정되어 참수되었다. 왕과의 만남이 3년이었기에 〈천일의 앤〉이라는 영화가 만들어졌다. 앤은 죽기 전에 이런 말을 남겼다고 한다. "국왕은 제게 너무나도 잘해주셨습니다. 미천한 소녀를 후작 부인으로, 왕비로 만들어주셨지요. 오늘은 저를 순교자의 반열에 올려주시는군요." 세 번째 왕비 제인 시모어는 왕자 에드워드를 출산했지만 산후 병고로 죽었다. 네 번째 왕비 클레베의 안네(클레베공국의 공주, 영어로는 클리브즈의 앤)의 경우 첫눈에 왕의 마음에 들지 않았다는 이유로 혼인을 무효화했다. 19세의 다섯 번째 왕비 캐서린 하워드는 젊은 남자와 바람을 피우다 그 대가로 목을 바쳤다. 두 번의 결혼 경력이 있었던 여섯 번째 왕비 캐서린 파는 노년에 접어든 왕을 잘 보살폈으며, 왕보다 더 오래 살았다.

　오랫동안 가톨릭을 믿어왔던 잉글랜드에서 헨리 8세의 '종교개혁'이 성공한 이유는 무엇이고, 모어는 왜 반대했을까? 잉글랜드는 당시 유럽 대륙에서 불어오는 루터의 주장이 널리 퍼졌고, 로마 교황이 지명한 성직자들의 부적절한 행적에 지쳤을 것이다. 세속적 이해관계에 민감한 의회는 절대왕정을 추구하는 왕에게 저항하지 않았다. 성직자들은 왕과 교황 사이의 흔한 분쟁 정도로 여기고 종교개혁의 중요성을 깨닫지 못했다. 모어는 최후진술에서 왕의 이혼 문제와 왕이 잉글랜드 국교회의 수장이 되는 것에 반대하는 이유를 분명히 밝혔다. 그에게 왕의 이혼 문제는 중요한 일이 아니었으나, 세속 권력이 교회의 권위보다 우월하다는 문제는 목숨과도 바꿀 수 없는 것이었다. 가톨릭교회는 1886년 모어를 축원했고, 사망한 지 400년이 되는 1935년에 교황 비오 11세는 그를 성인聖人으로 추대했다. 2000년에 교황 요한 바오로 2세는 "모어는 일생을 두고 하느님과 함께하는 삶을 살았고, 힘없는 이들을 위해 정의를 펼치는 데 헌신했던 사람"이라면서 정치가의 수호성인으로 선포했다.

모어가 판사로서 실제 재판은 어떻게 했을까? 모어 판사는 재판의 당사자를 세심하고 공정하게 대하고 올바른 결론을 내렸다. 한편, 친구에게 보낸 편지에서 법조인으로서의 바쁜 일상에 대해 이렇게 적었다.

나는 하루 종일 법 문제에 매달렸습니다. 사건들을 청취하고 어떤 사건들은 법정 변호를 하고 어떤 것들은 타협하고 어떤 것들은 결정을 내려야 하는 일입니다. 어떤 사람은 공직 직위 문제로, 어떤 사람은 재판 문제로 방문했습니다. 나는 거의 하루 종일 다른 사람 일에 매달리고 나서 남은 시간에 내 일에 매달리는 것입니다. 그러고 나면 진짜 나 자신을 위한 일, 즉 공부할 시간이 거의 없었지요.[14]

모어는 대법관으로 재직하는 동안 당시 흔하게 주고받던 뇌물을 거절해 사임 후에도 전혀 재산이 늘지 않았다. 그는 판사로서 지켜야 할 양심에 대해, "확실한 것은 내가 재판하는 법정에 아버지와 악마가 나란히 선다고 해도 악마의 주장이 옳다면 악마가 옳다고 판결해야 한다"라고 말했다. "우리는 자기의 확신에 반해 설교하는 목사는 경멸하나, 자신의 법감정으로 인해 법률에 대한 충성이 흔들리지 않는 법관은 존경한다"라는 독일 법철학자 구스타프 라드부르흐Gustav Radbruch의 말이 떠오른다.

모어에 대한 반역죄 재판은 공정하고 올바른가? 공소를 제기한 기관 책임자인 리치가 증인으로 증언한 것은 당시 법으로는 용납되지만, 지금 법리로는 쉽게 허용될 수 없을 것이다. 리치의 증언이 유죄에 대한 유일한 증거로서 신빙성이 떨어지고 다른 보강 증거가 없는 상황에서 유죄로 판단한 것은 부당하다. 재판부가 세 가지 혐의를 인정하지 않고 나름대로 양심을 보여주었지만, 왕이 모어의 죽음을 원했고 그로부터 독립성이 없는 재판부가 전부 무죄를 선고할 가능성은 처음부터 없었다.

모어는 양심에 따라 살겠다고 다짐하면서도 소극적으로 선서를 거부했을 뿐 대법관으로서 왕과 의회의 결정에 반대하지 않았다. 이에 대해 개인의 양심과 정치적 현실 어느 쪽에도 책임을 지지 않으려는 부정직한 태도라고 비판받을 수도 있다. 양심을 지킨다는 것은 마음속에 있는 정체성을 유지하는 것으로서, 이것은 아무도 간섭할 수 없고 어떤 정치권력도 관여할 수 없는 인간성의 본질이다. 한 개인에게 양심에 어긋난 말이나 행동이 강요되었을 경우, 옳은 대응은 침묵하는 것이고 올바른 법은 침묵의 권리를 인정하는 것이다. 모어는 법조인으로서 사회적·정치적 관계는 법으로 판단되고 처리되어야 한다고 생각했지만, 오로지 양심을 지키기 위해 대법관직을 내려놓았고 죽음조차 받아들일 수 있었던 것이다.

한편, 판사로서 모어는 종교적 소수자(개신교도)들을 여느 법관들처럼 엄하게 처벌했다. 그들의 양심이 외부에 적극적·집단적으로 표출되어 법으로 규율되어야 할 사회적 관계로 본 것인지, 아니면 '양심'에 대한 모어의 생각이 바뀐 것인지는 좀 더 연구할 필요가 있다. 하지만 모어 개인으로서는 겸허하고 신실하게 종교적 양심을 지키면서 그에 따른 개인적·사회적 결과(죽음, 정치적 격변)마저 감내했다. 필자는 그의 인간적 숭고함을 높이 평가하고 싶다.

모어는 종교적 양심을 지키기 위해 목숨을 바쳤다. 세계사 책을 조금만 펼쳐보면 왕을 비롯해 많은 집권자가 개인의 종교적 또는 정치적인 양심을 탄압하고 처벌했던 사례를 쉽게 찾을 수 있다. 아니 오히려 다른 견해를 관용하고 개인에게 양심의 자유를 보장해야 한다는 정신이 강조되거나 법으로 규정된 시기는 빨리 잡더라도 16세기 후반부터다. 요즘 우리나라에서는 종교적 양심에 따라 병역을 거부하는 사람에 대한 처벌을 놓고 사건을 담당하는 판사에 따라 결론이 다르다. 여기서는 '양심의 자유'와 관련해 간략하게 짚어본다. '양심의 자유'는 이성적으로 성찰할 수 있는 지식인에게만 보장되는 것이 아니고, 평범하게 살아가는 모든 사람에게 보장되는 인권이다. 다만, 일시적 감정이거나 욕망을 감추는 껍데기가 되어서는 안 될 것이다.

모어는 한때 사제가 되려고 했을 정도로 종교적이었고, 맨 처음 하원 의원으로 활동할 때 이미 권력의 쓴맛을 보았는데, 권력욕이 강했던 헨리 8세의 속마음을 읽지 못하고 현실 정치에 깊숙이 참여했다.《유토피아》에서 "국왕 자문회의에서는 나쁜 제안이라도 공개적으로 찬성해야 하고 최악의 결정에 대해서도 동의해야 합니다. 만일 최악의 결정에 대해 내키지 않는 태도로 임하면 심지어 간첩이나 반역자라는 소리를 듣게 됩니다"라고 비판했던 모어가, 오랫동안 헨리 8세의 궁정신하로 있었던 것은 이해하기 어렵다. 조선시대 선비들은 지식인으로서 출처(出處, 벼슬에 나아갈 때와 물러날 때)를 아는 것을 중요하게 여겼다. 모어가 퇴계 이황 선생이나 남명 조식 선생을 만났더라면, 비극적으로 삶을 마치는 일은 없지 않았을까. 하기야 그랬더라면 후인들이 많은 것을 생각하는 계기도 없었을 것이다.

4

'마르탱 게르'
행세를 하는 사람은
가짜 남편인가?

영화 〈마르탱 게르의 귀향Le Retour De Martin Guerre〉(1982)

마르탱 게르 재판

_1560 , 프랑스

시간과 법정

1560년, 프랑스 툴루즈 고등법원

사건 당사자

마르탱 게르Martin Guerre

재판의 쟁점

'마르탱 게르' 행세를 하는 사람은 가짜 남편인가?

재판의 결론

유죄, 사형

역사적 질문

개인의 정체성은 어떻게 형성되는가?

영화화된 재판 이야기

2011년 9월 개봉된 영화 〈도가니〉는 2000년부터 4년 동안 전남 광주의 청각장애 특수학교에서 실제로 일어난 성폭행 사건과 그 후 가해자들에 대한 형사재판을 소재로 한 소설을 영화화한 것이다. 학교 교장을 비롯한 직원들은 오랫동안 상습적으로 9명의 장애학생들을 성폭행했다. 그들 가운데 4명이 기소되어 형사재판을 받았는데 모두 가벼운 징역형과 집행유예 처분을 받아, 솜방망이 처벌에 그쳤다는 비난을 받았다. 원작 소설이 엄청나게 팔리고 많은 사람이 영화를 보면서 사회적 관심과 공분이 '도가니'처럼 들끓었다. 결국 수사기관은 재수사를 진행했고 장애인을 상대로 한 성폭력 범죄에 대한 처벌을 강화하는 내용의 특별법(일명 '도가니법')이 제정·시행되었다.

수사 사건이나 형사재판을 소재로 한 영화로는 〈도가니〉 외에도 〈살인의 추억〉, 〈7번방의 선물〉 등이 언뜻 떠오른다. 형사재판 사건은 이야기로 재구성할 수 있고 기승전결이 명확해서 영화 시나리오로 옮기기 좋다. 다만, 너무 뻔한 이야기가 될 수 있고, 자칫하면 권선징악의 단순한 프레임에 빠질 위험이 있을 것이다. 우리나라보다 소송이 일상화되고 상당수 재판이 배심재판으로 이루어지는 미국에서는 재판을 소재로 한 영화가 엄청나게 많다. 우리 법원의 어느 판사는 해마다 국내외의 법정 영화와 드라마를 유형별로 정리한 후 해당 파일을 동료 법관들에게 보내주고 있다. 판사들은 직업적으로 사물을 유형별로 분류하고 정리하는 것을 좋아하고 잘한다.

법정 영화나 드라마는 일반인들이 이해하기 어려운 법과 재판을 이야기로 재구성해 재미있게 시각적으로 보여주는 장점이 있다. 물론 법정 드라마나 영화에서 '피고'와 '피고인'을 구별하지 않는 점, 법정에서 '원고석'과 '피고석'을 구별하지 못하는 점, 판사가 선고하면서 방망이를 두드린다는 점 등 법조인의 눈으로 보면 지적할 것이 많다. 그러나 법정 영화로 얻어지는 장점을 소소한 잘못이나 단점에 견주어 비교할 것은 아니다. 이렇게 바쁜 세상에 알아야 할 것도 많고 하루가 멀다 하고 사건 사고가 끊이지 않는 우리 사회에서 송사가 없는 평범한 시민이 한가하게 법전을 보고 법서를 읽겠는가.

판사의 《잊을 수 없는 판결》, 역사가의 《마르탱 게르의 귀향》

16세기 중반 프랑스 랑그독 지방의 작은 마을 아르티가Artigat에 살고 있던 젊은 농민 마르탱 게르Martin Guerre는 집을 나가 오랫동안 소식을 전하지 않았다. 8년 후 그는 돌아왔고(마을 사람들은 그렇게 생각했다) 3년간 평온한 결혼생활이 지속되었는데, 갑자기 아내 베르트랑드 드 롤스Bertrande de Rols가 가짜 남편에게 속았다면서 고소했다. 실제 이름이 아르노 뒤 틸Arnaud du Tilh인 그는 자신이 마르탱이라고 주장하며 남편 행세를 해왔다. 그런데 진짜 마르탱이 거짓말처럼 법정에 나타나면서 결국 아르노는 사형선고를 받고 처형되었다.

재판이 끝난 1561년, 재판부의 수명법관受命法官 장 드 코라스Jean de Coras는 폭넓은 인문적 교양과 해박한 법률 이론을 바탕으로 소송과 관련된 주장과 증거를 소개하고 판결문을 요약한 후, 자신의 주석 100여 개를 덧붙여《잊을 수 없는 판결L'Arrest Memorable》을 펴냈다. 이 책은 당시 법조계의 필독서가 될 정도로 큰 반향을 일으켰을 뿐만 아니라, 일반 독자들에게도 커다란 호응을 받았다.

이후 재미있는 이야기 구조와 대중적 호소력을 갖춘 이 사건에 대해 많은 논평이 이어졌고, 400여 년 동안 유명한 사기꾼과 재판에 관련된 책에서 자주 되풀이되었다. 1982년 프랑스에서 이 이야기를 소재로 한 영화〈마르탱 게르의 귀향Le Retour de Martin Guerre〉이 상영되었다. 이 영화는 16세기 초반 프랑스의 농촌 풍경과 농부들의 일상생활, 결혼예식, 마을 공동체 내에서의 경제생활, 종교적 관습, 재판 절차와 방식을 생생하게 재현했는데, 우리나라에서는 '마틴 기어의 귀향'이라는 제목으로 1992년 상영되었다. 1993년 미국에서는 무대를 19세기 남북전쟁 당시로 바꾸어 각색한 영화〈써머스비Sommersby〉가 상영되기도 했다.

그런데 영화〈마르탱 게르의 귀향〉의 자문에 응했던 프랑스 근대사 전문가 나탈리 제먼 데이비스Natalie Zemon Davis 교수는 이 영화가 아내의 이중 게임과 판사의 내면적 갈등을 완화시켰다고 생각했다. 그는 사건이 발생했던 지역을 직접 방문하고 고문서를 열람하면서 깊이 연구한 후 1983년 영화와 같은 제목의 책을 펴냈다. 이 책은 이듬해 영어판《The Return of Martin Guerre》로 출간되었다. 이 책에서 데이비스는 종래의 일반적 해석에 반기를 들었다. 아내가 가짜 남편에게 속은 것이 아니라 오히려 사실을 알면서도 남편과 공모해 결혼 관계를 꾸며냈으며,

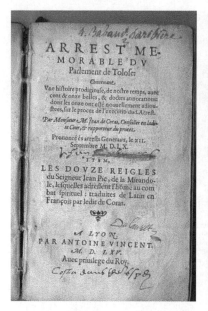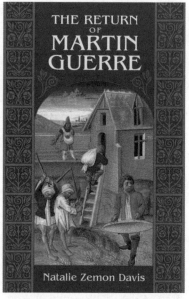

어느 사기꾼 이야기 | 영화보다 더 극적인 이 이야기는 여러 세대를 거치면서 많은 작가를 매혹시켰고 여러 번 작품으로 재탄생되었다. 코라스 판사의 《잊을 수 없는 판결》의 초판 표지(왼쪽)와 역사학자의 눈으로 쓴 책 《마르탱 게르의 귀향》(오른쪽).

16세기 프랑스 농민들이 시대적 한계 속에서도 프로테스탄티즘의 배경 아래 적극적으로 새로운 삶의 모습과 자기 정체성을 확립하는 것을 보여 준다고 주장했다.

　이에 대해 로버트 핀레이Robert Finlay 교수는 20세기 페미니즘의 시각에서 사실을 왜곡해 16세기를 바라본 시대착오적 오류를 범했다고 비판했다. 다시 데이비스는 이 반론이 16세기 농촌 문화를 단순히 정형화된 형태로 받아들여 실제 인물을 제대로 평가하지 못했다고 재반박했다. 여러 학자가 이 논쟁에 참여했다. 이런 과정을 거치면서 450여 년 전 일어난 '마르탱 게르 사건'은 지금까지도 여러 측면에서 논쟁을 일으키고 연구되고 있다. 여기서는 먼저 재판부가 인정한 사실이 맞는지 검토하고, 나아가 이것이 중세 봉건 시대를 마무리하고 근대를 여는 상징적인 사건으로 자리매김할 수 있는지, '개인의 정체성은 어떻게 형성되는가?'라는 질문에 한정해 살펴보기로 한다.

마르탱 게르의 결혼과 가출

마르탱 게르는 1524년 프랑스 피레네 산맥 부근 바스크 지역인 앙데 Hendaye에서 태어났다. 농부인 아버지 상시 다게르Sanxi Dagueree는 1527년 앙데에 있는 농지를 팔지 않은 채 동생 피에르Pierre와 가족들을 데리고 작은 마을 아르티가로 이주했다. 상시는 이곳에서 토지를 취득해 밀과 포도를 재배하고 기와공장을 운영하며 비교적 부유하게 살았다. 그는 아르티가 주민들과 가깝게 지내려고 바스크식 성姓인 '다게르'를 '게르'로 바꿨고, 그동안 딸 넷이 태어났다. 피에르는 아내를 맞아 분가하면서 형제 간 재산분할이 이루어졌다. 1538년 상시는 경제적 성공을 튼튼히 하고 후손을 빨리 보기 위해 어린 마르탱을 부유한 롤스 집안의 딸 베르트랑드에게 장가보냈다.

　　그때 신랑 마르탱은 14세, 신부 베르트랑드는 약 12세(베르트랑드는 법정에서 9~10세 때 결혼했다고 말했는데, 학자들은 12세 무렵으로 추정한다)였다. 조혼이 성행했던 당시 기준으로 결혼 연령이 아주 낮은 것은 아니었지만, 너무 어린 나이에 결혼했기 때문인지 키가 크고 호리호리한 마르탱은 예쁜 아내에게 적응하지 못했으며 성생활을 하지 못했다(심인성 발기부전으로 추측된다). 동네 사람들은 이상한 복장을 한 채 이 어린 부부의 집 앞에 몰려와 고함을 지르고 냄비나 주전자를 두드리며 소란을 피우는 '샤리바리charivari'를 했다. 마르탱은 칼싸움이나 곡예를 하면서 울분을 달랬고, 베르트랑드는 부모가 헤어질 것을 요구했지만(당시 교회법에 따르면, 어린 여자가 결혼해 부부 사이에 성관계가 없었으면 그 결혼은 완성되지 않았으므로 3년 내에 무효화할 수 있었다) 거절하고 정숙하게 살았다. 결혼한 지 8년이 되었을 때, 여성 주술사가 '마법을 푸는 법'을 가르쳐주어 마르탱의 성 불능을 치료해주었고, 부부는 아들 상시를 낳았다.

1548년 아들이 태어난 지 몇 개월 후 마르탱은 아버지의 곡식을 훔쳐다가 유흥비로 썼다. 평소 두 부자는 갈등이 잦았는데, 마르탱은 가족과 농촌 생활의 굴레에서 벗어나 넓은 세상을 찾아 아내와 아이를 버리고 집을 나갔다. 그 후 아무도 여러 해 동안 마르탱의 소식을 듣지 못했다. 고향을 떠난 마르탱은 여기저기 떠돌다가 에스파냐로 가서 카스티아어를 배웠고, 부르고스Burgos에 정착해 추기경 집안의 하인이 되었다. 그러다가 에스파냐의 펠리페 2세 군대에 들어가 여러 전쟁에 참여했는데, 1557년 8월경 총에 맞아 다리를 절단했다.

남편이 집을 나갔을 때 22세였던 베르트랑드는 정조를 지키며 착한 엄마이자 며느리로 살았다. 그녀는 남편이 집을 나갔다 하더라도 죽지 않은 한 당시 교회법과 사회적 관습 때문에 재혼할 수 없었다. 이 때문에 불륜을 저지른다면 평판에 치명적인 타격을 입었을 것이다. 또한 그녀에게는 정당하게 상속권을 가진 아들이 있었으니, 다른 남자와 간통하거나 아르티가를 떠나기도 어려웠을 것이다. 추측해보면 짧은 기간 동안이라도 여성으로 성 정체성을 확인받았으며, 이제는 성숙한 여인이 된 베르트랑드는 행복한 결혼생활을 꿈꾸며 돌아올 남편이자 연인을 기다리지 않았을까.

마르탱이 집을 나간 몇 년 후 상시 게르가 죽었는데, 그는 죽기 전에 아들 마르탱을 앙데와 아르티가에 있는 토지의 상속자로 지명한다는 유언을 남겼다. 베르트랑드 대신 피에르가 후견인으로서 재산을 관리했다. 마르탱이 재산을 완전히 상속한 것이 아닌 데다 당시 법에 따르면 베르트랑드에게 남편을 대신할 권리가 없었기 때문이다. 1550년대 초 게르 가문과 롤스 가문의 관계를 회복하고 마르탱의 버려진 아내를 돕기 위해, 홀아비였던 피에르는 베르트랑드의 혼자된 어머니와 재혼했다. 피에르는 베르트랑드와 상시를 부양하겠다고 약속했고, 베르트랑드는 다시 어머니와 한 지붕 아래서 살게 되었다.

남편 행세를 한 아르노 뒤 틸과
아내 베르트랑드의 고소

1556년 여름 한 남자가 자신이 가출했던 마르탱 게르라고 주장하며 아르티가에 나타났다. 아르노 뒤 틸이라는 이름의 그는 아르티가에서 말을 타고 하루면 갈 수 있는 사자Sajas에서 태어났다. 체구는 땅딸막하고 다부졌지만 운동에 능한 편은 아니었고, 뛰어난 말솜씨에 글을 쓰고 읽을 줄 알았으며, 배우라면 부러워할 만한 기억력을 갖고 있었다. 한편, 그는 성질이 급했고, 방탕한 사람들과 어울려 카드놀이를 하거나 선술집에서 매춘부와도 어울렸다. 아르노는 젊은 시절 가출해서 여기저기를 떠돌다가 프랑스의 앙리 2세가 이끄는 군대에 들어갔다.

그런데 1553년경 아르노가 군대에서 돌아와 아르티가 인근 지역을 지나가고 있을 때, 마르탱의 친구였던 두 사람이 그를 마르탱으로 착각하고 아는 척했다. 마르탱이 아르노보다 더 크고 야위고 피부색이 검기는 했지만, 둘은 닮은 구석이 많았다. 아르노는 그들에게서 마르탱의 상황과 가족 관계, 말과 행동에서의 버릇, 어릴 적 사소한 일 등에 관해 들었다. 그리고 마르탱에게 미모의 아내와 상당한 유산이 있다는 사실도 알게 되었다. 그는 사기꾼 기질을 발휘해 마르탱의 인생을 자기 것으로 만들려고 만반의 준비를 했다.

아르노는 아르티가 출신 사람들에게 마르탱과 그 주변 사람들에 관해 많은 이야기를 들었고, 이윽고 1556년 아르티가 이웃 마을에 가서 여관 주인에게 자신이 마르탱이라며 아내와 가족 이야기를 하면서 울었다. 이 소문을 들은 마르탱의 네 누이는 여관으로 달려와 그를 반갑게 맞았다. 베르트랑드는 처음에는 그를 보고 뒷걸음쳤지만 그가 다정하게 말을 건네며 여행 가방에 넣어둔 흰색 양말을 말하자, 의심을 풀고 그와 입을 맞추었다. 피에르를 비롯해 친척들과 친구들도 달려와 8년 만에 나타난 마르탱을 반겨주었다. 개중에는 그를 의심하는 사람도 있었다.

그러나 아르노가 먼저 사람들의 이름을 부르며 10여 년 전에 일어난 사소한 일까지 이야기하자, 마을 사람들 대부분은 정말로 마르탱이 돌아왔다고 생각했다. 소극적이었던 마르탱이 자신의 모험담을 재치 있게 이야기하는 활달한 성격으로 바뀌었는데, 사람들은 마르탱이 많은 일을 겪고 나이가 든 탓이라고 생각했다. 마르탱의 초상화 한 장도 없었으니, 마르탱을 닮은 아르노가 오래전 일을 이야기하면서 친한 척했을 때 속지 않은 사람은 별로 없었다. 설사 의심을 품었다 하더라도 마르탱의 귀향은 가족이나 마을 사람들의 기대에 부응하는 것이므로, 잠시 의심을 묻어두지 않았을까.

베르트랑드는 아르노가 가짜 남편인 줄 알았을까? 생애 마지막까지

베르트랑드의 선택 | 불행한 삶을 살던 아내는 말 없이 집을 나가 몇 년 만에 돌아온, 알고 보니 사기꾼인 남자와 사랑으로 아이를 낳고 키웠다. 처음에는 속았다 해도 살을 맞대고 살았던 남편을 알아보지 못할 아내가 있을까? 그렇다 해서 베르트랑드를 비난할 수는 없을 것이다. 영화 〈마르탱 게르의 귀향〉의 한 장면.

아르노는 베르트랑드에게 이 사실을 말하지 않았다고 주장했고, 베르트랑드도 아르노를 진짜 남편으로 알았다고 주장했다. 법원 역시 그 말이 진실이라고 인정했다. 여러 정황으로 미루어 베르트랑드의 주장은 거짓말이라고 판단되는데, 이는 마무리 글에서 살펴보도록 하자.

아무튼 어떻게 된 일인지 베르트랑드는 아르노를 남편으로 받아들였고, 그가 가정과 마을에 정착하는 데 도움을 주었다. 아르노는 나이가 들어서인지, 예쁜 아내와 함께 살아서인지 종전의 나쁜 버릇과 행실을 버리고 착하고 성실하게 살았다. 아르노와 베르트랑드는 부부로서 화목하고 행복한 가정을 꾸리며 딸 둘을 낳았는데 하나는 죽고 남은 베르나르드Bernarde는 상시의 여동생이 되었다.

아르노는 농사일을 하면서 포도주와 양모를 생산해 다른 지역에 판매하는 농촌 '상인'이 되었다. 그리고 아르티가에 있는 토지의 일부를 팔았는데, 이는 게르 집안의 고향인 바스크 지역의 풍습(상속받은 토지는 절박한 경우에만 처분할 수 있었는데, 이 역시 가까운 친족의 동의가 필요했다)에 어긋나는 것이었다. 아르노가 피에르에게 자기가 없는 동안 보관해온 회계장부를 넘겨달라고 요구하자, 피에르는 격분하면서 거절했다.

이 일로 피에르는 새 마르탱이 처음 나타났을 때 품었던 생각, 그가 진짜 마르탱이 아닐지도 모른다는 의심을 떨쳐버릴 수 없었다. 피에르는 가족들과 마을 사람들에게 새 마르탱이 가짜이며 사기꾼이라고 주장했다. 마을 사람들 중에도 그렇게 생각하는 사람이 있었다. 구두장이는 새 마르탱의 발 크기가 원래보다 작다고 했고, 진짜 마르탱이 다른 곳에 살아 있다는 소식을 전하는 병사도 있었다. 아르노가 마르탱 행세를 하기 위해 아르티가로 오기 전에 들렀던 여관의 주인은 새 마르탱이 아르노임을 알아보았다. 그러고는 아르노가 진짜 마르탱은 죽었고 그의 재산을 자신에게 주었다면서 눈감아달라고 사정했다고 전했다.

새 마르탱이 가짜라는 증거를 확보한 피에르는 베르트랑드에게 그녀의 이름으로 아르노를 사기꾼으로 고소하도록 했다. 베르트랑드는 피에르와 어머니의 압력에 굴복해 승낙했으나, 여전히 아르노가 자기 남편 마르탱임이 분명하다고 믿었다. 또한 그녀는 피에르의 사주를 받은 사람들이 아르노를 죽이려 했을 때 자신의 몸으로 보호했으며, 1559년경 아르노가 다른 사건으로 재판에 넘겨져 무죄 선고를 받고 돌아왔을 때도 흔쾌히 받아주었다.

이런 상황에서 1560년 1월 고소인의 대리인 피에르는 '여러 번 극악한 범죄로 극히 나쁜 평판을 얻고 있는 특별한 경우' 법이 허용하는바에 따라 무장한 사람들을 시켜 새 마르탱을 붙잡아서 법원에 넘겼다.

리으 지방법원의 1심 재판

베르트랑드가 남편이 가짜 마르탱이라고 고소한 사건에 대한 형사재판은 관할 법원인 리으Rieux 지방법원의 피르맹 베시에르 판사가 맡았다. 상대를 속이려는 목적으로 누군가를 사칭하는 것은 16세기 프랑스에서 심각한 범죄였다. 이에 대해 정해진 형벌은 없었지만, 검사가 손해배상 청구인(이 사건에서는 베르트랑드)과 함께 소송에 참여하는 경우 유죄를 선고받은 피고인은 벌금형 이상 심지어 사형을 선고받을 수 있었다. 다만, 한 사람의 명예와 목숨이 달려 있으므로 증거는 '확실하고 의심의 여지가 없고 대낮보다 밝아야' 했다. 그러나 초상조차 드물고 지문 날인이나 유전자 검식 방법도 없던 시대에 어떻게 개인의 정체를 밝힐 것인가?

우선, 피에르가 지정한 증인들이 판사나 공증인 앞에서 선서하고 진술한 증언서가 증거로 제출되었다. 판사는 검사에게 문서를 검토할 시간을 준 후, 법정에서 재판을 시작했다. 피고인을 소환해 변명할 기회를 주었고 고소인 베르트랑드의 증언과 이에 대한 피고인의 의견을 들었다. 베르트랑드는 처음에는 진짜 남편인 줄 알았는데, 나중에 가짜라는 것을 알게 되었다는 취지로 모호하게 진술했다. 피고인 아르노는 재판이 진행되는 내내 자신은 진짜 마르탱인데, 피에르가 재산을 탈취할 욕심으로 베르트랑드를 협박해 고소했다고 주장했다. 판사는 베르트랑드에게 피에르의 집을 나와 다른 곳에 머무르도록 명령했다. 다음으로 증인들에 대한 신문과 피고인을 상대로 한 대질신문이 이어졌다. 피고인은 증인들이 피에르로부터 돈을 받았거나 강요에 못 이겨 허위로 진술하는 것이라고 반박했다. 이 모든 과정에서 아르노는 온갖 지혜를 짜내 소소한 사실까지 정확하게 기억하고 진술했으며, 자신에게 유리하게 진술할 사람을 증인으로 신청했다.

재판이 진행되는 동안 약 150명이 증언하기 위해 법정에 섰다. 45명가량의 증인들은 피고인은 아르노 뒤 틸이며 마르탱 게르가 아니라고 강조했다. 30~40명은 피고인이 마르탱 게르라고 증언했는데, 이들 중에는 마르탱의 네 누이도 포함되어 있었다. 나머지 60여 명은 양측의 사후 보복을 두려워한 탓에 피고인의 정체를 확인하는 것을 거부했다. 베르트랑드는 가짜 남편이라는 사실을 알았다는 의심을 살 만한 점은 말하지 않았고, 속기 쉬운 여자라는 이미지를 만들어냈다. 아르노는 만일 베르트랑드가 선서하고 가짜 남편이라고 말한다면 어떠한 처벌도 달게 받겠다고 했는데, 이에 대해 베르트랑드는 선서를 거부하고 침묵했다.

마침내 판사는 판결을 선고했다. 피고인이 마르탱 게르를 사칭했으며 베르트랑드를 능욕한 죄를 저질렀다고 판단했다. 그리고 금전 배상을 원하는 고소인의 요구를 받아들이지 않고 검사의 구형대로 사형(참수와 능지처참형)을 선고했다.

툴루즈 고등법원의
항소심 재판

아르노는 자신의 결백을 주장하며 항소했고, 툴루즈Toulouse 고등법원은 1560년 4월 30일 피고인 '마르탱 게르'에 대한 재판을 시작했다. 당시 툴루즈 고등법원 판사들은 부유하고 교양 있는 엘리트층으로서 귀족 작위(법복귀족)를 가지고 있었다. 마르탱 게르 사건을 담당한 재판부는 늦게 임명된 코라스를 수명법관으로 지정해, 사실관계를 조사하고 쟁점에 대한 보고서를 작성하도록 했다.

코라스 판사는 그 지역 출신의 저명한 법학자로, 민법과 교회법에 대한 라틴어 주석서의 저자이자 인문주의자로 명망이 높았다. 그는 우선 베르트랑드와 피에르를 심문했다. 피고인 아르노는 법정에서 베르트랑드에게 해를 끼치고 싶지 않으며, 모든 사건은 피에르가 꾸며낸 것이라고 진술했다. 재판부는 고소인 베르트랑드와 피에르가 재판 결과에 따라 무고죄와 위증죄를 범했다고 판단될 수 있으므로, 두 사람을 잠정적으로 투옥하라고 명령했다. 25~30명의 증인들도 새로 또는 1심에서와 같이 증언해야만 했다. 코라스 판사가 기록을 읽고 검토할수록 피고인은 자신의 주장대로 진짜 남편이고 1심 판결은 파기되어야 마땅했다.

재판부가 최종 판결을 선고하기로 한 7월 하순, 기적 같은 일이 일어났다. 나무 의족을 한 절름발이 사나이가 법정에 나타나서 자신의 이름이 '마르탱 게르'라고 말했다. 가짜 남편 사건에 대한 소문을 듣고 다리를 절단한 후 수도원에서 지내던 진짜 마르탱 게르가 12년 만에 고향으로 돌아온 것이었다. 법정에서는 이제 진짜 마르탱과 가짜 마르탱을 놓고 대질심문이 이루어졌다.

그런데 놀랍게도 가짜 마르탱이 진짜 마르탱보다 지난 일들을 더 잘 기억하고 있었다. 가짜 마르탱은 20여 년 전에 있었던 수많은 일을 거침없이 말했고, 진짜 마르탱은 기억이 나지 않는다며 제대로 답변하지 못했다. 그러나 피에르와 누이들은 여러 사람 사이에 섞여 있는 진짜 마르탱을 바로 알아보았다. 베르트랑드는 진짜 마르탱을 보자마자 몸을 떨면서 눈물을 흘리고 그를 껴안고 자신의 잘못을 용서해달라고 간청함으로써 희대의 '진실 게임'은 끝이 났다. 마르탱은 아내에게 일말의 애틋함도 표현하지 않고, "눈물을 치워라. 나의 누이들과 삼촌을 내세워 변명하지 마라. 아내가 남편을 아는 것 이상으로 아들·조카·형제를 잘 아는 아버지·어머니·삼촌·누이·형제는 없다. 우리 집에 내린 재앙에 대해서는 너 말고는 탓하고 싶지 않다"라고 말했다.

재판부는 피고인의 자백 없이도 유죄의 심증을 굳힐 수 있었다. 9월 12일 재판장 망상칼은 피고인 아르노의 '사기, 이름과 신원 사칭, 간음'의 죄를 인정하면서 공개 사죄하게 한 뒤 아르티가에서 사형(참수형에서 교수형으로 완화되었다)에 처할 것이라 판결했다. 또한 베르트랑드와 진짜 마르탱의 잘못을 꾸짖고 과거를 잊으라고 충고하면서 화해시키려고 애썼다. 재판부는 판결의 부수적인 조치로, 딸 베르나르드를 잉태했을 때 마르탱과 관계를 가졌다고 생각했다는 베르트랑드의 변명을 받아들여 당시 법에 따라 적출嫡出로 인정했다. 베르트랑드는 고소할 때까지 가짜 남편인 줄 몰랐다는 변명이 인정되어서 아르노의 공범으로 처벌되지 않았다. 오랫동안 집을 비운 진짜 마르탱에 대해서도 정상이 참작되어 별도의 처분이 없었고, 피에르 역시 베르트랑드의 사전 허락을 받지 않고 대신 고소한 것이나 아르노를 죽이려고 한 행위에 대한 처벌을 받지 않았다.

9월 16일 약 22년 전 베르트랑드의 신혼 침대를 들여놓았던 집 앞에 교수대가 놓였다. 마르탱 가족들과 마을 사람들이 지켜보는 가운데 아르노는 사형 집행을 담당하는 판사에게 범행을 모두 자백했다. 맨발에 흰색 셔츠에 머리를 깎고 횃불을 손에 든 아르노는 무릎을 꿇고 신과 모든 사람에게 용서를 구했다. 교수대에 올라가면서 아르노는 마르탱에게 아내를 가혹하게 대하지 말라고 부탁했고, 베르트랑드에게는 용서를 구했다.

역사의 법정에서

만약 진짜 마르탱이 나타나지 않았다면, 법원은 어떻게 판단했을까? 아르노가 20여 년 전에 일어났던 많은 일을 정확하게 말했고, 증인들의 증언이 엇갈렸고, 베르트랑드의 증언은 모호했으며, 피에르에게 허위로 고소할 동기가 충분하다는 등의 이유에서 코라스 판사는 무죄의 심증을 가졌다고 한다. 그러나 필자는 사후적 판단이지만 유죄로 결론 내는 것이 맞다고 본다. 오래전 가출한 남자가 소소한 일까지 기억하는 것은 오히려 이례적이며(진짜 마르탱은 제대로 답변하지 못한 부분이 많다), 아르노를 사랑한 베르트랑드가 알려주었을 가능성이 높다. 마을 사람들은 아르노가 여러 번 진짜 마르탱이라고 같은 이야기를 했을 때 쉽게 믿었는데, 나중에 아르노의 행위를 질서와 권위에 도전하는 것으로 볼지 아니면 젊은이로서 재산 처분의 자유를 주장하는 것으로 볼지에 따라 마을 사람들이 다르게 말할 가능성이 있다. 베르트랑드는 아르노와 처음 만났을 때 아니면 최소한 도중에 가짜 남편임을 알았을 터인데 결혼 관계를 유지하려고 이중 전략(베르트랑드는 마지막까지 고소 취하를 하지 않았다)으로 모호하게 진술하며 선서를 거부했다. 피에르가 베르트랑드의 사전 승낙을 받지 않고 대리로 고소하거나 아르노를 살해하려고 시도한 것은 가짜 조카에게 상속재산이 넘어가는 것을 막기 위해 한 무리한 행동이라 여겨진다. 이런 점에서 1심 재판은 옳다.

베르트랑드는 정말 아르노가 가짜 남편인 줄 몰랐을까? 툴루즈 고등법원은 베르트랑드가 아르노를 처음 만났을 때부터 고소할 때까지 그가 가짜 마르탱임을 알지 못했다고 판단했고, 코라스 판사는 여자는 속기 쉬운 존재라는 이유를 들고 있으나, 필자는 그녀가 알고 있었다고 판단한다. 그 근거는 이렇다. 외모가 상당히 닮았더라도 모든 아내가 동의하듯 베르트랑드가 침실에서 '함께 아이까지 낳은 남편의 손길'을 착각하기는 어렵다. 아르노는 법정에서 가출하기 전 마르탱 부부 사이에 있었던 에피소드를 정확하게 진술했는데 베르트랑드가 알려주지 않았더라면 결코 알 수 없다. 아르노가 마을 사람들에게 미리 이야기를 들었더라도 가족 간의 속사정은 알기 어려웠을 터인데 가족들이 아르노에게 의심을 품지 않은 것으로 보아 베르트랑드가 알려주었을 가능성이 높다. 아르노와 베르트랑드는 진정으로 사랑하고 결혼 관계를 유지하려 했는데, 그렇다면 나중에라도 아르노가 아내에게만큼은 진실을 이야기했다고 보는 것이 자연스럽다. 나중에 진짜 마르탱이 법정에 나타났을 때 베르트랑드가 한눈에 알아본 것도 이를 뒷받침한다. 아르노가 교수대 아래에서 베르트랑드가 덕성이 있는 여자라고 말한 것은 사랑하는 여인을 위해 죽음 앞에서 한 선의의 거짓말이었을 것이다.

추측과 상상을 덧붙이면, 집을 나간 남편이 언제 돌아올지 모르는 상황에서 젊은 베르트랑드는 육체적·정신적으로 살아가기 힘들었을 것이다. 남편으로부터 버림받은 아내라는 따가운 시선에서 벗어날 수 있는 데다 잘생기고 다정한 아르노에게 매력과 사랑을 느끼지 않았을까. 그렇다고 남편이 죽었다는 증거가 없는 한 이혼할 수 없는 당시 법제하에서 베르트랑드를 윤리적으로 무겁게 질책할 수는 없다. 아마 판사들도 베르트랑드의 결혼 관계와 딸 베르나르드를 보호하는 것이 바람직하다고 생각해 공모의 증거가 부족하다고 판단하지 않았을까.

이렇게 본다면 형사재판에서 유무죄의 판단은 어렵고 판사마다 다를 수밖에 없다. 1588년에 출간된 몽테뉴의 《수상록》 가운데 〈절름발이에 대하여〉는 이 사건에 대해 이렇게 쓰고 있다.

젊었을 때 나는 두 남자가 서로 자신이 진짜라고 주장하는 이상한 사건과 관련된 소송을 목격한 적이 있는데, 그 소송은 툴루즈의 판사 코라스에 의해 출간되었다. 판사가 자신이 유죄를 선고한 피고인의 사기 행위가 매우 놀랍고도 기이하며 우리나 판사 자신의 지식을 크게 초월하는 것임을 입증해 나로서는 교수형을 선고한 그 판결이 매우 대담한 것이라고 생각했던 기억이 난다(그 밖에는 기억이 나지 않는다).

해명할 수도 결정을 내릴 수도 없는 소송에 말려들었을 때 소송 당사자들에게 100년 후에 다시 와 재판을 받으라고 명령한 아레오파고스 회의(고대 아테네의 귀족 회의 기구)의 재판관들보다 더 자유롭고 솔직하게 다음과 같은 형태의 판결문을 용인하도록 하자. "법정은 그에 대해 아무것도 알 수 없다."[1]

흔히 복잡하고 어려운 사건이 터지면 언론이나 시민들은 재판을 통해 '실체적 진실'이 드러날 수 있다고 생각한다. 그러나 법률 문제가 아니라 마르탱 게르 사건처럼 사실 인정이 어려운 경우, 법률 전문가인 판사들도 어렵다. 몽테뉴의 말은 후배 판사들에게 신중에 신중을 기해 유무죄를 판단하고, 심증이 불확실한 사건에 대해서는 무죄를 선고하거나 무거운 형을 선고하지 말라는 충고로 이해하는 것이 좋다.

그런데 데이비스는 프로테스탄티즘을 신봉한 코라스 판사(프랑스 신·구교 분쟁의 와중에 신교도라는 이유로 1572년 10월 법원 건물 앞에서 교수형을 당했다)가 신교를 믿은 아르노와 베르트랑드를 자기와 동일시하거나 공감해서 판결했다는 주장을 펼친다. 코라스 판사는 아르노의 거짓말에 놀랐고 속을 뻔했다는 사실을 말한 것뿐이다. 아르노와 베르트랑드가 신교를 믿었다는 아무런 증거를 제시하지 않은 채(데이비스는 그 지역

에 신교 운동이 활발했고, 나중에 후손들이 신교를 믿었다는 자료만 제시했다)
판사가 개인의 종교적 믿음과 사생활(코라스 판사는 상속 문제로 변호사인
아버지에게 소송을 제기한 적이 있고, 자신의 재혼한 아내를 깊이 사랑했다)에
따라 판단했다는 데이비스의 주장은 납득하기 어렵다. 당시 프랑스 사회
나 툴루즈 고등법원에서 신교가 소수파인 데다가 종교 분쟁이 심했는데,
코라스 판사가 속마음을 다른 판사나 독자들에게 드러냈을까? 코라스
판사가 거짓된 방법을 써서라도 적극적으로 인생을 개척하려는 두 사람
을 대단하다고 생각했을 여지는 있다. 그러나 공정한 법관이라면 '누가
진짜 남편인지, 아내가 가짜 남편인지를 알고 있었는지'와 같은 사실인
정 문제에 대해 드러난 증거를 무시하고 판사 개인의 사생활과 종교적
믿음에 따라 판단하지 않는다.

마르탱 게르 사건은 이 책에서 다룬 다른 사건과 달리, 정치·경제·
사회적으로 중요한 인물에 관한 사건도 아니고 후대에 많은 영향을 끼친
사건도 아니다. 단지 16세기 프랑스 농촌사회에서 벌어진 진짜와 가짜
남편을 가리는 특이한 사건으로 역사에 남았을 뿐이다. 그러나 자세히
들여다보면 중세 말 근대 초의 농촌 모습, 사람들의 상호관계와 마음을
추론하거나 그 실마리를 찾을 수 있다.

마르탱 게르 사건은 코라스 판사가 판결을 선고한 후 책으로 펴내면
서 널리 알려지게 되었다. 《잊을 수 없는 판결》은 법률적 텍스트와 문학
적 이야기를 결합해 독자를 농민의 감정과 희망이 살아 있는 숨겨진 세
계로 인도한다. 판사의 법학적·인문학적 검토와 연구가 자세하게 덧붙
여 있는 이 책이 없었더라면 이 사건이 다채롭게 분석되고 연구되지 못
했을 것이다. 우리나라에서는 권성 헌법재판관의 《결단의 순간을 위한
권성 전 헌법재판관의 판결읽기》와 김영란 대법관의 《판결을 다시 생각

한다》가 이에 비교적 가깝다. 이제 판사들도 '법관은 판결문만으로 말한다'는 법언에 안주할 것이 아니다. 사회적으로 중요한 사건에 대해 상당한 시간이 지난 후, 판결의 의미와 사회적 배경, 논쟁 과정, 판결 이후 법적·사회적 변화 등을 깊이 성찰하고 쉬운 문체로 써서 '사회적 논평'의 대상으로 남길 필요가 있다.

마지막으로, 데이비스가 제기한 문제, 즉 개인의 정체성은 어떻게 형성되는지 살펴보자. 데이비스에 따르면 베르트랑드는 정조와 여자로서의 평판을 중시하고 전통적 가치에 충실하면서도 확고한 독립심과 재빠른 현실 감각으로 곤경에서 벗어나기 위해 위험을 감수하려 했다. 아르노는 단순히 재산을 노리고 마르탱으로 위장해 아내를 빼앗은 사기꾼이 아니라 스스로 정체성을 확립하고 새로운 삶을 만들어내려 한 사람이었다. 나아가 두 사람은 사기꾼과 희생자의 관계가 아니라, '창안된 결혼 invented marriage', 즉 예기치 않은 사랑을 매개로 한 공모자 관계였다.

데이비스가 정치가나 학자, 예술가가 아니라 평범한 농촌 부부에게서 관습과 전통에 얽매이지 않고 자기의 삶을 개척하고 살아가는 모습을 찾아낸 것은 높이 평가할 만하다. 또한 베르트랑드가 새로운 생활과 과거의 관습 사이에서 망설였다고 본 것도 공감한다. 다만, 두 사람의 '창안된 결혼'을 종교적 믿음으로 정당화한 것은 문제가 있다고 생각한다. 인터넷에서 마르탱 게르 사건을 다룬 글을 보면, 대부분 두 사람에 대해 호의적인 반응을 보일 뿐 그들의 도덕적·법적 책임에 대해서는 잘 언급하지 않는다. 마무리에서 상식적으로 당연한 이치를 말하는 것은 감성은 메마르면서도 옳고 그름은 꼭 따져야 한다고 생각하는 판사의 직업적 속성 때문일까.

5

갈릴레이는
지동설을 옹호하지
말라는 교황청의
지시를 어겼는가?

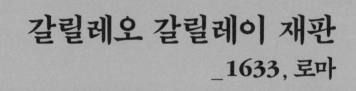

갈릴레오 갈릴레이 재판

_1633, 로마

시간과 법정

1633년, 로마 '산타마리아 소프라 미네르바' 수도원 내 종교재판소

사건 당사자

갈릴레오 갈릴레이|Galileo Galilei

재판의 쟁점

갈릴레이는 지동설을 옹호하지 말라는 교황청의 지시를 어겼는가?

재판의 결론

유죄, 무기징역(가택 연금으로 감형)

역사적 질문

기독교는 과학을 억압하고 문화 발전을 저해했는가?

망원경은 우리나라에
언제 들어왔는가

초등학생을 위한 위인전에 빠지지 않고 등장하는 갈릴레오 갈릴레이 Galileo Galilei. 그는 역사상 처음 망원경으로 천체를 관찰하고 지구가 태양의 둘레를 돈다는 진리를 발견했는데, 종교적 억압에 굴복했지만 법정을 나오면서 "그래도 지구는 돈다"라고 말했다고 알려져 있다. 우리나라에는 망원경이 언제 알려지고 어떻게 수용되었을까?

《인조실록》에 따르면, 연경(북경)에 사신으로 간 정두원이 1631년 7월경 에스파냐 신부로부터 받은 망원경을 서양의 다른 문물과 함께 처음으로 왕에게 바쳤다. 갈릴레이식 망원경이 1609년에 제작되었으니 그리 늦은 것은 아니었다. 한편, 1664년 숙종 때 윤휴의 문집에 갈릴레이가 처음 등장했다.

> 근래 60년 전에는 또 말엽대제곡(末葉大第谷, 티코 브라헤)이 기구를 처음으로 만들어 천체를 관측했고, 그 뒤 가리근아(加利勤阿, 갈릴레오 갈릴레이)는 유신도有新圖를 창안해 천고 이래 밝히지 못한 성학(星學, 천문학)을 발명했다. 이에 망원경이 나와 천상의 미묘한 것이 남김없이 드러나게 되었다.[1]

1700년대 초 조선은 청나라로부터 구입한 망원경을 사용해 일식과 월식을 관찰했다. 1712년 국경을 정하기 위해 조선과 청나라의 관리가 백두산에 올랐다. 함경도 관찰사는 맨 눈으로는 한계가 있으니 망원경을 보내달라고 요청했지만, 조정에서는 국경을 살펴 정하는 것이 중요한데 망원경을 믿을 수 없다며 거절했다. 청나라는 망원경과 육분의六分儀를 사용해 땅을 측정하고 위도와 경도를 확인한 후 도면을 작성했다. 조선은 그 도면을 달라 해서는 그대로 국경을 확정했다.

그 후 홍대용이 연경 천주당에서 천체망원경을 직접 조작해 태양의 흑점을 관찰한 후 망원경의 구조에 대한 자세한 기록을 남겼고, 이승훈은 연경 천주당에서 교리를 배우면서 망원경을 선물로 받았다. 19세기에 들어와서 이규경과 최한기가 망원경에 대해 기록을 남겼지만, 광학적 원리에 대해서는 아무런 설명이 없다. 조선시대 지식인들은 망원경이 천체 관측기구라는 것은 알았지만, 천문학을 연구하는 데 중요한 기구라고 받아들이지 않았다. 또한 자체적으로 망원경을 제작한 적도 없다.

유럽에서는 망원경으로 천체를 관찰하면서 천동설이 치명상을 입었고 대항해시대가 열렸다. 또한 망원경은 식민지를 놓고 바다와 육지에서 전쟁하는 데도 사용되었다. 그러나 조선의 천문학은 천체 운행의 주기를 정확히 예측해서 달력을 만드는 데 목적이 있었으므로, 천체를 구조적으로 인식하기 위해 망원경을 사용하지 않았다. 한편, 성리학은 군자가 도덕적 수양을 해 윤리적으로 완성되고 정치적 이상을 실천하는 것을 지향했다. 따라서 자연에 대한 학문적 관심은 부차적이었으며, 자연의 원리도 성리학의 '이理'로 이해되거나 설명되면 충분하고 더 이상 세세하게 연구하는 것은 '완물상지(玩物喪志, 쓸데없는 물건을 가지고 노는 데 정신이 팔려 도덕적 심성을 잃어버린다)'에 빠진다고 여겼다. 형이상학적 관념론에 기초한 인격 수양론, 자연현상에 대한 과학적 원리의 탐구심 부족, 폐쇄적인 농경사회 환경에 따른 기술과 기술학에 대한 천시 등이 어우러져서 망원경은 유럽에서처럼 천문학의 발전, 우주관·세계관의 혁명적 변화를 일으키지 못했다.

선구자 코페르니쿠스와 브르노

지동설은 폴란드 천문학자 니콜라스 코페르니쿠스Nicolaus Copernicus가 16세기에 처음으로 주장했다고 알려져 있다. 정확하게 말하면 기원전 3세기에 이미 그리스 학자들이 지구의 자전과 공전을 이야기했다. 그러나 1,500년간 철학자 아리스토텔레스의 생각을 받아들여 "지구가 우주의 중심이고 그 위로 달과 해와 5개 행성이 원을 그리며 돈다"라고 설명한 2세기 천문학자 프톨레마이오스의 천동설이 유력했다. 그런데 천동설을 바탕으로 계산된 항해력이 16세기에 대서양을 횡단하는 선박에 맞지 않아 위험한 처지에 놓이게 되었다. 이런 상황에서 코페르니쿠스는 많은 책을 탐독한 끝에 수학적으로 지동설이 옳다고 확신했다. 그의 저작《천체의 회전에 관하여》는 1514년에 완성되었으나 그가 사망할 때 인쇄소에 도착하도록 조치해둠으로써 1543년에 라틴어로 출간되었다. 그는 "태양을 중심으로 지구를 포함한 행성들이 나란히 있고 행성들은 일정한 속도로 태양 주위의 원 궤도를 돌고 있으며, 지구의 둘레를 도는 것은 달밖에 없다"라고 주장했다.

　코페르니쿠스가 주장한 지동설은 우주를 설명하는 가설로서 유용하다고 인정받았고, 가톨릭교회는 1586년 이를 이용해 달력을 '그레고리우스력'으로 개정했다. 그러나 지지자가 늘어나고 영향력이 커지자, 로마 교황청은 지동설이 기독교 교리에 어긋난다는 이유로 탄압하고 70여 년이 지난 1616년에 《천체의 회전에 관하여》를 금서로 지정했다.

코페르니쿠스는 하늘이 준 수명을 누렸지만, 나중에 같은 주장을 한 이탈리아 태생의 조르다노 브루노Giordano Bruno는 1600년 2월 17일 로마 시내 광장에서 수많은 사람이 지켜보는 가운데 쇠기둥에 묶여 화형을 당했다. 18세 때 수도원에 들어가 1572년 사제 서품을 받은 브루노는 《천체의 회전에 관하여》를 읽은 후 지동설이 옳다고 생각하고 다른 사람들에게 널리 알렸다. 그 후 1584년 출간한 《무한한 우주와 무한한 세계에 관하여》에서 "우주는 무한하고 그 우주 저쪽에는 지구와 비슷한 다른 세상도 있을 수 있다"라고까지 주장했다.

브루노의 동료 수사들은 예수와 그리스도교 자체를 부정하고 불온한 사상을 퍼뜨린다는 등 130여 개 죄목으로 브루노를 고발했고, 로마 교황청은 10여 년 동안 도망다니다 붙잡힌 그를 종교재판에 회부했다. 브루노는 무려 7년 동안 종교재판소 감옥에 갇혀 발가벗긴 채 거꾸로 매달리거나 혀와 입천장을 송곳으로 뚫는 고문을 당했다. 그러나 그는 자신의 주장을 굽히지 않고 "나는 내 주장을 철회할 것이 없고 후회할 것도 없다"라며 결국 사형을 선고받았다. 그는 마지막으로 "판결을 내린 당신들이 그것을 듣고 있는 나보다 훨씬 더 두려움에 떨고 있을 것이오"라고 말했다.

가톨릭교회는 왜 지동설이 교리에 어긋난다고 배척했을까? 당시 교회는 '전지전능한 유일한 신이 우주 만물을 창조했고, 신을 찬양하는 사람들이 살고 있는 지구가 우주의 중심에 있다'고 가르쳤다. 그런데 지동설이 주장하는 대로 지구가 우주의 중심이 아니고 다른 별들처럼 끝없이 펼쳐진 우주를 떠돈다면 사람들이 신의 절대성을 의심하고, 다른 별들을 창조한 또 다른 신이 존재하지 않을까 생각하며, 지옥도 더 이상 무서운 곳이 될 수 없다는 망상을 품게 될 것이라고 걱정했을 것이다. 결국 지동설이 중세를 지켜온 정신적인 토대를 무너뜨릴 수 있다고 생각했기 때문에 지동설을 주장하는 사람은 종교재판에 회부될 수밖에 없었다.

망원경으로 천체를 관찰하다

1564년 이탈리아 피사에서 태어난 갈릴레이는 의사가 되기를 바랐던 아버지의 뜻에 어긋나게 수학에 흥미와 재능을 보였다. 갈릴레이는 어떤 물체의 무게중심을 알아내는 새로운 방법을 발견했고, 고정된 추에 매달린 진자(振子, pendulum)는 진폭은 점점 줄어들지만 갔다가 돌아오는 데 걸리는 시간은 같다는 사실을 발견했다. 이 밖에 공중에서 떨어지는 물체는 무게와 관계없이 같은 속도로 떨어진다는 사실도 발견했다. 종전의 학자들이 추론을 통해 보편적인 원리나 이론을 탐구한 데 반해 갈릴레이는 직접 눈으로 관찰하거나 수직에 가까운 비탈면의 홈에 공 굴리는 실험을 통해 과학 법칙을 찾아냈다.

1608년 네덜란드에서 안경 제작자 한스 리퍼세이Hans Lippershey가 처음으로 멀리 있는 물체를 3~4배 확대해서 볼 수 있는 망원경을 만들었다. 몇 년 전 밤하늘에 새로운 별이 나타난 사실에 관심을 가졌던 갈릴레이는 곧바로 초점거리가 다른 렌즈를 사용해 10배가량 확대해서 볼 수 있는 망원경을 만들었다. 1609년 8월 베네치아공화국 원로들은 성 마르코 성당 위에서 그 망원경으로 맨 눈으로는 보이지 않았던 먼 바다

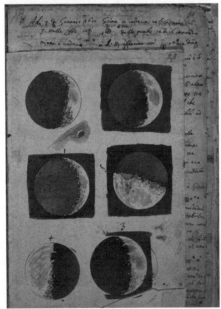

갈릴레이의 망원경 | 갈릴레이가 만든 망원경(위)과 그가 관측하며 그린 달의 변화 그림들(아래).

의 배들을 보고 깜짝 놀랐다.

갈릴레이는 30배율의 망원경을 만들어 달을 바라보았다. 달은 완벽하게 매끄러운 공 모양이 아니고 울퉁불퉁했으며, 산으로 둘러싸인 계곡과 구덩이를 보았다. 그리고 달의 밝은 부분과 어두운 부분 사이의 경계를 관찰했다. 밝은 부분 안쪽에는 작고 어두운 점들이 있었고 어두운 부분 안쪽에는 작고 밝은 점들이 있었다. 어두운 점들은 시간이 지나면서 점차 밝아졌다.

갈릴레이가 본 천체 중에서 놀라운 성과를 얻은 것은 목성과 금성이었다. 목성의 동쪽과 서쪽에 있는 작은 별들이 보는 날마다 개수는 약간씩 달랐지만 항상 목성과 함께 보이는 것을 관찰하고, 자신을 후원하는 피렌체의 메디치 가문의 이름을 따서 '메디치 위성'이라고 불렀다. 이 4개의 위성이 목성 반대편에 모여 있어 전혀 보이지 않는 때를 시점으로 잡아 위성들이 나타나면 차례로 속력과 위치 등을 기록했다. 몇 년에 걸친 관찰을 통해 갈릴레이는 4개 위성의 공전 주기를 정확히 계산해냈다. 오랜 기간 금성을 관찰한 결과 처음에는 공 모양이었다가 차츰 이지러지면서 반달 모양이 되고 다시 그믐달 모양으로 변했다. 그믐달처럼 되었을 때 지름이 더 커졌다.

나아가 갈릴레이는 태양의 흑점을 관찰했다. 흑점들이 태양 표면을 가로질러 움직이는데 그 길이가 날마다 조금씩 바뀌며 태양의 가장자리에 있을 때 길이가 짧아졌다. 한 흑점을 추적하니 서쪽 끝에서 사라졌다가 2주 후에 다시 등장했다. 태양은 스스로의 축을 중심으로 약 한 달간 주기로 돌고 있었던 것이다.

갈릴레이는 그동안의 연구를 통해 천동설보다 지동설이 옳다고 생각했다. 금성이 달처럼 차고 기울어지면서 태양 주위를 돌고, 목성에는 4

개의 위성이 있으며, 지구가 태양빛을 달에 비추었다. 이런 증거들을 보면 천체는 코페르니쿠스 체계에 부합했다. 갈릴레이는 자기가 관찰한 결과를 기록해 교황 바오로 5세에게 설명했다. 이때까지만 해도 지동설은 우주를 이해하기 위한 하나의 가설로 사용한다면 크게 문제가 되지 않았다. 그러나 성경을 문자 그대로 해석하는 사람들의 입장에서 지동설은 성경과 모순되었다. 갈릴레이를 비판하는 사람들이 구체적으로 문제 삼은 부분은 〈여호수아〉 10장 12~13절이었다.

그때 야훼께서 아모리 사람들을 이스라엘 백성에게 붙이시던 날에 여호수아는 이스라엘이 보는 앞에서 외쳤다. 해야, 기브온 위에 머물러라. 달아, 너도 아얄론 골짜기에 멈추어라. 그러자 원수들에게 복수를 마칠 때까지 해가 머물렀고 달이 멈추어 섰다. 이 사실은 야살의 책에 기록되어 있지 않은가? 해는 중천에 멈추어 하루를 꼬박 움직이려 하지 않았다.

이단으로 판정된 지동설

1613년 갈릴레이의 주장이 성경과 모순된다는 비판이 일자, 갈릴레이는 자신의 견해를 정리해 친구에게 보냈다.

성경과 자연 모두 신이 쓴 위대한 책이다. 다만, 성경은 보통 사람들이 이해하기 쉽게 조정된 언어로 쓰였다. 성경에서 해가 움직인다고 한 것은 보통 사람들에게는 그렇게 보이기 때문이다. 그러나 자연은 그런 조정이 필요치 않으므로, 우리가 관찰했을 때 지구가 움직이면 그렇게 생각하는 게 옳다. 명백한 자연현상에 대해 성경을 가지고 비판하는 것은 옳지 않다.[2]

그 친구는 편지를 여러 번 필사해 사람들에게 돌렸는데 그중 하나가 반대편의 수중에 들어갔다. 한 신부가 갈릴레이를 신앙의 적이라고 공격했고, 동료 신부가 그 편지를 로마의 종교재판소로 알려진 이단심문회로 보내서 갈릴레이가 이단인지 아닌지를 판정해달라고 요청했다. 종교재판소는 이를 신학고문단에 보내 교리에 반하는지 판정을 의뢰했는데, 그들은 이단이 아니라고 했다. 1615년 처음 문제를 제기한 신부가 다시 종교재판소에 갈릴레이를 고발했다.

갈릴레이는 교회 내에 동지도 적도 많았으므로 최종 판정이 날 때까지 조심하는 것이 안전했으나, 자신만만했던 그는 반대의 길을 걸었다. 갈릴레이는 과학적 연구와 신앙은 분리해서 생각해야 하며 성경은 신앙과 도덕의 문제에 한해 적용해야 한다고 강조했다. 또한 지구가 움직인다는 주장을 빠뜨리지 않았으며, 밀물과 썰물 현상이 지구의 움직임과 관련이 있다고 주장했다.

1616년 2월 로마의 종교재판소로 소환된 갈릴레이의 재판은 '브루노 재판'을 맡았던 벨라르미노 추기경이 주도했다. 한 달간 심리한 끝에 종교재판소는 "태양이 우주의 중심에 정지해 있고 지구가 그 둘레를 움직인다는 이론을 가르치거나 변호하거나 논의하는 것을 금지하며, 차후 그 어떠한 방법으로든, 말을 통해서든 글을 통해서든, 지지하거나 가르치거나 변호하는 것을 완전히 금지한다"라고 판결했다. 또한《천체의 회전에 관하여》는 교회의 지침에 따라 개정하지 않으면 현재 상태로는 금서라고 결정했다.

바오로 5세는 벨라르미노 추기경을 불러 갈릴레이에게 코페르니쿠스 이론을 버리게 하도록 지시했다. 추기경은 갈릴레이에게 교황의 지시 사항을 전달했다. 한편, 갈릴레이가 처벌을 받았다는 소문이 돌면서 교황은 다시 추기경을 만나 상의했다. 추기경은 "코페르니쿠스 이론이 성경에 어긋나므로 오직 가설로만 사용할 수 있으며 지구가 돈다는 이론은 결코 학문적인 인식으로 주장되어서는 안 된다는 사실을 갈릴레이에게 전달했을 뿐, 그는 교회로부터 어떠한 처벌도 받지 않았다"라는 내용의 진술서를 써주었다. 아무튼 갈릴레이는 이 모든 소동에서 무사히 살아남았고 교황을 만나는 영예까지 누렸다.

《대화》를 출간하다

1623년 바오로 5세가 사망하자 우르바노 8세가 새 교황으로 취임했다. 갈릴레이와 친구들은 새 교황에게 코페르니쿠스의 지동설에 대한 금지를 풀어달라고 요청했다. 교황은 지금에 와서 금지 정책을 바꿀 수는 없지만, 코페르니쿠스의 지동설과 프톨레마이오스의 천동설을 비교하는 방식으로 책을 써도 좋다고 허락했다. 단, 지구의 움직임이 사실인 것처럼 보여서는 절대로 안 된다고 말했다.

갈릴레이는 1625~1630년까지 과학사에서 길이 남을 《대화Dialogo》를 일반인도 볼 수 있도록 이탈리아어로 쉽게 썼다. 그때까지 철학자들과 과학자들은 일반인이 읽을 수도, 말할 수도 없는 라틴어로 책을 써왔었다. 교회의 검열을 거친 뒤 일부 내용이 수정되어 1632년 2월 1,000

1632년 출간된 《대화》의 표지 | 소신에 찬 이 책 때문에 갈릴레이는 종교재판에서 이단 판정을 받았고, 공개적으로 자신의 신념을 부정하고 참회해야 했다.

권이 인쇄되어 팔렸다. 나중에 교황청이 금서로 지정해 압수하려고 했으나 다 팔려 한 권도 없었다.

《대화》는 베네치아 귀족 3명이 나흘 간에 걸쳐 대화를 나누는 형식을 취하고 있다. 코페르니쿠스의 이론을 지지하는 아마추어 과학자 살비아티Salviati, 프톨레마이오스의 이론을 지지하는 철학자 심플리치오 Simplicio, 베네치아의 외교관으로 중립적인 위치에 있는 사그레도Sagredo가 그들이다. 관측한 증거와 수학적 계산에 기반을 둔 살비아티의 명쾌한 주장에 대해 심플리치오는 어리석은 반박이나 억지 주장으로 맞선다. 토론이 진행되면서 살비아티의 주장에 사그레도가 가세하고, 마침내 심플리치오가 설득당하고 만다.《대화》에서 지구와 행성들의 공전을 설명하는 대목을 읽어보자.

심플리치오 | 행성들이 지구를 중심으로 회전하는 것이 아니고, 해를 중심으로 회전한다는 것을 어떻게 추론해낼 수 있는가?

살비아티 | 가장 명백하고 가장 설득력이 있는 관찰들을 통해 추론할 수 있네. 지구가 중심에 있지 않고 해가 중심에 있다는 가장 확실한 증거는 모든 행성이 지구와 가까워졌다가 멀어졌다가 한다는 사실일세. 거리 차이가 아주 크지. 금성의 경우 가장 멀 때와 가장 가까울 때를 비교하면 그 거리가 6배나 되네. 화성의 경우 거의 8배가 되지. 아리스토텔레스는 늘 행성들이 지구로부터 같은 거리에 놓여 있다고 말했는데, 이건 매우 틀린 말이지.

심플리치오 | 그렇지만 그들이 해를 중심으로 회전한다는 증거는 어디 있는가?

살비아티 | 행성들의 움직임을 보면 알 수 있네. 바깥에 있는 세 행성, 즉 화성, 목성, 토성은 해와 반대편에 있을 때는 지구 가까이 있고, 해와 같은 편에 있을 때는 지구에서 멀리 떨어져 있어. 이렇게 가까워지고 멀어지는 정도는 하도 커서, 화성의 경우 가장 가까이 있을 때, 가장 멀리 떨어진 경우보다 60배나 더 커 보여. 금성과 수성도 해의 둘레를 회전하는 게 확실하네. 이들은 해로부터 얼마 이상 떨어지는 일이 없으니까. 그리고 금성의 모양 변환이 확실하게 증명하고 있듯이, 이들은 어떤 때는 해 뒤쪽으로 갔다가, 어떤 때는 이쪽 앞으로 왔다가 하니까. 달은 어떤 경우든 지구에서 떨어지지 못하는 게 사실이야. 우리가 이야기를 진행해나가면, 그 까닭이 분명하게 드러날 걸세.

사그레도 | 지구가 자전하는 것에 따라서 나타나는 현상보다 공전하

는 것에 따라서 나타나는 현상들이 더 신기하고 재미있겠지.

살비아티 | 기대하게. 절대 실망하지 않을 걸세. 자전의 경우 그에 따라서 천체들이 움직이는 것은 우주 전체가 반대 방향으로 엄청난 속력으로 달려가는 것뿐이지. 그러나 공전의 경우는 다른 행성들이 제각각 움직이는 것과 섞여서 여러 가지 기묘한 현상을 낳고 있네. 과거에 많은 위대한 학자가 이 현상 때문에 당혹해했지. 첫 번째, 일반적인 개념으로 돌아가세. 내가 다시 말하겠는데, 토성, 목성, 화성, 금성, 수성, 이 다섯 행성은 해를 중심으로 회전하고 있네. 지구도 마찬가지네. 우리가 지구를 무사히 하늘에 올려놓으면 말일세. 달은 지구를 중심으로 원운동을 하고 있네. 내가 이미 말했듯이, 달은 지구에서 떨어져나갈 수가 없네. 그러니 달은 지구와 더불어 해의 둘레를 1년에 한 바퀴씩 회전하게 되는 걸세.

심플리치오 | 어떤 식으로 배치되어 있다는 말인지. 이해를 못 하겠는데 그림을 그려 보여주게. 그림을 보면 토론하기가 더 쉬워지겠지.

살비아티 | 그렇게 하는 게 좋겠군. 자네가 더욱 만족할 수 있도록, 또 자네가 깜짝 놀라도록 자네 스스로 이 그림을 그려보게. 자네는 이걸 이해하지 못한다고 굳게 믿고 있지만, 자네도 이것을 완벽하게 알고 있음을 곧 깨닫게 될 걸세. 내가 묻는 말에 답하기만 하면 이것을 정확히 그릴 수 있네. 종이와 컴퍼스를 꺼내 오게. 이 종이가 광대한 우주라고 하세. 여기에 온갖 천체를 이치에 맞도록 배치하고 정리해보게. 내가 자네에게 알려주지 않더라도 지구가 이 우주에 들어 있음은 확실하게 알고 있지? 그러니 우선 지구를 그려보게. 어떤 지점이라도 좋으니까 원하는 곳에 지구를 표시하게. 문자를 써서 나타내도록 할까?

심플리치오 | 여기에 지구가 있다고 하세. 문자 A로 나타내도록 하지.

(중략)

살비아티 | 나는 천동설과 지동설 중에서 어떤 것이 옳고, 어떤 것이 틀렸다고 결론을 내리려는 것이 아닐세. 여러 번 말했지만, 내가 의도하는 것은 이런 중요한 문제에 대해 결론을 내리는 것이 아니고, 각각의 이론을 지지하는 사람들이 내놓을 수 있는 물리학적·천문학적 이유들을 제시하려는 것이지. 결론은 다른 사람들이 내리도록 남겨두겠네. 결국에 가서는 명확하게 결론이 내려질 걸세. 한 이론은 반드시 옳고, 다른 한 이론은 반드시 틀리니까. 인간 지식의 범위에서 판단해 보면, 옳은 편에서 제시하는 이유들은 모두 명확하고 확실한 것이고, 틀린 편에서 제시하는 이유들은 모두 헛것이고 무의미할 테니까.[3]

종교재판소에서
지동설을 부정하다

《대화》를 통해 갈릴레이가 지동설이 옳다고 주장한 것은 명백했다. 교황은 갈릴레이가 지동설을 가설로만 사용하라는 지시를 어겼을 뿐만 아니라, 심플리치오의 의견에 대해 "대단히 높은 직위에 있는 학식 높은 유명 인사"의 의견이라고 적음으로써 자신을 조롱했다고 생각했다. 1632년 10월 교황청의 특별위원회는 지구가 움직인다는 사실을 다시는 언급하지 말라고 갈릴레이에게 명령한 '의사록'을 발견하고(그러나 이 문서에는 작성자의 서명이 없을 뿐만 아니라, 이를 재판 과정에서 갈릴레이에게 보여주지도 않았다) 종교재판소에서 조사해야 한다고 교황에게 보고했다. 교황은 갈릴레이를 로마로 압송해서 종교재판에 회부하도록 명령했다. 병상에

누워 있던 70세의 갈릴레이는 1633년 2월 로마에 왔다.

4월 12일 종교재판소에서 갈릴레이에 대한 첫 심문이 열렸다. 갈릴레이는 벨라르미노 추기경이 "그런 견해를 갖거나 옹호할 수는 없지만 가설로는 사용할 수 있다고 말했다"라고 주장하며 오래전에 받았던 진술서를 내놓았다. 그러나 재판관들은 이를 무시하고 추기경과 만난 자리에 누가 배석했는지, 그 자리에서 추기경에게 어떤 말을 들었는지만 추궁했다. 문서 작성자가 사망했기 때문에 '문서의 진정성립(眞正成立, 문서가 작성 명의자의 의사에 기초해 작성되었다는 것)'이 분명하지 않다고 보고 당시 주변 정황을 추궁했던 것이다. 또한 갈릴레이는 《대화》에서 오히려 코페르니쿠스의 의견과 반대되는 것을 제시하며 그의 논리가 타당성이 없고 확실하지 않다는 것을 보여주었고, 사전에 검열관의 검토를 거쳐 책을 출판했다고 주장했다. 그러나 종교재판소는 갈릴레이가 '지동설을 옹호하지 말라'는 교황청의 지시를 어겼다며 그를 수감했다.

4월 30일 두 번째 심문에서 갈릴레이는 태도를 약간 바꾸었다. 즉 자신의 원래 생각과 다르게 사람들이 논쟁의 요지를 오해할 수 있다고 인정하며 다시 쓴다면 잘못된 주장을 순화해 혼란을 주지 않겠다고 말했다. 나아가 코페르니쿠스의 견해를 지지하지 않는다고 말하자, 재판관들은 감옥에서 나가 메디치가의 저택에 머물러도 좋다고 허락했다.

5월 10일 다시 종교재판소에 불려갔을 때, 갈릴레이는 교황청이 1616년에 내린 명령을 제대로 이해했으며 벨라르미노 추기경의 명령을 검열관에게 알리지 않은 데 대해서는 합리적으로 용납될 수 있다고 생각했다고 말했다. 그러고는 건강 상태를 고려해서 형량을 낮춰달라고 호소했다. 6월 21일 마지막 심문에서 금지된 학설을 지금도 믿느냐는 재판관의 질문에 대해 갈릴레이는 "교회의 명령이 내려진 후 모든 의심이 사라지고 프톨레마이오스의 학설이 옳다고 생각한다"라고 대답했다.

1633년 6월 22일 운명의 날이 밝았다. 로마 미네르바 수도원 홀에서 많은 사람이 모인 가운데 판결을 선고하는 재판이 열렸다. 30여 년 전 브루노도 이곳에서 재판을 받았다. 흰색 참회복을 입은 갈릴레이는 재판관들 앞에 무릎을 꿇고 선고를 들었다. 갈릴레이가 1616년 지동설을 옹호하지 말라는 교황청의 지시를 어긴 데 대해 유죄로 판결되었다. 재판을 진행한 추기경 10명 중 7명이 서명한 종교재판소의 판결은 유죄의 이유를 자세하게 설명하고 무기징역형을 선고한 후, 이렇게 마무리했다.

> 그대가 무엇보다도 순수한 심정으로 거짓 없이 우리 앞에서 참회 맹세를 하고 지나간 모든 이단과 오류를 우리가 지시하는 방식대로 거부한다면 우리는 그대를 석방하고자 한다. 그러나 그대의 무거운 잘못과 해로운 실수가 어느 정도는 응징되고, 그대가 앞으로 좀 더 조심스러워지도록, 그리고 비슷한 범죄를 생각하고 있는 다른 사람들에게 단호한 일침이 되도록 우리는 갈릴레오 갈릴레이의 《대화》를 금지한다는 사실을 선포하는 바이다.[4]

갈릴레이는 재판관들이 명하는 대로 참회 맹세를 했다. 그는 대주교의 저택에 일시 연금되었다가, 며칠 후 로마를 떠나 고향 집으로 돌아갔지만 집 밖으로 나가는 것은 금지되었다. 여기서 서약서의 마지막 부분을 살펴보자.

> 진심으로 말하건대 이런 틀린 개념과 이단, 그리고 교회의 가르침과 어긋나는 다른 어떠한 실수든 포기하고 저주하고 혐오할 것입니다. 그

리고 저는 앞으로 다시는 입을 통해서든 글을 통해서든 이와 비슷한 오해를 일으킬 수 있는 말을 하지 않을 것을 맹세합니다. 다른 사람들이 이단 행위를 하면 저는 그를 이 종교재판소에 고발할 것이며, 제가 지금 있는 이 위치에 놓이도록 만들 것입니다. 저는 이 재판정에서 제게 요구하는 어떤 속죄 행위라도 지키고 따를 것임을 맹세합니다.

하느님께 맹세코 절대 그럴 리는 없지만, 제가 만에 하나 이 약속과 맹세와 언명을 어길 때에는, 이 판결문에 따른 의무를 다하지 않을 경우에 대해 성스러운 교회법과 다른 일반법 또는 특별법의 규정에 따른 모든 처벌과 고통을 감수할 것을 맹세합니다. 신이시여, 저를 도와주소서.

저 갈릴레오 갈릴레이는 성경에 손을 얹고 위와 같이 맹세하고 서약하고 약속하고 다짐합니다. 증인들 입회하에 제 손으로 이 맹세를 쓰고 이것을 읽습니다.

 - 1633년 6월 22일, 로마 미네르바 수도원에서
 저 갈릴레오 갈릴레이는 위와 같이 제 손으로 이 맹세를 썼습니다.[5]

갈릴레이가 이 서약서를 읽은 후 "그래도 지구는 돈다"라고 중얼거렸다는 일화가 있다. 추측건대 갈릴레이가 그 자리에서 다른 사람들이 듣도록 큰 소리로 말하지는 않았을 것이다. 만약 그랬다면 신성한 종교재판을 조롱하고 멸시했다는 이유로 목숨을 보전하기 힘들었을 테니까. 아마 오랜 시간이 지나서야 아주 믿음직한 친구들에게만 나지막하게 말하지 않았을까.

만년의 삶

갈릴레이는 집으로 돌아온 후부터 한쪽 눈을 실명했고 다른 한쪽도 점차 어두워졌다. 그럼에도 불구하고 그는 고체의 강도에 관한 이론과 물체의 낙하 법칙을 설명하는 《새로운 두 과학》을 출간했다. 이 책 역시 《대화》처럼 3명이 이야기를 나누는 형식으로 쓰였는데 주로 살비아티가 갈릴레이의 이론을 자세하게 알려주고 있다. 교황청이 갈릴레이에게 출판 금지령을 내렸기 때문에 그는 1638년 원고를 네덜란드로 빼돌려서 출판했다.

그 후에도 갈릴레이는 진자시계를 만들고 책을 더 쓰려고 했지만 건강이 허락하지 않았다. 1642년 1월 8일, 뉴턴의 탄생을 몇 달 앞두고 위대한 천문학자는 세상을 떠났다.

역사의 법정에서

갈릴레이는 과학 탐구를 하다가 성경이 틀렸다는 것을 깨닫고 진리를 수호하기 위해 과감하게 일어난 투사였는가? 아니라고 보는 것이 옳다. 스스로 성경과 자연 모두 신이 창조하고 쓴 위대한 것이라고 말하지 않았던가. 다만, 명백한 자연현상을 성경의 내용으로 비판하는 것은 옳지 못하다고 생각해 과학적 진리를 탐구하고 학문의 자유를 실천했다. 학문의 자유는 대부분의 사람들에게 진리로 받아들여지고 있는 것과 신성하다고 추앙받는 것을 의심하면서 두려워하지 않고 공격하는 것을 허용하는 데에서 시작된다. 근대 유럽 문명은 강력한 힘으로 온 세상을 차지한 데서 비롯되었다. 그 힘의 원천의 하나로 과학기술을 꼽을 수 있는데, 주경철 교수는 《유럽인 이야기 2》에서 유럽의 근대성을 대표하는 과학자로서 갈릴레이의 일생과 연구에 대해 자세하게 들려주고 있다.

갈릴레이가 20세기의 과학자들을 만났다면 뭐라고 말했을까. "뇌는 부속이 망가지면 작동이 멈추는 컴퓨터와 같다. 망가진 컴퓨터를 위한 천국이나 내세 따위는 없다. 그것은 어둠을 두려워하는 사람들을 위한 동화에 불과하다"라고 주장한 스티븐 호킹을 만난다면 과학의 독단에 빠지는 것도 위험하다고 말하지 않았을까. 많은 과학적 발견이 이루어지고 사람들의 사고방식이 엄청나게 변화한 지금 갈릴레이가 가톨릭에 대한 믿음을 계속 가졌을지는 의문이다. 하지만 "우리가 도저히 이해할 수 없는 무엇, 최고의 지혜와 찬란한 아름다움으로 스스로를 드러내지만, 우리의 둔한 머리로는 가장 원초적인 형태로만 이해할 수 있는 그 무엇이 실제로 존재함을 아는 것. 이 지식, 이 느낌이야말로 진정한 종교의 핵심이다"라고 고백한 무신론자 아인슈타인에게는 미소를 지었을 것이다.

갈릴레이 재판은 공정하게 진행되고 내용이 올바른 판결이었는가? 갈릴레이는 진실을 말하지 않으면 고문당할 수 있다고 경고를 받았을 뿐 실제로는 고문이 이루어지지 않았다. 아마 대학자로서 사회와 교회에 영향력이 컸기 때문이었을 것이다. 그러나 끊임없는 강요와 회유로 갈릴레이가 진실에 반해 자백하도록 유도했다는 점, 위조했을 것으로 의심이 드는 '의사록'을 갈릴레이에게 보여주지 않았다는 점에서 종교재판은 공정하지 않았다. 벨라르미노 추기경이 허락했고 사전 검열을 받았으므로 죄가 없다는 주장과 관련해서는 허락과 검열의 효력이 당시 법률을 통해 검토되어야 한다. 심리에 관여한 재판관 3명이 판결문에 서명하지 않은 점도 내부의 의견이 일치하지 않았을 것이라는 의문을 갖기에 충분하다. 어쨌든 《대화》의 내용이 '가설'의 형식을 취했으나 실질적으로 지동설을 지지하는 것이어서 교황청의 명령을 어겼다고 본다. 갈릴레이에게 내려진 처벌은 당시 기준으로 보면 상당히 너그럽고 융통성이 있었다. 서약서에 자기 손으로 썼다고 밝힌 것이나 이단자를 고발하겠다고 맹세한 대목에서는 씁쓸함마저 느껴진다.

갈릴레이 재판이 역사적으로 올바르지 않았다는 것을 부정하는 사람은 아무도 없다. 과학사의 관점에서 보면 《대화》는 천동설에 종지부를 찍는 결정타였다. 관찰과 실험을 통한 과학적 이론을 종교의 교리로 재단하는 것은 지극히 부당하다. 세월이 흘러 교황청은 지동설을 인정했고 1835년 《천체의 회전에 관하여》와 《대화》는 금서 목록에서 풀렸다. 마침내 1992년 10월 31일 교황 요한 바오로 2세는 "지난날 유죄 판결은 고통스러운 오해와 다시 되풀이되어서는 안 될 가톨릭교회와 과학 간의 비극적인 상호 이해의 부족에서 비롯된 것이다"라며 잘못을 인정하고 갈릴레이에게 사죄했다.

종교의 자유를 주장하면서 가톨릭을 개혁한 루터나 칼뱅의 시대에는 이단자와 소수자에 대한 억압과 처단이 없었을까? 종교개혁의 깃발을 들며 루터는 신 앞에 모든 영혼이 직접 책임을 진다면서 만인 사제주의(사제와 평신도 사이에 구분을 없애고, 세례 받은 모든 교인이 사제이며 주교이며 교황이라고 선언했다)를 주장했지만, 독일 농민들의 반란에 대해서는 교회와 사회의 기존 질서를 파괴한다는 이유로 가혹하게 진압하는 것에 찬성했다. 칼뱅은 '아침에 파이를 먹는 것'과 '저녁 9시 이후에 잠자리에 드는 것'도 죄로 규정했는데, 그가 제네바를 신정정치로 통치할 때 수많은 반대자가 추방당하거나 목이 잘리고 화형을 당했다. 그 후 시간이 흘러 사람들의 종교에 대한 믿음이 줄어들고 시민사회에 대한 종교의 영향력이 떨어지면서, 가톨릭과 개신교 모두에서 가혹한 억압과 처단이 줄어들었다.

기독교는 과학을 억압하고 문화 발전을 저해했는가? 대부분 사람들이 그렇다고 대답할 것이다. 다만, 자연과학이 기독교를 믿었던 서유럽에서 눈부시게 발전한 사실에 비추어 기독교가 문화 발전의 인큐베이터 역할을 하지 않았을까 하는 의문은 품어봄 직하다. 독일 사회학자 베버가 자본주의 발전에 개신교가 크게 공헌했다고 주장한 것은 유명하다. 세상이 세속화되고 종교를 믿지 않는 사람들이 늘어나면서 기독교적 신앙이 더는 시민사회의 정신적인 토대가 될 수 없게 되었다. 이에 유럽의 여러 나라는 '사람이 신의 피조물 중 최고'라는 종교적 믿음을 '인간의 존엄성'으로 이해하면서 법체계의 기본 전제로 대체해서 이어가고 있다. 대한민국 헌법 제10조는 이렇게 규정하고 있다.

"모든 국민은 인간으로서의 존엄과 가치를 가지며, 행복을 추구할 권리를 가진다. 국가는 개인이 가지는 불가침의 기본적 인권을 확인하고 이를 보장할 의무를 진다."

6

국왕을 반역죄로
처벌할 수 있는가?

찰스 1세 재판
_1649, 영국

시간과 법정

1649년, 영국 의회 내 고등법원

사건 당사자

찰스 1세Charles I

재판의 쟁점

국왕을 반역죄로 처벌할 수 있는가?

재판의 결론

유죄, 사형

역사적 질문

정치공동체에서 주권자는 누구인가?

혼군인가, 현군인가

"숨겨야 될 일들은 조보朝報에 내지 말라."[1]

역사 속에 사라진 광해군 보름 간의 행적에 상상력을 덧붙여 만든 영화 〈광해, 왕이 된 남자〉에서 다룬 내용은 어디까지 사실일까? 조선의 15대 왕 광해군은 친형과 이복동생을 죽이고 계모를 폐위시킨 폭군이자 패륜의 왕으로 알려져 있다. 그런데 이 영화는 민생을 걱정한 광해군이 독살에 대한 두려움으로 자신과 닮은 천민에게 가짜 왕 노릇을 하도록 부탁하는 것을 주된 픽션으로 삼는다.

조선시대 내내 '판단이 흐린 임금昏君'으로 평가되었던 광해군이 20세기에 들어와 실용외교로 백성들에게 '은택을 입힌 어질고 현명한 임금賢君'으로 재평가되면서 주목받고 있다. 고등학교 국사 교과서에는 이렇게 쓰여 있다.

광해군은 대내적으로 전쟁의 뒷수습을 위한 정책을 실시하면서, 대외적으로는 명과 후금 사이에서 신중한 중립 외교정책으로 대처했다. 임진왜란 때 명의 도움을 받은 조선은 명의 후금 공격을 거절할 수 없었고, 새롭게 성장하는 후금과 적대 관계를 맺을 수도 없었다.

오항녕 교수는《광해군, 그 위험한 거울》에서 많은 사료를 통해 패륜의 진실, 궁궐 공사와 가혹한 조세 부과, 대동법 시행, 명·후금과의 외교정책 등을 분석하면서 광해군을 제자리에 놓고 있다. 이 모든 것에 대한 사실을 밝혀내고 해석하는 것은 역사가의 몫일 것이다. 다만, 영화의 마지막 자막에서 "광해는 땅을 가진 이들에게만 조세를 부과한 유일한 임금이었고, 제 백성을 살리려 명과 맞섰던 단 하나의 왕이었다"라고 한 것은 명백한 오류다.

조선시대에 신하들이 덕을 잃은 왕을 폐위하고 왕가의 다른 사람을 왕으로 세우는 것을 반정反正이라 한다. 반정은 세습 왕조가 교체되지 않는다는 점에서 역성혁명易姓革命과 다르고, 신하들이 주도해 무력을 행사한다는 점에서 정난靖難과 다르다. 이성계가 고려의 공양왕으로부터 왕위를 받은 것은 천명天命을 새롭게 하는 '역성혁명'이고, 이방원이 주도해 형제들을 죽이고, 수양대군이 주도해 조카를 몰아낸 것은 반정이 아니라 '왕자의 난'이고 '계유정난'이다. 조선시대 반정으로는 연산군을 몰아내고 중종을 내세운 '중종반정'과 광해군을 쫓아내고 인조를 내세운 '인조반정'이 있다.

동서양을 막론하고 하늘의 명을 받거나 신의 뜻에 따라 왕위를 이어받은 왕을 강제로 교체하는 것은 무척 힘들었고, 이를 정당화하는 법과 정치이론이 뒷받침되지 않으면 신민臣民들을 설득하기 어려웠다. 영국에서는 처음이자 마지막으로 찰스 1세가 재판 절차를 통해 대역죄를 선고받고 사형되었다.

의회의 성장과
찰스 1세와의 갈등

영국 의회parliament는 13세기 중엽 왕의 소집에 따라 성직자와 귀족이 모여 왕과 함께 이야기하는 모임에서 시작됐다. 1265년 왕의 자의적 통치에 저항해 반란을 일으킨 시몽 드 몽포르Simon de Montfort는 처음으로 각 주와 도시에서 선출된 기사와 시민 대표 등으로 이루어진 의회를 열었다. 1295년 에드워드 1세는 성직자·귀족·평민의 대표자 294명이 참여하는 대의회, 즉 모범의회Model Parliament를 소집했다. 1339년에는 기사와 시민이 합쳐 모이면서 의회는 귀족과 고위 성직자로 구성된 상원House of Lords과 기사와 시민으로 구성된 하원House of Commons으로 분리되었다. 상원은 하원에서 잘못 결정한 것을 시정하고, 과세에 동의하고, 법률을 제정했다. 법을 제정하고 특별세를 징수하려면 하원의 동의가 필요했으며, 하원에게는 부패 관리에 대한 탄핵권이 있었다. 15세기 초 세금과 관련된 법은 하원에서부터 심의한다는 원칙이 확립되었다.

왜 영국 왕들은 말이 많은 의회를 소집했을까? 그것은 정치적으로 신하들의 지원을 받아내고, 왕국의 대변인들에게 조언과 함께 왕국의 동의를 전하기 위해서였다. 왕들은 끊임없이 전쟁을 벌였는데, 왕실의 수입만으로는 군사비를 충당할 수 없어서 신민의 소득과 동산에 부과하는 '보조세'에 의존해야 했다. 왕은 보조세를 '왕국 내 모든 사람의 동의에 따라 모든 사람의 이익을 위해' 걸을 것을 약속했고, 1297년 이후 의회가 법적으로 과세 동의권을 가지는 것을 당연하게 여겼다. 에드워드 1세는 의회의 절차를 거쳐 옛 법을 개정하거나 폐지하고 새로운 법을 만들겠다고 약속했다.

이렇게 정치적 기구로 출발한 의회는 예산을 심의하고 법을 만드는 입법기구로 발전했다. 또한 의회는 신민의 청원을 해결하고 행정관리들을 감독하며 재판하는 권능도 가졌다. 무엇보다 왕국의 최고법원 역할을 하는 것이 가장 중요했는데, 영국인들은 의회를 '고등의회법원the High Court of Parliament'이라고 불렀다. 판사들은 정치적으로 너무 위험해서 자체적으로 판단하지 못하는 사건을 국왕의 고등의회법원으로 넘겼다. 영국 의회는 법적으로 어떻게 정당화되었을까? 서유럽에서는 12세기부터 로마법이 부활하고 교회법이 발전하면서 교회의 공의회公議會에 주권이 있다는 주장을 폈다. 영국 법률가들은 주권을 갖는 왕이 법을 제정하고 세금을 부과할 수 있으나 신민 전체의 조언과 동의가 필요하고, 전체 신민을 대표하는 것은 의회라고 결론지었다.

1625년 26세의 나이로 왕위를 이어받은 찰스 1세Charles I는 말을 더듬고 조용하고 소심한 성격이었지만, 완고함과 강직함을 지니고 있었다. 왕은 신으로부터 자신이 책임져야 하는 정부를 받았다는 왕권신수설을 그대로 실행하려 했는데, 이것이 그를 파멸의 길로 이끌었다. 1625년 열린 의회에서 의원들은 에스파냐와 전쟁을 치르는 데 필요한 재정 지원을 거부했다. 왕은 의회를 해산하고 전쟁에 돌입했으나 패배했다. 1628년 소집된 의회는 국왕의 권리를 제한하는 〈권리청원Petition of Rights〉을 제출했는데, 재정이 어려운 왕은 할 수 없이 서명했다. 〈권리청원〉의 주요 내용은 의회의 승인 없이 세금 납부를 강제할 수 없고, 법률에 의하지 않고는 자유인을 구속할 수 없다는 것이었다. 의회의 반발에 자존심이 상한 왕은 의회의 간섭을 받지 않고 통치하겠다고 결심하고 11년 동안 의회를 소집하지 않았다. 한편, 영국 국교회의 수장인 찰스 1세는 국교회의 주교제도를 잉글랜드와 스코틀랜드에 강요했으며 가톨릭의 미사 전례를 되살리려는 사제를 중용했다. 왕비가 가톨릭 신자였던 탓에 개신교도들로부터 왕이 가톨릭으로 되돌아가는 것이 아니냐는 의심을 받았다.

1639년 스코틀랜드의 일부 귀족들이 일으킨 반란에서 밀리게 되자, 찰스 1세는 1640년 4월 군자금을 조달하기 위해 의회를 다시 소집했다. 의회가 왕의 요구를 순순히 받아들이지 않자, 왕은 18일 만에 의회를 해산했다(단기의회Short Parliament). 그러나 스코틀랜드 군대가 계속해서 진격하면서 주둔 비용으로 많은 돈을 요구하자, 찰스 1세는 의회 소집의 압력에 굴복했고, 이후 20년 동안 지속되는 장기의회Long Parliament가 열렸다.

1640년 11월에 소집된 장기의회에서는 왕의 측근 신하들을 제거하고 국왕 독재의 도구로 활용된 '성실청 재판소Star Chamber'를 폐지했다. 이곳은 대역죄 등을 다루는 왕의 직속 기관으로, 고문에 의한 자백과 증거 수집으로 악명 높았다. 의회는 1641년 여름에는 왕의 권리를 제한하고 의회의 권한을 확대하는 조치를 결정했다. 3년에 한 번 정기적으로 의회를 소집하도록 규정한 법과 의회는 자체의 동의 없이 해산될 수 없다는 내용의 법이 왕의 재가를 받았다. 또한 선박세를 비롯한 각종 세금이 불법화되었다. 의회가 이렇게 과격해진 것은 종교개혁 이후에도 별로 달라진 바 없는 영국 국교회의 위계질서를 무너뜨리려고 하는 청교도puritan들이 주도권을 잡으려고 한 데도 원인이 있었다. 청교도주의는 유럽 대륙에서 종교개혁을 주장하는 칼뱅주의의 한 갈래였다. 영국은 이미 헨리 8세 시절 수장법을 통해 개신교 국가가 되었지만, 청교도들은 국교회가 보더라도 급진적이어서 정부의 탄압을 받았다.

이런 상황에서 의회는 청교도 의원들이 주도해 지난 10여 년 동안의 부정부패를 바로잡고 교회 개혁을 위한 성직자 회의를 소집할 것을 요구하는 '대항의문'을 가까스로 통과시켰다. 이를 계기로 의회 내부의 분열이 뚜렷해지고 런던 시민들 사이에서 가톨릭 국가인 아일랜드의 반란을 왕이 배후에서 조종했다는 소문이 퍼지자, 의회는 민병대의 지휘권을 의회가 임명하는 자에게 넘기는 법안을 제출했다. 이제 타협의 기회를 놓친 왕과 의회는 무력으로 부딪칠 수밖에 없었다.

영국 혁명인가, 내란인가

찰스 1세는 1642년 1월 초, 아일랜드 반란에 대한 소문을 퍼뜨린 의원들을 체포하기 위해 무장한 호위병을 이끌고 의회에 진입했다. 그러나 의원들은 미리 알고 도망갔다. 왕이 의사당에서 철수하기도 전에 민병대가 조직되어 수배된 의원들을 보호해주자, 신변에 불안을 느낀 찰스 1세는 런던을 떠나 지지 세력이 많은 북쪽으로 향했고 마침내 8월 노팅엄에서 전쟁의 기치를 올렸다. 왕에 대한 지지 여부를 놓고 왕당파Royalists와 의회파Parliaments가 대립하며 전면전쟁으로 치닫게 되었다.

전쟁 초기에는 귀족들이 지휘하는 왕당파가 우월한 기병대를 앞세워 우세했지만, 시간이 지나면서 의회파가 풍부한 재정과 인력, 그리고 해군의 지원을 바탕으로 전세를 역전했다. 의회는 스코틀랜드인들에게 장로교를 세울 것을 약속하며 스코틀랜드 군대를 끌어들였다. 1644년 7월 의회파와 스코틀랜드 연합군은 왕의 조카가 이끄는 왕당파 군대와 대접전을 벌여 크게 승리했다. 이 전투에서 찰스 1세 재판의 또 다른 주인공 올리버 크롬웰Oliver Cromwell이 두각을 나타냈다. 크롬웰은 1599년 청교도 신앙을 가진 젠트리 집안에서 전 하원 의원의 아들로 태어났다. 그

는 어릴 때부터 엄격하고 철저한 청교도 교육을 받고 성장했으며, 1628
년 하원 의원으로 선출되었다. 전쟁이 발발하자 크롬웰은 군대를 모집해
철기병을 지휘했고 잇따른 전투에서 의회파가 승리하는 데 큰 공을 세웠
다. 그는 승리할 때마다 신이 영국을 새로운 예루살렘으로 인도하기 위
해 자신과 군대를 예비했다는 청교도적 믿음을 다졌다.

　　1645년 의회가 상원의 귀족들로부터 군사지휘권을 빼앗기 위해 의
원들의 군사령관직 보임을 금지하는 결정을 내리자, 크롬웰은 의원직을
유지한 채 철기병을 중심으로 규율이 엄격한 신형군New Model Army을
편성해 스스로 부사령관이 되었다. 신형군은 자원입대한 런던의 수공업
자들과 노동자 출신들이 주류를 이루었다. 신형군 체제에서는 귀족이면
당연히 장교가 되는 것이 아니라, 전투 경험과 능력에 따라 장교의 직책
을 맡게 되었다. 이는 단순한 군 조직 개편이 아니라 봉건적 무력 질서와
의 단절을 의미했다. 군대 내에 평등사상이 급속도로 퍼지면서 병사들
사이에서 수평파Levellers라는 조직이 만들어졌다. 새롭게 조직된 힘과 크
롬웰의 지휘 아래 신형군은 국왕군을 격파했다. 그러던 중에 왕은 개인
소지품이 가득 든 자신의 트렁크를 탈취당했다. 의회파는 트렁크에서 발
견된 편지를 묶어《국왕의 편지함 공개The King's Cabinet opened》라는 출
판물을 내놨다. 왕의 비밀이 이렇게 경멸적이고도 공개적으로 다루어진
적은 없었다. 의회파의 주장에 따르면, 이 편지에는 '외국의 왕들이 군
대를 이끌고 이 왕국에 들어오도록' 하려는 왕과 왕비의 의도와 '끝없이
이어지는 의회를 조속히 종결'하겠다는 왕의 속마음이 담겨 있었다. 그
후 몇 차례의 전투 끝에 1647년 1월 스코틀랜드 군대가 패배를 자인하
면서 돈을 받고 왕을 의회에 팔아넘겼고, 하원은 왕을 연금한 채 협상을
시도했다.

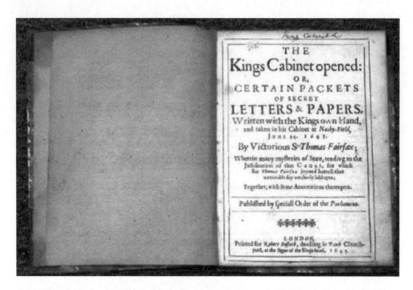

사상 초유의 정보 유출 | 찰스 1세와 의회의 심각한 정치적 갈등은 국가 분열의 내전 상황을 초래했다. 왕의 개인적인 편지와 내각에 관한 정보도 담긴 이 출판물은 주요 정보가 유출된 영국 최초의 위키리크스 wikileaks인 셈이다.

전쟁에 승리한 의회파는 어떤 입헌적 정부와 개혁교회를 세울지를 놓고 장로파Presbyterians와 독립파Independents로 분열되었다. 의회를 기반으로 한 장로파는 다른 종파에 비관용적이었고, 군대를 기반으로 한 독립파는 비교적 신앙의 자유를 허용하는 입장을 취했다. 승리자들의 분열을 틈타 찰스 1세는 왕위 복귀를 꿈꾸며 여러 번 탈출을 시도했는가 하면 외국 세력을 끌어들이는 반역을 꾀하기도 했다. 한편, 장로파가 주축이 된 의회는 봉급을 주지 않은 채 신형군의 힘을 두려워해 군대해산 명령을 내렸다. 군대는 왕당파의 토지를 매각하고 장로파 의원 숙청을 의회에 요구했다. 의회와 군대의 갈등을 조율하려고 애쓴 크롬웰은 결국 군대의 입장을 지지하기로 결정하고, 1647년 8월 런던으로 파병해 장로파 지도자들을 의회에서 몰아냈다.

사태를 장악한 군대는 지휘관급인 고급장교들과 사병들 중심의 수평파로 다시 분열되었다. 급진적인 수평파는 공화정, 종교적 관용, 법 앞의 평등, 인민 주권 등을 주장했는데, 자신들의 헌법적 요구 사항을 인민협약An Agreement of the People에 담아 지도부에 제출했다. 기존 사회제도와 질서를 지지하는 고급장교들은 이에 반대했다. 1647년 10월 런던 교외 퍼트니에서 열린 군 평의회에서 격렬한 논쟁을 벌였다. 수평파는 모든 성인 남성에게 참정권을 주고 인구수에 기초해 선거구를 정하자고 주장했다. 하지만 고급장교들은 재산을 가진 사람에게만 투표권을 부여해야 한다며 반대했다. 양쪽의 주장을 차례로 들어보자.

가장 가난한 사람이라고 해도 가장 위대한 사람들과 동일한 생명을 가지고 있다. 어느 정부의 통치를 받는 사람들은 그 정부의 지배를 받겠다고 스스로 동의할 수 있어야 한다. 가장 가난한 사람이라 하더라도 자기의 목소리를 전달하지 못한 정부의 결정에 구속당할 이유가 없다.

재산을 가진 사람들만이 실제로 잃을 것이 있기 때문에 왕국 일에 관여할 이유가 있다. 이들만이 영구적으로 고정된 이해관계가 있다. 영국에 살 자연권은 있어도 투표할 자연권은 없다. 재산이 없는 사람들이 권력을 쥐게 되면 재산이 있는 사람들의 부를 빼앗기 위해 투표하게 될 것이다.[2]

1648년에 크롬웰은 각지에서 산발적으로 일어난 왕당파의 봉기를 진압하고, 8월에는 스코틀랜드 귀족들의 침공을 격파함으로써 6년 동안의 전쟁이 끝났다. 하지만 군대와 의회가 대립하고 군대가 내부적으로 분열하자, 찰스 1세는 도망가려고 스코틀랜드와 비밀협정을 체결했다. 처음에는 왕을 퇴위시키겠다는 생각을 품지 않았던 군대는 왕을 재판에 회부하기 위해 '군대 진정서'를 의회에 제출했다. 마지막 순간까지 왕과 의회 사이에 협상의 우위를 차지하기 위한 신경전이 계속되자, 마침내 군대는 의회의 숙청에 나섰다. 12월 군대는 하원에서 반대파 의원들을 체포하고 격리시킨 다음, 100명가량의 독립파 의원들로만 구성된 의회를 진행하게 했다. 결국 '잔부의회(殘部議會, Rump Parliament)'라고 불린 이 의회와 군대의 지도자 크롬웰은 영국의 평화를 되찾으려면 왕으로 인해 흘린 피의 죗값을 물어서 왕을 처형할 수밖에 없다고 생각했다.

최초로 법정에 선 국왕

크롬웰은 찰스 1세를 재판에 회부하는 데 전력을 다했다. 1649년 1월 6일 왕을 재판하기 위해 의회에 고등법원을 두는, '영국의 왕 찰스 스튜어트의 재판과 판결을 위한 의회의 고등법원 설치법'이 가까스로 하원을 통과했다. 상원이 동의를 거부하는 바람에 하원법이 만들어져 하원은 상원의 승인 없이도 재판할 수 있게 되었다.

영국 하원은 인민이 신 아래 모든 정당한 권력의 원천임을 선언한다. 또한 영국 하원은 인민에 의해 선출되고 인민을 대표해 나라에서 최고 권력을 지님을 선포한다. 그리고 하원이 제정하고 법으로 선언한

것은 모두 왕과 상원의 동의나 추인이 없어도 법의 효력을 가짐을 선언한다.[3]

크롬웰을 비롯한 군의 주요 지휘관, 젠트리, 시의회 의원 등 135명이 법정의 배심위원으로 임명되었다. 고위 재판관들이 재판 주재를 거부하는 바람에 런던 순회재판소 판사직을 역임한 존 브래드쇼John Bradshaw가 재판장을 맡았고, 검사로는 존 쿡John Cook이 지명되었다. 공소장에는 찰스 1세의 반역죄가 이렇게 적혀 있다.

찰스 스튜어트, 현재 영국의 왕, 그의 전임자들에 의해 취해진 인민의 권리와 자유에 대한 침해에 그치지 않고 이 국가의 고대로부터 내려온 근본적인 법과 자유를 완전히 전복하고 그 대신에 자의적이고 전제적인 정부를 도입하려는 사악한 계획을 가졌다. 모든 악한 방법과 수단으로 이 계획을 통과시키려 한 것 외에도 그는 이것을 화염과 칼로 실행했고, 의회와 왕국에 대항해 잔인한 전쟁을 이 땅에 가져왔다. 따라서 국가는 비참하게 파괴되고, 공공의 재화가 소진되고, 상업은 쇠퇴하고, 수천의 인민이 죽고, 수많은 다른 불행을 가져왔다.
  영국의 왕으로 인정된 찰스 스튜어트는 다른 어떤 것도 아닌 이 땅의 법에 의해 제한적 통치권을 위임받았으며, 위임, 선서, 지위에 의해 그에게 주어진 권한을 인민의 선과 이익을 위해, 그리고 권리와 자유를 위해 사용할 의무를 부여받았다. 그러나 그는 무제한적이고 전제적인 권력으로 마음대로 통치하고, 이 왕국의 근본적 헌정으로 최근 의회에서 보존되어온 인민의 권리와 자유, 그리고 불만에 대한 시정의 근거를 무위로 만들려는 사악한 계획을 가졌다. 찰스는 이러한 자신의 계획을 성공시키기 위해, 자신과 추종자들의 사악한 행동을 보호하기 위해 반역적으로 또는 악의적으로 현 의회와 인민에 대해 전쟁을 일으켰다.[4]

1649년 1월 20일 영국 역사상 처음으로 왕에게 반역죄를 추궁하는 재판이 의사당의 웨스트민스터궁에서 시작되었다. 누구나 재판을 방청할 수 있었다. 검사가 "나는 여기 출석한 찰스 스튜어트를 대반역죄로 기소한다"로 시작하는 공소장을 낭독하는 순간 찰스는 처음으로 자신의 공소 사실을 알게 되었다. 자신을 폭군이며 반역자라고 지적하는 대목에서는 소리 내어 웃었다. 재판장 브래드쇼가 유죄를 인정하는지 묻자, 찰스는 이렇게 답했다.

누구의 권한으로, 어떤 합법적인 권한으로 짐이 여기에 불려왔는지 알고 싶소. 도둑과 강도 등 세상에는 비합법적 권한을 가진 자도 많이 있소. 짐이 어떤 권한으로 불려왔는지, 또 이리저리 끌려다녔는지 알려주면, 그리고 그것이 합법적인 권한에 의한 것인지를 알려주면 대답할 것이오. 짐은 경들의 왕이자 합법적인 왕이오. 경들이 어떤 죄를 짓고 있는지 기억하시오. 여기서 더 큰 죄를 짓기 전에 이 땅에 대한 하느님의 심판에 대해 잘 생각하시오.[5]

재판장은 "그대를 선출한 국민의 이름으로" 정확하게 답변할 것을 요구했다. 찰스는 평소와 달리 말을 더듬지 않고 "영국은 한 번도 왕을 선출한 적이 없소. 영국은 거의 천 년 동안 세습 왕국이었소"라고 되받았다. 이에 당황한 재판장은 다음 날 배심위원들과 왕의 답변 거부에 대해 어떻게 처리할 것인지를 논의했다. 그들은 왕이 계속 답변을 거부한다면 유죄를 인정하는 것으로 간주해야 한다고 결론지었다. 재판을 다시 시작한 브래드쇼는 법정의 합법성은 충분히 인정되고 찰스는 피고인으로서 답변할 의무가 있다고 말했다. 하지만 찰스는 그 어떤 법원에서도 왕은 재판받을 수 없다고 반박했다.

짐은 법의 형식에 대해서는 알지 못하오. 전문 법률가는 아니지만 법과 이성이 무엇인지는 알고 있소. 영국의 여느 신사만큼은 법에 대해 알고 있소. 나는 여기 있는 재판관들보다 더 영국 국민의 자유를 위해 항변하고 있소.[6]

나아가 찰스는 상원 없이 하원만으로 법을 만들었는지 알려달라고 요구했으나 "피고인은 요구할 수 없다"라는 답변을 듣고는 "나는 평범한 죄수가 아니오"라고 말했다. 재판은 3일째로 접어들었다. 재판장이 유죄를 인정하면 말할 기회를 주겠다고 하자, 찰스는 이렇게 말했다.

경들이 나열한 혐의에 대해 짐은 아무 가치도 두지 않소. 짐은 영국 국민의 자유를 대표하는 사람이오. 경들의 왕이자 영국의 모든 국민에게 본보기가 되어 정의를 받들고 오랜 법을 유지해야 하는 짐에게 들어본 적도 없는 새로운 법원을 인정하라고 하는데 짐은 결코 받아들일 수 없소.[7]

다음 이틀 동안 법원은 피고인을 부르지 않은 채 30여 명의 증인을 불러 전쟁 동안 왕당파 군대의 행적과 왕의 책임에 대해 증언을 들었다.

1월 27일 토요일 마지막 재판이 열렸다. 방청석 여기저기서 '정의'와 '사형'을 외쳤다. 찰스는 변론할 기회를 달라고 요구했지만 거부당했다. 재판장이 찰스가 저지른 국가 반역죄에 대해 길게 설명한 후, 신체에서 머리를 자르는 방식으로 사형에 처한다고 선언했다. 찰스가 "짐은 말할 기회도 얻지 못했다. 다른 사람들이 어떤 정의의 심판을 받는지 두고 보라" 하면서 끌려나가자 병사들은 비웃거나 침을 뱉었다.

국왕이 반역죄를 저지를 수 있는가

찰스 1세는 국왕의 지위에 있으면서 반역죄를 저질렀다고 판정받았다. 판결문에 적힌 대로 과연 그가 폭군으로서 반란죄를 비롯한 많은 범죄를 저질렀는지, 신으로부터 통치권을 수여받은 왕을 신하들로 구성된 의회가 처벌할 수 있는지 살펴보자. 영국 저널리스트 브라이언 해리스는 판결문의 요지를 이렇게 정리했다.

- 왕은 법의 지배를 받는다.
- 찰스는 자신을 법 위에 놓는 행동을 했다.
- 영국 국민은 정부의 형태를 선택했다.
- 영국 내에서 왕은 가장 우월한 지위에 있지만 왕은 영국 전체의 일부일 뿐이다.
- 과거 귀족들은 영국 국민을 위해 존 왕에게 대항했다.
- 오늘날 의회가 그와 동일한 일을 하고 있다.

- 의회는 국민의 고충을 해소할 의무가 있다.
- 왕은 의회 소집을 거부했다.
- 과거의 왕들(에드워드 2세, 리처드 3세)도 실정에 대해 책임질 것을 요구받았다.
- '보호가 복종을 요구'하듯이 '복종은 보호를 요구'한다.
- 찰스 왕은 '폭군, 반역자, 살인자, 공공의 적'이었다.[8]

법정에서 낭독하려 했으나 기회를 얻지 못한 찰스의 항변서는 나중에 공개되었는데, 그 내용의 요지는 다음과 같다.

- 기소는 오직 신의 법이나 나라의 국내법, 즉 영국법에 의해서만 정당성을 갖는다.
- 구약과 신약 성서는 왕에 대한 복종을 요구한다.
- 영국법은 왕은 잘못을 할 수 없다고 규정하고 있다.
- 상원 없이 독자적으로 행동한 하원은 법원을 구성할 권한이 없다.
- 하원은 왕을 재판하라는 '국민의 위임'을 받지 않았다.
- 합법적 권한 없이 왕을 재판해 하원은 의회 양원의 권리뿐 아니라 국민의 권리마저 침해했다.
- 왕이 의회와 협상을 진행하고 있는데 하원이 재판을 시작한 것은 배신행위다.[9]

해리스는 왕의 주장이 전례에 비추어 법적으로 대부분 옳다고 했다. 그러나 김중락 교수는 이런 견해가 당시의 법 아래에서 찰스의 행위가 반역죄에 해당하는지의 문제에 치우쳤다고 반박한다. 나아가 찰스의 재

조롱받는 왕 | 왕권신수설을 추종했던 찰스 1세는 모든 것을 잃고 혁명군을 자처하는 역도들로부터 조롱받는 신세가 되었다. 폴 들라로슈, 〈크롬웰의 군사에게 모욕당하는 찰스 1세Charles I Insulted by Cromwell's Soldiers〉(1837)의 일부분.

판을 담당했던 사람들은 왕을 반역자로 판결할 수 있는 근거로 고전적 공화주의(군주제를 폐지하고 시민의 정치 참여를 강조한다)와 급진적 입헌주의(모든 권력은 인민에게 있고 왕의 권한은 인민의 동의에 의해 주어졌으므로, 위임에 반해 다스리는 경우 인민이 저항하는 것은 정당하다고 주장한다)를 꺼내들었다.

영국의 전통적인 단체법의 법리에 따르면 단체의 수장(예컨대 국왕, 주교, 교구목사 등)은 그 단체와 동일시하는데, 여기서 수장은 개인이 아니라 그 직위post를 의미한다. 따라서 국왕에게 주권이 있다고 보더라도, 찰스 1세라는 한 개인은 영국 국왕이라는 직위에 대해 반역죄를 저지를 수 있다는 논리가 가능하다. 하지만 재판을 거쳐 왕을 처단하려고 한 사람들은 여기서 더 나아가 명백한 근거를 제시했다.

김중락 교수의 주장에 따르면, 이들은 "왕국의 근본적인 법에 의하면, 국왕이 의회와 왕국에 대항해 전쟁을 시작하는 것은 반역이다"라고 주장하며 국왕과 국가의 개념을 분리했다. 또 "인민이 모든 권력의 원천이며, 인민에 의해 선출되었고 인민을 대표하는 하원이 이 나라의 최고 권력이다"라고 규정함으로써 주권의 소재를 국왕에서 인민으로 바꾸었다. 그리고 "하원이 상원이나 국왕과 관계없이 법을 선포하고 제정할 수 있다"라며 주권과 법률 제정 권한의 관계를 설명했다. 이렇듯 국가와 주권·법의 원천·국왕의 지위를 새로운 시각에서 바라보게 되면서, 찰스를 반역자로 규정하고 처단할 수 있는 특별법이 제정되었던 것이다. 찰스 1세는 영국의 주권자가 아니라 나라의 한 관리로서 국가와 인민에 대해 반역을 저지를 수 있는 존재로 추락했다는 게 그 이유였다.

판결 선고가 있은 지 사흘 후인 1649년 1월 30일 왕이 외교사절을 접견하는 장소인 화이트홀 연회당 앞에 참수대가 설치되었다. 참수대에 오른 찰스는 군중을 향해 짧은 연설을 했다. 자신을 죽게 한 사람들을 용서하지만, "나는 국민의 순교자다. 나는 국민을 위한다. 나는 누구만큼이나 국민의 자유를 진정으로 소망한다. 하지만 이 말은 반드시 그대들에게 해야겠다. 자유의 본질은 통치권을 보유하는 데 있다. 신민과 주권자는 분명히 다르다"라고 주장했다. 참수대를 내려다본 찰스는 사형 집행관에게 말했다.

찰스 | (곧바로 내려칠 거라 생각하고) 내가 신호를 보낼 때까지 가만히 있거라.
집행관 | 네, 그렇게 하겠습니다. 그것이 폐하가 원하는 것인 줄 알고

왕의 처형 | 찰스 1세는 신앙심이 깊었지만 전제적인 통치 방식 때문에 의회와 정치적 갈등이 심화되었고, 급기야 내전 상황을 초래했다. 결국 그는 1649년 단두대에서 처형당했다. 존 위숍, 〈찰스 1세의 처형An Eyewitness Representation of the Execution of King Charles I〉(1649)

있습니다.[10]

  몇 초가 흐른 뒤, 찰스는 머리카락을 모자 밑으로 넣고 엎드리면서 두 팔을 양옆으로 내뻗었다. 집행관은 한 번의 도끼질로 찰스의 머리를 자름으로써 약속을 지켰다. 분수처럼 피가 솟아올라 참수대 위에 흩뿌려졌다. 왕의 몸통은 조심스럽게 관으로 옮겨졌고 벨벳 천으로 감싸였다. 사형 집행관은 잘려나간 왕의 머리통을 움켜잡고 높이 치켜들어 아무 말 없이 몇 분간 서 있었다. 이로써 눈이 있는 자는 모두 알 수 있었다. 이제 왕의 시대는 끝났다는 것을.

호국경 크롬웰과 왕정복고

왕의 처형을 주도한 사람들은 다시는 돌아오지 못할 다리를 건넜다. 의회는 국왕직과 상원을 폐지하고, 영국을 '공화국과 자유국a Commonwealth and Free State'이라고 선언했다. 이 공화국은 형식상으로는 의회가 최고 권력 기구였지만 실권은 사실상 크롬웰의 손안에 있었다. 개인의 야망보다는 신의 섭리에 의해 이끌렸던 크롬웰은 왕당파와 장로파, 군 내부의 수평파를 차근차근 제거하면서 정치적 안정을 꾀했다.

크롬웰은 처음에는 의회를 통해 국정을 운영했으나 1653년과 1655년 의회를 해산하고 단독으로 정국을 운영하는 '호국경(護國卿, Lord Protector)'으로 추대되었다. 그는 전권專權을 행사하며 사실상 왕의 권력을 누렸다. 영국을 군사 지역으로 나누어 장군들을 파견해 통치했고, 극단적 청교도의 믿음으로 모든 놀이, 연극, 도박, 음주를 금지했다.

크롬웰은 1657년 아들 리처드를 후계자로 지명했고, 1658년 그가 사망하자 리처드가 호국경이 되었다. 아버지와 달리 야심도 없고 능력도 부족한 리처드는 정국을 주도적으로 운영하지 못함으로써 군대의 지휘관들과 영국인들은 혼란에 빠졌다. 전쟁 이전의 방식대로 의원 선거가 치러졌고 1660년 '왕정 복고'가 결정되었다. 리처드는 망명했고 프랑스로 망명해 있던 찰스 1세의 아들 찰스 2세가 왕위에 올랐다. 찰스 1세의 사형에 서명한 사람들 중에서 그때까지 살아 있던 29명이 국왕 시해의 반역죄로 재판을 받고 사형 또는 종신형에 처해졌다. 재판장 브래드쇼는 이미 죽어서 사형을 면했지만, 검사 쿡은 형장의 이슬로 사라졌다. 2년 전에 고인이 된 크롬웰은 부관참시를 당해 잘린 목이 1684년까지 의사당 홀 바깥에 내걸렸다.

찰스 1세는 왜 신하들과 전쟁을 벌이다가 패배했으며, 재판을 받고 처형되었을까? 그는 무능력하고 성실하지 못한 왕이었다. 사람들을 보편타당한 믿음으로 묶어주었던 가톨릭을 배척하고 다양하게 나뉜 개신교 교파는 나름의 진리를 설파했다. 그런 영국인들을 하나의 종교적 믿음으로 통치하는 것은 더 이상 불가능했다. 과중한 세금을 부과하고 전쟁을 되풀이하는 등 찰스 1세의 실정이 계속되는데, 왕권신수설 같은 이데올로기는 너무 공허하고 낡은 것이었다. 그는 교육받은 사람이 늘어나고 도시와 상업이 발전하는 등 17세기 영국의 사회·경제적 변화를 이해하지 못했고 조정할 능력도 없었다. 일반적으로 찰스 1세는 시대의 변화를 읽지 못하고 폭정을 행하다 왕권의 추락을 초래한 군주라고 평가된다. 다만, 생을 마감하는 순간 위엄을 지킨 덕분에 지지자들로부터 영국의 전통법과 자유와 교회를 위해 목숨을 바친 '순교자 왕royal martyr'으로 불렸다.

크롬웰에 대한 후세의 평가는 신의 소명을 받아 영국의 종교적 자유를 위해 노력한 인물에서부터 정치권력에 눈먼 사악한 위선자까지 매우 다양하다. 객관적으로 본다면, 크롬웰은 처음에는 영국민들과 의회의 뜻에 따라 왕의 전제적 권력에 대항했고, 나중에는 개인의 야망보다 신의 섭리에 따라 나라를 운영한다는 청교도적 믿음으로 다스리려 했다. 그러나 '장사꾼의 나라'가 되어버린 영국을 신의 섭리로 통치하는 것이 불가능하자, 군대를 앞세워 강압적으로 통치했다. '지금 여기서'의 쾌락과 기쁨을 즐기려는 영국인들에게 놀이, 연극, 도박, 음주를 금지하는 정책은 오래 지속될 수 없었다. 역사와 전통을 중시하는 영국인들은 신출내기 '크롬웰 왕조'보다는 스튜어트 왕조가 덜 나쁘다고 생각해 선택한 것이 아닐까.

찰스 1세와 크롬웰의 무력 충돌은 '영국 혁명English Revolution'인가, 아니면 '내란Civil War'인가. 필자는 학창 시절에 '근대사회를 여는 유럽의 3대 혁명'의 하나라고 배웠는데, 오늘날 영국 역사학계에서는 내란으로 보는 견해가 지배적이다. 1688년 의회가 평화적으로 제임스 2세를 퇴위시킨 '명예혁명Glorious Revolution' 이후 국왕은 군림하지만 통치하지 않고 의회가 실질적으로 주권을 행사하면서, 주도 세력인 휘그Whig당이 무력 충돌을 '혁명'으로 보았고 그 견해가 계속 우세했다. 그러나 1970년대 이후 '주도하는 이념이나 세력 없이 단기적으로 우연하게 발생'한 '내란'으로 보는 견해가 늘어났다고 한다. 문제의 핵심은 "이 사건이 훗날 영국 사회의 지배적 정치이념이 된 '자유주의'가 발전하는 데 토대가 되었는가?"라는 물음에 어떻게 답변하느냐에 달려 있다고 한다. 이 문제는 역사가들의 몫일 터인데, 만약 미래에 영국에서 왕이 없어진다면 '혁명설'이 통설이 되지 않을까.

영국 역사에서 왕을 형사재판을 거쳐 반역죄로 처단한 사례는 찰스 1세가 처음이자 마지막이었다. 찰스 1세(정확하게는 명예혁명으로 쫓겨난 제임스 2세)부터 영국 왕들은 전제적으로 권력을 행사할 수 없었다. 이미 권력이 줄어든 상황에서 영국인들의 신임을 잃은 왕은 재판을 받지 않은 채 헌정체제에 따라 평화적으로 왕위에서 물러났다. 이는 150년 후에 일어난 프랑스 대혁명에서 루이 16세의 경우와 비슷하다. 무능과 실정을 거듭하고 국민과 의회에 대항해 전쟁을 시도하다 실패한 루이 16세는 급진파 자코뱅의 주도로 의회의 특별 재판을 거쳐 사형에 처해졌다. 이후 왕들은 몇 번의 정치적 투쟁을 거쳐 왕위를 승계하다가 마침내 왕정이 폐지되었다(그래서 프랑스 '혁명'에 반대하는 견해는 없지 않을까). 조선시대에 연산군과 광해군이 어떻게 왕위에서 물러났는지는 앞에서 잠깐 살펴보았다. 유교가 정치이념인 조선에서 신하들이 덕을 잃은 왕을 재판해서 물러나게 한다는 것은 꿈에서조차 생각할 수 없었다. 광해군의 경우, 인조반정이 일어난 다음 날 왕실의 어른인 계모 인목대비가 패륜과 실정을 지적하고 왕으로서의 자격이 없어졌다고 선언했다. 광해군은 폐위되어 제주도로 귀양을 가 그곳에서 생을 마감했다.

국왕을 국가와 인민에 대한 반역죄로 처벌하는 것은 적법하고 정당한가? 이는 찰스가 법정에서 여러 이유를 들어 제기했고, 재판부도 판결문에서 나름대로 답변했다. 이에 관한 후대의 논쟁도 앞에서 간략히 보았다. 왕의 권위를 부정하고 왕을 죽이려고 계획하는 것만을 반역죄로 규정한 당시 반역법으로 찰스 1세를 반역죄로 처벌할 수 없는 점은 명확하다. 그 때문에 왕을 처단하려는 사람들은 국가와 주권·법의 원천·국왕의 지위를 새롭게 정하고, 효력을 소급하는 특별법을 제정하고 나서야 비로소 찰스 1세를 재판에 회부할 수 있었다. 다시 말하면 왕의 절대 권력에 반대하고 제한하기 위해 주권은 국왕의 추상화된 표현인 왕국에 있고, 왕은 법에 따라 권력을 행사하는 한 사람에 불과하다고 주장한 것이다. 그렇다면 찰스 1세를 처단한 행위의 적법성과 정당성은 결국 국가의 최고 권력이 왕에게 있는가, 아니면 국가와 인민에게 있는가라는 '주권 sovereignty'의 문제이고, 헌정 체제에서는 '헌법 제정 권력'에 대한 논쟁이다.

17세기 초반까지 영국에서 '주권론'은 거의 논의되지 않았다. 영국인들이 "왕은 신으로부터 자신이 책임져야 하는 정부를 부여받았다"라는 왕권신수설을 믿는 마당에, 한 나라의 최고 권력이 누구에게 있는가라는 주권론은 본격적으로 거론되지 않았던 것이다. 헌법 교과서에 따르면, 주권론은 군주 주권론에서 국가 주권론을 거쳐 국민 주권론으로 발전했다. 그리고 현대 헌정 체제에서는 국민 주권주의의 본질과 규범적 의미를 자세히 설명하고 있다. 여기서는 대한민국 헌법 제1조를 큰 소리로 읽어보자.

"대한민국은 민주공화국이다. 대한민국의 주권은 국민에게 있고, 모든 권력은 국민으로부터 나온다."

7

마녀는
실제로 존재하며
마법을 부려 아이들을
괴롭히는가?

미국의 작은 마을 세일럼에서 벌어진 마녀재판은
당시 뉴잉글랜드 지방을 휩쓸던 종교적 광신의 분위기를 대변한다.

세일럼의 마녀재판
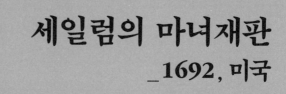
_1692, 미국

시간과 법정

1692년, 미국 매사추세츠주 세일럼 마을의 형사순회재판소

사건 당사자

마을 주민 59명

재판의 쟁점

마녀는 실제로 존재하며 마법을 부려 아이들을 괴롭히는가?

재판의 결론

유죄 31명(19명 사형), 1명 압사, 17명 재판 중 사망

역사적 질문

- 개인이나 소수자 집단에 대한 마녀사냥은 왜, 어떻게 일어나는가?
- 마녀사냥과 사법 제도는 어떤 관계에 있는가?

우리 시대의
마녀사냥

2007년 한 누리꾼이 데뷔 초부터 스탠포드 대학 석사로 주목받은 가수 '타블로'에 대해 학력을 위조했다는 의혹을 제기했다. 이 의혹은 인터넷으로 순식간에 퍼져나갔다. 자신을 향한 비난 여론이 커지자, 타블로는 학교 졸업증명서를 보여주는 등 여러 증거를 제시했다. 하지만 근거 없는 비난은 멈출 줄 몰랐다.

2010년 4월경 타블로가 몇몇 누리꾼을 허위사실에 의한 명예훼손 혐의로 고소했는데, 많은 사람이 '타진요(타블로에게 진실을 요구합니다)'라는 인터넷 카페를 만들어 조직적으로 대응했다. 이들은 타블로의 학력 의혹을 넘어서 그의 과거사와 가정사까지 파헤치며 도를 넘는 비난을 했다. 타블로는 2년여 간의 법적 공방을 거쳐 2012년 7월 법원으로부터 학력이 사실임을 인정받았고, 몇몇 타진요 회원들은 실형을 선고받았다. 스탠포드 대학 측에서는 "그의 창의력과 노력이라면 충분히 사랑받을 터인데, 마녀사냥의 대상이 되어서 안타깝다. 진실이 밝혀졌을 때 보상은 누가 해줄지 궁금하다"라는 반응을 보였다.

종전에는 주로 연예인과 정치인을 비롯한 유명인사가 근거 없는 마녀사냥의 대상이었는데, SNS가 발달하면서 지금은 평범한 사람도 그 대상이 되고 있다. 2017년 9월 발생한 '240번 버스 사건'이 그 예다. 버스 운전사가 난폭 운전을 해 엄마 손을 놓친 서너 살짜리 아이를 버스에서 내려준 후 바로 출발했고, 아이 엄마와 승객들이 울면서 세워달라고 요구했으나 무시한 채 다음 정류장에서 내려주었다고 알려져 누리꾼들이 버스 운전사를 크게 비난했다. 그런데 버스 안 CCTV를 조사한 결과, 초등학생이 혼자 정류장에서 자연스럽게 내렸고, 이를 늦게 알아차린 엄마의 요구로 버스 운전사가 문을 열었으나 내리지 않아 200미터 떨어진 다음 정류장에서 엄마가 내린 사실이 드러났다. 이렇듯 인터넷상의 여론은 잘잘못이 가려지기도 전에 당사자를 함부로 재단하고 댓글 또한 자극적이고 공격적으로 변하면서 당사자에게 회복하기 어려운 상처를 입힌다.

중세 말 근대 초 유럽에서는 '생사람에게 엉뚱한 누명 씌우기', 좀 더 엄밀하게는 '한 집단에서 분노나 공포를 조장하는 선동에 따라 무차별적으로 개인이나 소수자 집단을 탄압하는 집단 히스테리'로 정의되는 마녀사냥 또는 마녀광기, 마녀재판이 벌어졌다. '빗자루를 타고 하늘을 날아다니며 주술을 하는' 마녀(남자의 경우 마법사)는 오래전부터 민간에서 전해오는 이야기다. 그런데 그에 덧붙여 '밤에 짐승으로 변해 집회에 참석해 악마와 성관계를 맺고, 그 힘으로 사람을 죽이거나 병을 퍼뜨리고 폭풍우를 일으키는' 사악한 마녀의 이미지는 15~17세기에 재발견되었다. 1590년부터 1660년에 최고조에 달한 마녀사냥으로 인해 적어도 10만 명이 마녀로 몰려 처형되었다. 학자들은 마녀사냥이 일어난 원인으로 몇 가지를 들었다. 중세 말 경제·사회적 위기에 처했을 때 교회는 악마의 사주를 받아 악을 구현하는 존재로 마녀를 찾아냈고, 새롭게 부상하는 도시민층을 비롯한 정치·종교 권력이 공동체 주변부에 대한 지배력을 강화하고 정당성을 확보하기 위해 공동체 내부의 갈등을 조장하거나 이용해 사회적 약자에게 책임을 떠넘기기 위해 마녀사냥을 이용했다. 또한 남성 중심의 가부장적 문화와 제도를 지키기 위해 주로 힘없는 부녀자들을 공격한 측면도 있었다.

이제 '마녀'를 실제로 믿는 사람은 없지만, 누군가를 사회를 위협하는 불순 세력으로 지목해 비난하고 배제하는 현상(마녀 프레임)은 20세기에도 성행했다. 1923년 관동대지진 때 일본이 조선인들을 학살한 사건, 1930년대 소련에서 스탈린이 정적을 숙청한 사건, 1940년대 독일 나치가 유대인들을 말살한 홀로코스트Holocaust, 1950년대 미국에서 선량한 시민들을 공산주의자로 몰아세운 매카시즘Mccarthyism 등을 예로 들 수 있다. 조선인들이 불을 지르고 우물에 독을 넣어 지진 피해를 확대시켰다는 둥, 미 제국주의에 부합해 스파이 짓을 했다는 둥, 사악하고 돈만 밝히는 유대인 때문에 경제·사회적 문제가 발생했다는 둥, 중국이 공산화되고 소련의 힘이 커지는데도 내부에서 공산주의에 동조했다는 둥, 사람들은 이 같은 마녀 프레임에 갇혀 진실을 외면한 채 공포심에 사로잡혀 타인을 비난하고 억압했으며, 심지어 살해했다.

청교도 공동체
세일럼의 변화와 갈등

17세기 초 많은 영국인은 경제적 빈곤과 정치·종교적 탄압에서 벗어나기 위해, 신세계에 대한 부푼 꿈과 자유에 대한 소망을 품고 아메리카 대서양 연안으로 이주했다. 그중에는 가톨릭과 결별하지 못한 영국 국교회로부터 신앙과 양심의 자유를 지키려는 청교도가 많았는데, 농부, 기능공, 상인, 변호사와 목사 등으로 구성된 청교도들은 뉴잉글랜드 지역에서 여러 공동체를 만들었다. 이들은 검소하고 양심적이고 성실했으며, 개인적으로 독립심이 강하고 자신감이 넘쳤다. 이들은 종교적으로 '보이지 않는 세계'를 다스리는 악마가 보낸 마녀들이 마법을 부려 순결한 사람을 타락시키고 전염병과 자연재해를 일으킨다고 믿었다. 그래서 하나님의 독실한 피조물인 자신들이 마녀를 찾아내 징벌해야 한다고 생각했다.

17세기 중반부터 청교도 공동체는 내부적으로 많은 긴장과 갈등을 겪었다. 교회가 요구하는 도덕률보다 내적 성령의 은총에 따라 행동해야 한다는 목소리가 높았다. 아메리카 원주민들과 끊임없이 전쟁을 벌였고, 천연두 같은 전염병이 퍼지기도 했다. 뉴잉글랜드 항구에서 유럽과의 교역이 늘어나 서쪽으로 정착지가 확대되면서 상업주의와 물질주의가 퍼졌고 이에 사회계층이 분열되었다. 교회 목사들은 물질적인 성공에 대해 신이 은총을 내린 증거로서 명예롭게 생각하라고 설교했다. 청교도들이 꿈꾸었던, 신앙 안에서 하나 되고 서로를 배려하는 공동체 건설의 꿈은 점차 퇴색되어갔다.

'평화'라는 뜻을 지닌 히브리어 '샬롬Shalom'에서 이름을 따온 매사추세츠주 북동부 세일럼 타운Salem town 역시 1629년 청교도 공동체로 시작해 수송과 상업의 중심지로 빠르게 성장했다. 타운의 규모가 커지면서 1637년경 타운의 일부 주민들은 서쪽으로 8킬로미터 정도 떨어진 곳에 세일럼 빌리지(Salem Village, 오늘날 댄버스Danvers)라는 마을을 세웠다. 이곳 주민들은 신앙생활과 생산 활동을 함께하는 독자적인 공동체를 일구어나갔다.

그런데 17세기 후반부터 세일럼 마을에도 상업주의와 물질주의가 불어닥쳤다. 토지를 비롯한 재산은 일부 사람들에게 집중되고, 청교도적 이상주의를 품고 있던 많은 주민이 가난한 농부로 전락하는 가운데 교회와 마을 운영의 주도권이 상인에게 넘어갔다. 가난에 자연재해와 역병까지 잦자, 마을 서쪽에서 농사를 짓는 주민들은 동쪽에 사는 사람들(상인이 많았다)에게 공동체를 위협하는 물질주의와 세속주의에 대한 책임이 있다고 생각했다. 반면 상인들은 이들이 세상의 변화에 뒤떨어진 채 옛날에 머물러 있다고 생각했다. 한편, 일부 여성들은 남편의 죽음으로 재산을 상속받았고 상업에 종사하는 여성들도 늘어났는데, 이들은 남성 위주의 가부장적 질서를 위협하는 존재로서 '마녀'가 아닐까 의심받기도 했다. 결국 1692년 세일럼 마을에서 벌어진 마녀사냥은 청교도 공동체가 청교도적 농경사회에서 세속적 상업사회로 변화하는 과정에서 일어난 정치·경제·사회적 분열과 긴장이, '신앙을 지키려는 종교적 믿음'과 '여성에 대한 편견에서 비롯된 마녀의 존재에 대한 미신적 믿음'이라는 화약을 만나서 큰불로 번진 것이다.

소녀들의 이상한 행동과
세 여자에 대한 마녀 고발

보스턴에서 상업에 종사하다가 실패한 후 대학교에서 목사 수업을 받은 새뮤얼 패리스Samuel Parris는 1689년경 세일럼 마을의 목사로 부임했다. 청교도 근본주의를 믿는 패리스는 상업주의가 마을 주민들과 교회를 좀먹고 있다고 설교했다. 이를 못마땅하게 여긴 상인들과 지주들은 목사에게 장작과 돈줄이 되는 회비 납부를 거부했다. 패리스 목사는 사악하고 타락한 자들이 청교도와 그 상징을 파괴하기 위해 악마와 손을 잡았으며, 세상 사람들은 선한 양과 그 추종자, 그리고 악한 용과 그 하수인이라는 두 부류로 나뉜다고 목소리를 높였다.

1692년 1월 어느 날, 패리스 목사의 집에서 딸 베티와 조카 애비게일이 심한 발작과 호흡 곤란을 일으켰다. 아이들은 방안을 이리저리 뛰어다니거나 몸을 뒤틀었고, 가구 밑으로 기어들어가 쭈그리고 앉아 알아들을 수 없는 소리를 해댔다. 패리스 목사의 친구 존 퍼트넘John Putnam의 어린 딸 앤과 이웃집 소녀들도 이상한 표정으로 몸을 배배 꼬다가 바닥에 쓰러져 한참 동안 일어나지 못했다. 패리스는 죄책감을 느껴 2월 내내 기도회를 열고 금식운동을 벌였다. 소녀들을 진찰한 의사는 마녀의 소행으로 보인다고 말했다. 패리스는 동료 목회자를 초빙해 퇴마기도회를 열었지만 소녀들의 증상은 호전되지 않았다.

2월 25일 패리스 집안의 노예로서 아이들의 보모인 티투바는 '마녀 케이크를 개에게 먹이면 악령의 정체를 알 수 있다'는 이웃의 설득에 넘어가, 소녀들의 오줌으로 호밀가루를 반죽해 케이크를 만들었다. 마녀 케이크를 본 패리스 부부는 티투바가 흑마술을 부렸다고 생각했다. 마을 사람들은 마녀의 이름을 밝히라며 베티와 애비게일을 채근했고, 두 소녀는 결국 세 여자를 마녀로 지목했다. 어린 시절 미신이 널리 퍼진 서인도제도에서 겪은 마법 이야기를 소녀들에게 들려주고 마녀 케이크를 만든 티투바, 사람들과 잘 어울리지 않으며 자식들에게 먹이려고 음식을 구걸하면서도 늘 투덜거리는 비렁뱅이 여자 세라 굿, 교회에 나가지 않고 재혼한 후 전 남편 아들들의 상속권을 박탈하려는 문제로 구설수에 오른 병든 노파 세라 오즈번. 이 세 사람이 마법을 부렸다는 것이다. 패리스와 앤 퍼트넘의 아버지와 삼촌은 이 세 여자를 마녀로 고발했고, 2월 29일 세일럼 타운의 치안판사는 구속영장을 발부해 이들을 구금했다.

3월 2일 치안판사들은 세일럼 마을 교회에서 피의자를 공개 심문했다. 피해자로 나선 소녀들은 세 여자의 마법에 시달렸다고 주장했고, 피의자들을 보기만 하면 비명을 지르고 몸을 뒤틀고 데굴데굴 구르며 여자들의 영혼이 공중에 떠돌아다닌다고 울부짖었다. 굿과 오즈번은 사악한 존재를 본 적도 악마와 만난 적도 없으며 자신들은 마녀가 아니라고 주장했다. 티투바는 처음에는 결백을 주장했다가, 도중에 태도를 바꾸어 사탄의 하녀로 하늘을 날아다니면서 해를 끼치려 했다고 털어놓았다. 오즈번과 굿도 막대기 같은 것을 타고 마을로 와서 소녀들을 괴롭혀왔다고 자백했다. 티투바가 자백한 이유는 함께 패리스 집안의 노예였던 남편이 희생양으로 몰릴 것을 걱정했거나, 아니면 몇 달 후 자백을 번복하며 말했듯 패리스의 구타에 못 이겼을 가능성이 크다.

티투바의 자백으로 마을 사람들 사이에 마녀가 실제로 존재한다는 믿음이 굳어지면서, 자칫 마녀의 존재를 부정했다가는 마녀의 하수인으로 찍힐 수 있었다. 1688년 보스턴에서 여자아이들을 괴롭힌다는 이유로 세탁부가 마녀로 지목되어 처형되었고, 마녀가 뉴잉글랜드에 있으며 위험한 존재라고 주장한 코튼 매더Cotton Mather 목사가 쓴《마술과 빙의에 관한 기억할 만한 섭리들Memorable Providences Relating to Witchcrafts and Possessions》이 1689년에 출간되어 마을 사람들에게 알려져 있었다. 한편, 마녀로 지목된 세 여자가 투옥되었음에도 소녀들의 증세는 가라앉기는커녕 괴롭힘을 당했다고 주장하는 사람들이 늘어났다. 이웃을 마녀로 고발하는 일도 있었는데, 고발한 사람들은 대부분 9~20세의 소녀들이었다. 3월 23일에는 마을 사람들이 평소 좋아하고 존경했던 71세 된 레베카 너스가 고발되었다. 아마 퍼트넘, 패리스 집안과 농장 경계 문제로 다투고, 목사에 대한 회비 납부를 거부한 것이 원인이 되었을 것이다. 다음

날 레베카는 치안판사들 앞에 섰다. 그녀에게 연민을 품었던 방청객들은 그녀의 결백을 믿었지만, 소녀들은 악마들이 레베카의 귓가에 뭔가 속삭이는 것을 보았다고 주장했다. 레베카가 움직일 때마다 소녀들은 깨물리고, 꼬집히고, 척추가 부러지기라도 한 양 몸을 비틀었다.

널리 퍼져나간
마녀 광기

1692년 4월 마녀들에 대한 고발은 전염병처럼 확산되었다. 4월 20일부터 30일까지 추가로 15건이 고발되었고, 5월 2일부터 6월 6일까지 39명이 마법을 부린 혐의로 고발당했다. 형제끼리 이웃끼리 고발하면서 이웃 마을 사람들까지 줄줄이 연루되었다. 고발한 사람들은 눈에도 보이지 않는 악독한 여자들에게 할퀴어지고, 찔리고, 피 흘리게 되었다고 주장했다. 마녀를 고발한 사람이 거짓으로 고발했다고 말을 바꾸면 그도 마녀로 몰렸다. 이런 집단적 히스테리로 인해 세일럼 타운과 마을은 여름 내내 마녀를 찾으려는 광기에 휩싸였다.

4세부터 90세에 이르기까지 청소부, 점쟁이, 의사, 상인 등 다양한 직업에 종사하는 사람들이 마녀 혐의로 고발당했다. 심지어 마녀재판을 담당했던 판사, 목사, 총독 부인도 마녀로 몰렸다. 어느 날 50여 명이 한꺼번에 고발되었는데, 판사가 단 한 명도 감옥에 보내지 않았다는 이유로 고발되자 그는 가족들을 데리고 마을에서 도망쳤다. 10여년 전에 2년간 세일럼 빌리지 교구의 목사로서 마을 사람들 간의 갈등을 줄이려고 노력하다 실패하고 떠났던 조지 버로스George Burroughs도 고발되었는데,

마녀재판정 | 종교의 자유를 찾아 신대륙으로 떠난 개척민들이 종교를 이유로 마녀재판을 했다는 점에서 이는 미국 종교사 최악의 흑역사로 손꼽히는 사건이다. 1957년 매사추세츠주 정부는 이 사건에 대해 공식적으로 사과했다.

그는 끝까지 혐의를 부인했다. 그를 고발한 앤 퍼트넘은 이렇게 거짓 증언을 했다.

바로 그때 수의를 입은 (죽은) 여자 형체 둘이 보였어요. 버로스 씨를 바라보는 그녀들의 얼굴은 몹시 화가 난 듯 새빨갰고, 그가 자기들한 테 잔인하게 굴었으며 그녀들이 흘린 피가 복수를 외치고 있다고 말했어요. 그러고 나서 두 여자는 저를 향해 고개를 돌리더니 얼굴이 백지장처럼 새하얘졌고 자기들은 버로스 씨의 첫 번째, 두 번째 아내이며 그에게 죽임을 당했다고 말해줬어요. 그리고 한 사람은 자기 왼팔아래쪽을 그가 찔러서 상처를 내더니 그 자리를 납으로 때웠다고 말

하면서 가까이 다가와서는 저한테 그 자국을 보여주기도 했어요.[1]

고발한 사람들은 마을 서쪽에서 농사를 지으며 어렵게 사는 사람들의 딸들이 많았다. 반면에 고발된 사람들은 마을 동쪽에 살면서 패리스 목사의 반대파 중에서도 상대적으로 힘이 약한 사람들, 세일럼 마을 주변이나 세일럼 타운에서 사업을 하는 사람들이 많았다. 남자보다 여자가 많이 고발되었는데, 이들은 과부로 남편의 재산을 상속했거나 선술집 등을 운영하는 경우가 많았다. 5월 말에는 마녀로 고발되어 수감된 사람들이 100여 명에 달했다. 심지어 개 2마리도 피해자를 노려보는 것만으로 발작을 일으킬 수 있다고 고발되어 교수대에 매달렸다. 지저분하고 이가 들끓고 악취가 나는 지하 감옥에서 간수들은 마녀 혐의를 쓰고 붙잡혀온 여자들에게서 마녀의 흔적을 찾겠다며 알몸을 수색했다. 심지어 물조차 주지 않았으며, 자백을 받아내기 위해 다양한 방법으로 고문했다. 여기서 늙은 농부 조지 제이컵스가 치안판사와 나눈 말을 들어보자.

조지 제이컵스 | 댁들은 나를 마법사라고 그러는데, 차라리 말똥가리라고 하시오(마법사wizard와 말똥가리buzzard의 발음이 비슷한 데서 나온 말이다). 나는 누굴 해친 적이 없소. 악마는 원래 어떤 모습으로든 변할 수 있는 거 아니오.

판사 | 당신은 동의한 거나 마찬가집니다. 왜 가족들과 함께 기도하지 않습니까?

조지 제이컵스 | 까막눈이라 그렇소. 날 불태워 죽이든 목매달아 죽이든 간에, 난 진실하신 예수님 안에 있을 거요.[2]

수감자들 가운데 배고플 때 음식을 넣어준다거나, 구금 비용(당시에는 구금자가 감옥에 있는 비용을 납부해야 하고, 다 납부할 때까지 감옥에서 나갈 수 없었다)을 내야 할 때 돈을 부쳐준다거나 하는, 밖에서 도와줄 이가 없는 사람들은 체념할 수밖에 없었다. 무엇보다 더욱 딱한 일은 보살펴줄 어른이나 먹을 음식 한 덩이조차 마련해두지 못한 채 어린 자녀와 생이별을 하고 온 여자가 너무 많았다는 점이다.

마녀재판정의 전모

1692년 5월 세일럼 마을의 마녀 사건을 보고받은 뉴잉글랜드 총독 윌리엄 핍스William Phips는 통상적인 재판으로는 많은 사람을 제대로 재판할 수 없다고 생각해 한시적으로 마을에 형사순회재판소를 설치하기로 결정했다. 특별 법정은 존재의 정당성을 인정받고자 무리해서라도 범인을 색출하려고 애쓰는 경향이 있는데, 이번에도 예외가 아니었다. 총독은 5월 27일 독실한 청교도인 부총독 윌리엄 스타우턴William Stoughton을 재판장으로 하는 특별재판관 7명을 파견했다.

6월 2일 가장 먼저 재판을 받은 사람은 브리짓 비숍이었다. 그녀는 세일럼 타운에서 마을로 이사해 술집을 냈는데, 화려한 옷차림과 음탕한 행동으로 소문이 자자했다. 피해자들의 고성과 항의가 빗발쳤고, 어떤 남자는 비숍이 주문을 외고 부적을 썼으며, 그녀의 은밀한 유혹을 거절했다가 차마 표현할 수 없는 고통을 받았다고 주장했다. 마녀재판에서 자백한 사람은 풀려났고(자백한 사람에게 실제로 악마가 활동했다는 사실을 '입증'한 보상을 받은 셈이다), 결백을 주장하는 사람은 자백을 강요받고 고

A Modeſt Enquiry
Into the Nature of

Witchcraft,

AND

How Perſons Guilty of that Crime
may be *Convicted* : And the means
uſed for their Diſcovery Diſcuſſed,
both *Negatively* and *Affirmatively*,
according to *SCRIPTURE* and
EXPERIENCE.

By John Hale,

Paſtor of the Church of Chriſt in *Beverley,*
Anno Domini. 1 6 9 7.

When they ſay unto you, ſeek unto them that have
Familiar Spirits and unto Wizzards that peep,&c.
To the Law and to the Teſtimony ; if they ſpeak
not according to this word, it is becauſe there is no
light in them, Iſaiah VIII. 19, 20.
That which I ſee not teach thou me, Job 34 32.

BOSTON in N. E.
Printed by *B. Green,* and *J. Allen,* for
Benjamin Eliot under the Town Houſe: 1702

마녀 연구 | 이 팸플릿은 뉴잉글랜드의 마녀사냥이 최
고조에 달했던 1697년에 제작된 것으로, 마녀사냥이
라는 개념을 심각하게 고찰한 당시의 연구 중 하나다.
지금 보면 터무니없지만, 당시에는 교육받은 사람들조
차 마녀사냥을 설득력 있게 받아들였다.

문에 시달렸다. 자백 외에 중요한 증거로는 피해자가 피고인의 환영 또
는 유령이 자기를 괴롭혔다고 말하는 '환영 증거', 피고인에게 피해자를
만지도록 해 반응을 관찰(마녀가 만지면 발작 증상이 사라진다고 믿었다)하
는 '접촉 테스트', 조사관들이 남녀를 불문하고 마녀의 표식을 찾기 위해
실시하는 '신체검사' 등이 있었다. 증인들이 들었다고 하는 소문과 피해
자의 의견이나 추측도 증거로 채택되었다. 반면 피고인을 위한 증인은 허
락되지 않았고, 변호인도 선임되지 않았으며, 판결이 내려지면 항소도 불
가능했다.

뉴잉글랜드에 마녀가 있다고 주장했던 매더 목사는 비숍에 대한 마
녀재판을 본 후, 판사들에게 일침을 가했다. 판사들이 임무를 제대로 완
수하려면 반드시 자기 눈으로 똑똑히 볼 수 있는 죄에 한해 처벌해야 하

며, 자칫 잘못해서 악마의 속임수에 넘어갔다가는 끔찍한 결과를 초래할 수 있다고 강조했다. 재판부 중에서도 '환영 증거'를 믿는 데 신중해야 한다고 너대니얼 샐턴스톨Nathaniel Saltonstall 판사가 지적했으나, 다른 판사들은 이를 무시하고 증언을 믿었다. 결국 유죄로 인정된 비숍은 6월 10일 교수형에 처해졌다. 유죄 판결에 반대한 샐턴스톨 판사는 6월 15일 스스로 법정에서 물러났다.

6월 29일 재판부는 이틀 동안 5건의 재판을 심리했는데, 그중에는 레베카도 포함되어 있었다. 레베카의 유령에게 괴롭힘을 당했다는 피해자들이 등장했고, 마을에서 벌어진 몇 건의 비명횡사를 그녀의 탓으로 돌리는 증인들도 있었다. 레베카의 몸을 검사한 조사관들은 몸의 은밀한 부분에 젖꼭지처럼 살점이 튀어나온 부분이 있다고 진술했다. 그녀의 품성을 증명하는 주민들의 진정서가 제출되었는데 배심원단은 처음에 무죄라고 평결했다. 그러나 피해자들이 비명을 지르고 일부 배심원이 판결에 불만을 표시하자, 재판장은 배심원들에게 다시 평결하도록 요구했다. 결국 레베카는 마녀로 판정되었으며, 7월 19일 다른 여자들 4명과 함께 교수형을 당했다.

8월 19일 처형장에는 많은 사람이 마을 목사였던 버로스의 처형을 보기 위해 몰려들었다. 세일럼 마을의 명망 있는 32명이 그가 결백하다는 탄원서를 제출했음에도 결과는 달라지지 않았다. 여기서 버로스의 마지막 장면을 지켜본 마을 사람의 말을 들어보자.

버로스 씨는 다른 이들과 함께 짐마차에 실려 세일럼의 거리를 지나 처형장으로 보내졌다. 그는 사다리를 오르면서, 침통하면서도 진지한 얼굴로 담담히 결백을 주장했고, 이에 그 자리에 있던 사람 모두 찬탄해 마지않았다. 마지막으로 그는 주기도문을 능숙하게 외웠는데, 그의 영혼에서는 평온과 열정이 느껴졌다. 이 광경을 본 많은 이가 눈물을 흘렸으며, 심지어 이들이 처형을 막으려 들 것처럼 보이기까지 했다.[3]

버로스 목사가 처형되고 사람들이 고문으로 사망했으며, 9월경부터 무고한 사람들이 뜬소문과 악의적인 날조로 처형되었다. 심지어 고발자들이 마녀로 지목하는 사람들이 늘어났다. 그토록 많은 사람이 마녀로 체포되었는데도 소녀들의 증세는 나아지지 않았다. 10월 3일 매더 목사의 아버지 인크리즈 매더Increase Mather 목사는 수감자를 만나본 후 마녀를 찾아내는 일 자체가 악마의 일이며 요망한 사기꾼이 어리석은 사람들을 나쁜 일로 끌어들이는 것이라고 주장했다. 10월 8일 인크리즈 매더 목사의 설득으로 전임 총독과 부총독, 샐턴스톨 판사를 포함한 유력인사 8명이 마녀재판에 반대한다는 내용의 문서에 서명했다. 부인이 마녀로 고발된 핍스 총독은 '환영 증거'와 그 밖의 불분명한 증거를 사용하지 말라고 명령했다. 3주 후인 10월 29일 총독은 순회재판소를 해산했고, 추가로 혐의자를 구금하는 일을 중단했으며, 52명을 제외한 수감자 전원을 석방했다. 새로 구성된 재판부는 1693년 1월 49명에게 무죄를 선고했고, 나머지 3명은 5월에 사면을 받았다. 그리고 먼저 감옥에 보내졌던 3명은 소환되지 않았고, 이로써 세일럼의 마녀재판은 종료되었다.

결국 1692년 10월 생사람을 마녀로 만드는 데 결정적인 역할을 한 환영 증거를 사용할 수 없게 되면서 재판은 실질적으로 진행이 불가능했다. 마지막으로 재판 결과를 살펴보면, 마녀로 고발되어 구금된 피의자 185명 가운데 59명이 대배심에 의해 형사재판에 회부되어 그중 31명이 유죄 판결을 받았다. 이 중 19명(여자 14명, 남자 5명)이 교수형을 당했고, 답변을 거부한 한 남자는 법정모욕죄가 인정되어 무거운 돌에 눌려 죽임을 당했다. 17명은 재판을 기다리다가 고문 등에 시달려 감옥에서 사망했다. 한편, 인크리즈 매더 목사는 1693년 세일럼의 마녀재판에 대해 자세하게 다룬 《인간의 모습으로 나타난 악령과 관련된 양심의 문제Case of Conscience Concerning Evil Spirits Personating Men》를 저술했다.

재판 그 후

소녀들과 일부 마을 사람의 증언이 거짓이었음이 드러났는데도 이들에 대한 사법적 조치는 이루어지지 않았다. 세일럼 마을 공동체가 붕괴되고, 사람들의 생사 여부를 결정한 재판관과 재판으로 상징되는 정부의 행정적·종교적 권위에 타격을 입는 것을 우려했기 때문일 것이다. 어떤 사람은 마녀재판이 여전히 계속되고 있다고 생각했고, 풀려난 '마녀'들과 그 가족은 여전히 억울하고 가난했으며, 신도들은 패리스 목사를 지지하는 쪽과 반대하는 쪽으로 갈려 갈등했다. 패리스 목사는 잘못을 사과하고 일부 신도에게 보상금을 지급하면서 화해하려 했으나 실패했다. 결국 1697년 밀린 봉급을 받고 세일럼 마을을 떠났다.

반성과 참회의 목소리가 나온 것은 사태가 끝나고 한참 지나서였다. 1696년 12월 17일 세일럼 마을은 금식과 참회의 날을 정하자는 결의문을 채택했다. 참회의 날인 1697년 1월 14일 마녀재판을 담당했던 새뮤엘 수얼Samuel Sewall 판사는 자신이 맡은 일로 "자책하고 있으며 부끄럽다"라고 공개적으로 사과했고, 매년 같은 날 용서를 빌며 단식했다. 다른 판사와 배심원 등도 수얼 판사의 뒤를 따랐지만, 사면에 반대했던 재판장 스타우턴은 끝까지 잘못을 인정하지 않았다. 1698년 새 목사로 부임한 죠셉 그린이 교회를 떠난 사람들과 남은 사람들이 화해할 수 있도록 노력하면서 마을 분위기는 점차 정상화되었다.

　이상한 행동을 보였던 소녀들 중에는 유일하게 앤 퍼트넘이 1706년 8월 25일 오래전 법정에서 한 거짓말에 대해 사과했다. 18년이란 긴 세월이 지난 후인 1711년 10월 17일 매사추세츠주 당국은 '사권私權 박탈의 철회'를 선언하고, 버로스 목사 등에 대한 유죄 판결을 번복했다. 나아가 마녀재판으로 억울하게 재판받은 일부 피해자(청구한 사람과 극히 부당하다고 판단된 사람)에게 배상금을 지급했고 유죄 기록을 공식적으로 말소했다. 1992년 5월 9일 세일럼시와 댄버스 마을 사람들은 억울하게 죽은 희생자들을 추모하기 위해 '세일럼 마을 마녀사냥 희생자들을 위한 댄버스 위령비'를 세웠다.

역사의 법정에서

오늘날 세일럼 마을은 매사추세츠주의 랜드마크로, 마녀재판을 상징하는 관광명소가 되었다. 이곳에서는 화려한 핼러윈 축제와 흥미로운 유령 관광, 마녀들의 지하 감옥 등을 체험할 수 있고, 분장한 마녀들이 반기는 축제장에서 저주받은 공동묘지를 방문하거나 무시무시한 이야기를 들을 수 있다. 소설가 너대니얼 호손Nathaniel Hawthorne은 처음으로 구속영장을 발부한 치안판사 호손의 직계후손으로, 자신의 선조가 마녀재판에 연루된 것을 부끄러워해 성의 철자를 바꾸었고, 1850년 마녀재판을 본떠

역사의 현장 | 마녀사냥의 고장이자 소설 《주홍 글씨》의 배경이었던 세일럼 마을은 오늘날 명소로 꼽힌다. 악명 높았던 역사의 현장을 보기 위해 수많은 관광객이 찾는다. 특히 10월 핼로윈데이에는 더욱 북적인다.

서 《주홍 글씨The Scarlet Letter》를 발표했다. 이 책은 청교도들의 위선과 도덕적 완벽주의를 강하게 비판했는데, 희생자들을 추모하는 헌사라고 평가된다. 극작가 아서 밀러Arthur Miller는 1953년에 희곡 《세일럼의 마녀들》(1996년에는 '크루서블The Crucible'이라는 제목으로 영화화되었다)을 썼는데, 세일럼에서 일어난 마녀재판을 생생하게 재현하면서 당시 미국을 휩쓴 매카시즘의 광기와 시기심을 풍자했다.

역사학자들로부터 '청교도 구질서의 마지막 숨결'이라고 평가되는 '세일럼 마녀사냥'이 일어난 원인을 사건의 주인공 위주로 추측해보겠다. 패리스 목사는 마을에 불어닥친 물질주의와 상업주의로 인해 청교도 사회가 타락했는데 이를 정화하는 것이 자신의 소명이라고 생각했고, 악마의 사주를 받은 마을 사람이 딸을 비롯해 소녀들을 괴롭혔다고 보았을 것이다. 목사의 딸과 소녀들은 신체적·정신적으로 성장하면서 겪는 고통(청교도적 엄격한 교육 방식에 기인한 정서 불안의 폭발)에 시달리다가 어른들의 말에 따라 자신들에게 위해를 가했으리라 여겨지는 사람들의 이름을 불러댔을 것이다. 마녀를 고발한 마을 사람들은 자신들은 경제적으로 어렵고 힘든데 종교적 신심이 없는 사람들이 잘살고 마을에서 주도권을 행사하는 것에 불만을 품다가, 이들이 마녀라는 목사의 말만 믿고 청교도 신앙의 순수성을 지키기 위해 악마로 지목했을 것이다. 판사들 중에는 참전해서 패배를 경험한 장교가 많았는데, 패전의 아픔과 원인을 은폐하거나 왜곡하는 데 적절한 사건이라고 생각했을 가능성이 있다.

세일럼 마녀재판이 왜 일어났는지 학자들마다 강조하는 부분이 다른데, 일반적으로 받아들여지는 주장을 종합해서 살펴보자. 당시 세일럼 마을 사람들은 마녀가 마법을 부려 사람들에게 사악한 영향을 미친다고 믿었다. 즉 잦은 전쟁과 자연재해의 위협 속에서 악마의 저주를 심각하게 의식했던 것이다. 게다가 농경사회에서 상업사회로 변화하고 물질주의와 세속주의가 마을 사람들에게 스며들면서 청교도적 신앙에 대한 생각도 달라졌다. 17세기 후반 교역 증가와 정착지 확대로 사회계층이 분화되고 계층 간 빈부 차이가 늘면서, 마을 사람들 사이에 그리고 마을 사람들과 타운 사람들 사이에 정치·사회적으로 갈등이 깊어지고 적대감과 피해 의식은 폭발 지경에 이르렀다. 목사들도 분열과 갈등을 종교적인 교리로 불식하지 못했다. 어떤 목사는 부가 은총의 외적 증거라고 설교하는가 하면, 어떤 목사는 악마의 유혹에 빠져 종교적 믿음을 잃어버린 것이라고 설교했다. 가부장적 사회가 옳다고 믿는 사람들은 과부로서 남편의 재산을 상속받거나 독자적으로 상업 활동을 하는 여성에 대해 아내와 엄마로서 요구되는 행실과 도덕성을 저버렸다고 여겼다. 이런 상황에서 마을 내 갈등을 조정할 기구나 권위가 부족했으며, 뉴잉글랜드 총독과 외부에서 파견된 재판부는 정치적 필요에 따라 갈등을 조장하거나 왜곡했다. 결국 이 요소들이 함께 작용해 갈등을 일으키거나 확대시켰는데, 불합리한 재판제도가 이를 제지하지 못해 '세일럼의 마녀'들은 억울하게 희생되었던 것이다.

마녀재판을 제지하지 못한 중요한 사법적 요인은 형사절차에서의 규문주의와 고문에 의한 자백이다. 중세 말 근세 초 유럽에서는 규문주의(糾問主義, Inquisitionsprinzip)가 시행되어 수사 및 기소하는 사람과 판단하는 사람이 구분되지 않고 같은 사람이 모든 것을 집행했다. 물론 영국과 그 식민지에서는 일반 시민이 기소 여부를 결정하는 대배심(大陪審, grand jury)과 유무죄를 판단하는 소배심(小陪審, petit jury)이 운영됨으로써 다소 차이가 있다. 그러나 판사가 고발된 마녀를 직접 조사하고 심문하면서 구속 여부를 결정하고 배심원들의 무죄 의견을 쉽게 번복시킨

점에서 보듯이, 판사들이 수사와 재판을 주도하면서 피고인들이 공정한 재판을 받을 기회는 사라졌다. 또한 피고인의 자백만으로 유죄를 인정하면서도 풀어주었고, 반대로 부인하는 경우 마녀 혐의를 씌워 자백할 때까지 마구 고문했다. 그리고 세일럼의 마녀재판에서 환영 증거를 인정한 것, 변호인이 선임되지 않은 채 피고인 측 증인을 허용하지 않고 유죄 판결에 대한 상소를 인정하지 않은 것도 오판으로 이끈 원인이다. 환영 증거에 대한 논쟁에서 보았듯, 형사재판에서 어떤 증거를 인정하고 배제할 것인지는 중요한 문제다. 우리나라 형사소송법에 따르면 고문과 강요에 의한 자백을 인정하지 않고, 자백만으로 유죄를 인정할 수 없고 보강 증거가 있어야 한다. 또한 수사기관이 위법한 절차에 따라 수집·획득한 증거는 유죄의 증거로 사용할 수 없다고 규정하고 있다.

세일럼 마녀 사건을 담당한 판사 대부분은 유죄로 판단했으나, 오직 샐턴스톨 판사만 무죄를 주장했고 의견이 받아들여지지 않자 판사직을 그만두었다. 당시 광기 어린 사회 분위기에서 홀로 무죄를 주장하면서 사임한 판사의 지혜와 용기가 놀랍고 존경스럽다. 판사의 '소수 의견'은 사회의 다양한 가치관과 생각을 반영하면서 언젠가는 다수 의견이 될 수 있으며, 이 사건처럼 오히려 진실인 경우가 많다. 마녀사냥을 오판한 판사들 중에 새뮤엘 수얼 판사만 나중에 공개적으로 참회했다. 과거 국가권력이 고문과 조작으로 억울한 범인을 만든 사건에 대해서는 진솔한 반성과 책임에 따른 조치가 있어야 하는데, 여기에는 이를 제지하지 못한 사법부도 예외는 아니다.

역사적으로 볼 때, 마녀재판은 권력을 가진 쪽에서 사회가 위기에 처했을 때 사람들의 분노심과 공포감을 조장해 저항 세력이나 사회적 약자에게 책임을 떠넘기는 식으로 진행되었다. 마녀 광기의 대상자에서 제외된 사람들은 막연하게 겁을 먹거나 서로를 의심하며 군중심리에 휩쓸려 비난하고 분노하는 한편, 자기 이름이 없다는 사실에 안도한다. 마녀로 지목된 사람들은 약자로서 제대로 방어할 수도 없고, 사법재판도 불공정하게 진행되는 경우가 많다. 이렇게 '마녀 프레임'이 작동한다면, '마녀사냥'은 모든 사회에서 나타날 수 있는 보편적 현상이다. 우리들 마음속에는 '나'와 생각이나 견해가 다르면 나쁜 사람으로 배제하고, 사회의 부조리나 일상생활의 사소한 불행을 다른 누군가의 탓으로 돌리고 싶은 경향이 있다. 정보화 사회에서 사람들은 상호 감시의 공간이 된 SNS를 통해 한순간에 잘 모르는 사람에게도 잘못을 뒤집어씌우며 일방적이고 집단적으로 공격하곤 한다. 권력을 가진 자들의 의도에 따라 혹은 평범한 일반인들의 뜻하지 않은 행동에 의해 누구나 마녀가 될 수 있고 마녀에게 돌멩이를 던질 수도 있다. 따라서 역사에 기록된 '마녀'와 '마녀재판'은 거듭 기억되고 새롭게 성찰되어야 한다.

8

판사로 임명받지
못한 마버리는
법의 보호를 받을 수
있는가?

미국 사법부의 독립성을 실질적으로 정착시킨 중요한 재판의 당사자인
판사 지명자 윌리엄 마버리(왼쪽)와 당시 국무장관 제임스 매디슨(오른쪽)

마버리 재판

_1803, 미국

시간과 법정

1803년, 미국 연방대법원

사건 당사자

윌리엄 마버리 William Marbury **VS . 제임스 매디슨**James Madison

재판의 쟁점

- 판사로 임명받지 못한 마버리는 법의 보호를 받을 수 있는가?
- 대법원은 직무 집행 영장을 발부할 수 있는가?

재판의 결론

- 판사로 임명받을 권리를 침해당했으므로 법적 구제가 부여된다.
- 직무 집행 영장에 관한 법원조직법은 헌법에 위반되므로 발부할 수 없다.

역사적 질문

사법부에 위헌법률심사권을 주는 것은 정당한가?

우리 헌법재판소의
위헌법률심사 사건

국가권력의 남용을 통제하고 국민의 자유와 권리를 보장하기 위해 우리나라 최고법인 헌법은 권력이 넘어서는 안 되는 한계선을 정했다. 헌법이 제 역할을 하려면 헌법을 위반하는 권력에 대해 그것이 헌법에 위반된다고 선언하는 제도가 필요하다. 국회에서 만든 법률이 헌법이 보장하는 국민의 자유와 권리를 침해하는 경우, 독립적 사법기관인 헌법재판소가 그 법률이 헌법에 위반된다고 판단하고 효력을 없애는 절차를 '위헌법률심사'라고 한다.

1987년 6월 민주화 운동으로 제6공화국 헌법이 제정되고 위헌법률심사 등 헌법재판만 담당하는 헌법재판소가 설립되었다. 헌법재판소는 그동안 우리 사회에 지대한 영향을 미치는 결정을 많이 했다. 그 가운데 노무현, 박근혜 대통령에 대한 탄핵 사건을 제외하고 널리 알려진 위헌법률심사 사건으로는 2004년 '신행정수도 건설을 위한 특별조치법'과 2015년 간통 행위를 처벌하는 형법 조항(형법 제241조)을 위헌으로 결정한 것이 있다.

'신행정수도 건설을 위한 특별조치법'의 경우 대통령이 주도하고 국회의 주요 정당이 다수로 찬성해 새로 행정수도를 건설하고 청와대와 중앙부처를 이전하기로 한 법률에 대해 헌법재판소는 600년 동안 서울을 수도로 하는 관습헌법을 법률로 변경하는 것이어서 위헌이므로 효력이 없다고 판시했다. 간통죄 위헌 소송의 경우 1953년 제정된 형법에서 간통 행위를 범죄로 규정했는데, 이는 지극히 내밀한 사생활 영역인 성적 문제에 국가가 개입하는 것이어서 헌법에 위반되므로 처벌할 수 없다고 판시했다. 이 결정에 대해 헌법재판소가 민주주의의 가치와 규범을 무시하고 '제왕적 사법부'가 되었다느니, 국민들의 윤리 의식보다 앞선 결정으로 혼란을 야기했다느니 하는 비난과 비판이 쏟아졌다. 헌법재판소의 이 같은 결정이 부당하다고 주장하는 사람은 많았지만, 결정의 효력을 부인하는 권력이나 정당은 없었다.

간통죄 처벌과 관련해 헌법재판소는 1990년, 1993년, 2001년, 2008년에는 헌법에 위반되지 않다고 판시했는데, 2015년 다섯 번째 결정에서 위헌이라고 판단함으로써 기나긴 논쟁을 마무리했다. 1990년 결정에서 간통죄가 위헌이라고 강력하게 주장했던 김양균 재판관은 한 인터뷰에서 이렇게 말했다.

첫 사건에서 혼자 전면 위헌 의견을 쓰면서 30~50년 안에는 내 의견대로 될 것이라고 했다. 그리고 19년이 지나 4기 재판관 5명이 위헌 의견을 냈다. 검사 생활을 통해 간통 조항이 상습적인 사람이 아닌 우발적인 사람들에게 주로 적용되는 걸 알았다. 이 조항 때문에 얼마나 많은 가정과 개인이 파탄나는지 알게 된 것이 위헌 의견을 내는 데 토대가 되었다. 간통 조항은 위헌이고 반헌법적이며 촌스럽다.[1]

이처럼 민형사 사건과 달리 헌법재판소 사건은 고유의 논리가 있고,

흔히 정치적 이념 논쟁이 배경에 깔려 있어 이해하기 어렵다. 우리나라 언론이나 정치권에서는 네 편, 내 편의 진영 논리나 감정 대결 위주로 접근하기 때문에 정치한 헌법 이론에는 관심이 적다. 법을 전공하지 않은 지식인과 깨어 있는 시민들에게 이범준 기자의《헌법재판소, 한국 현대사를 말하다》, 김진한 교수의《헌법을 보는 시간》, 조지형 교수의《헌법에 비친 역사》등의 책을 추천한다.

미국 연방의 성립과
헌법 해석권자에 관한 논쟁

이 장에서 다룰 '마버리 재판'은 일반 시민보다도 법학도에게 매우 중요한 사건이다. 앞서 말했듯 위헌 법률을 심판할 때, 입법부 또는 행정부는 민주적 정당성이 없는 사법부(법관은 대통령이나 국회의원과 달리 선거로 선출되지 않았다는 뜻이다)가 자신들의 권력을 찬탈했다고 비난하곤 했다. 마버리 재판 과정이 좋은 보기가 될 것이다. 이를 제대로 이해하려면 당시 미국의 정치 상황(이 글에서 공화파는 현재의 미국 민주당, 연방파는 현재의 미국 공화당과 정치적 성향이 비슷하다. 공화당은 연방파가 몰락한 후 1850년대 후반에 창당되어 링컨을 대통령으로 배출했는데, 점점 보수화되었다), 헌법과 법률의 관계에 대한 인식이 필요하다.

1776년 7월 4일, 우리가 미국이라고 부르는 아메리카합중국의 독립이 선포되었다. 주민들 대표자로 구성된 대륙회의에서 채택한 '독립선언서The Declaration of Independence'에 따르면, 모든 인간은 태어날 때부터 평등하게 부여받은 자연권에 따라 생명·자유·행복을 추구할 권리를 갖고 있고, 이 권리를 보장하기 위해 정부가 필요하며, 그 정부는 인민들에 의해 구성되어야 한다. 그 후 영국 식민지들은 '주state'로 개편되면서 자유와 권리를 보장하고 행정부의 권한을 제한하는 내용의 주 헌법을 만들었다. 1781년 3월 독립전쟁에서 승리한 후 13개 주는 대륙회의가 4년 전 채택한 '연합헌장The Articles of Confederation'을 새 국가의 기본법으로 승인했다. 연합헌장에 따르면 각 주는 아메리카합중국으로 불리는 하나의 국가에 속해 있으며 그 자신이 조그만 국가로 존재하고, 다만 공동 방위와 안전을 위해 영구적으로 동맹을 맺는다고 규정했다.

연합정부는 국가적 권위를 가진 중앙 기구였으나, 무역을 규제하고 군대를 징집하며 국민에게 직접 세금을 부과할 권한은 없었으므로 경제·외교·정치 문제를 해결할 수는 없었다. 1780년대 중반 부유하고 사회적으로 힘 있는 사람들이 알렉산더 해밀턴Alexander Hamilton을 중심으로 강력한 중앙정부를 만들자고 주장했다. 오랫동안 여러 쟁점에 대해 토론하고 협상하면서 조지 워싱턴George Washington, 존 애덤스John Adams, 토머스 제퍼슨Thomas Jefferson, 제임스 매디슨James Madison 등은 1787년 9월 제헌회의에서 '연방 헌법The Constitution of the United States of America' 안을 통과시켰다. 헌법은 국가의 구성 원리로 권력분립과 연방주의와 기본권 보장을 채택했다. 구체적으로 연방 정부를 입법부·행정부·사법부로 나누어 서로 견제하면서 균형을 갖게 하고, 권력을 중앙의 연방과 각주가 나누어 갖되 연방 정부에 광범위한 권한을 주면서도 주 정부의 자치권을 보장했다. 헌법은 사법부에 대해, 연방 대법원과 의회가 정하는 하급 법원을 두고, 판사는 상원의 동의를 얻어 대통령이 임명하며 임명된 판사는 종신직으로 규정했다.

이제 헌법을 각 주에서 비준하는 절차가 남았는데, 비준에 찬성하는

'연방주의자Federalists'와 반대하는 '반연방주의자Antifederalists'로 나뉘어 논쟁이 벌어졌다. 반연방주의자들은 강압적인 권력에서 벗어나려고 독립전쟁을 벌였다는 점을 상기시키면서, 헌법안에 따르면 강력한 중앙정부가 전제적인 권력을 휘둘러 세금을 인상하고 주 권한을 위축시키고 개인의 자유를 침해할 것이라고 주장했다. 연방주의자들은 연합 정부 아래에서 사회적 위기가 많이 일어났는데 이처럼 약한 정부에서는 무지한 사람들이나 선동가들에 의해 자유와 재산권이 침해될 수 있으므로 강한 중앙정부가 필요하다고 했다. 다만, 권력분립과 연방주의를 통해 권력을 제한함으로써 권리를 보장할 수 있다고 주장했다. 상공업 발전을 국가적 과제로 생각하는 대상인들과 농장주들이 지지하는 연방주의자를 대표해서 해밀턴, 매디슨과 존 제이John Jay는 새 헌법의 의의와 장점을 설명하는 평론 85편을 신문에 기고하기도 했다. 이는 나중에《연방주의자 논고The Federalists Papers》라는 책으로 출간되었다. 이 책은 '건국의 아버지들'이 헌법을 제정한 배경과 이유를 설명한 것으로, 이후 헌법을 어떻게 해석할 것인지 문제될 때마다 중요한 자료가 되었다. 해밀턴이 사법부의 권한을 설명한 '평론 78'의 주요 부분을 살펴보자.

정부 여러 부서의 권한은 각각 분리되어야 한다는 것에 대해 주의 깊게 생각해본 사람이라면 누구나 사법부는 그 성격상 헌법의 정치적 권리에 가장 위험하지 않다고 생각할 것이다. 사법부는 헌법의 정치적 권리를 괴롭히거나 손상시킬 능력이 가장 적기 때문이다. 행정부는 명예를 필요로 할 뿐만 아니라 사회라는 칼, 즉 수단을 갖고 있다. 입법부는 경비를 주관할 뿐만 아니라 모든 시민을 규제하는 의무와 책임을 규정하는 법을 만든다. 반면에 사법부는 칼도 돈도 갖고 있지 못하고, 사회의 힘이나 부에도 영향을 미치지 못하며, 어떤 것도 실질적으로 결정하지 못한다. 사법부는 힘도 의지도 없으며, 단지 판단만을 내린다고 하는 것이 사실일 것이다. 또한 심지어 판단의 효력을 위해서도 행정부의 도움에 의존해야 한다.

법을 해석하는 것은 법원의 적절하고도 고유한 영역이다. 사실, 헌법은 법관들에게는 기초적인 법률로 인식되어야만 한다. 그러므로 입법부의 모든 특정한 행위의 의미뿐만 아니라 법의 의미를 확실히 하는 것도 법관의 역할이다. 만약 우연히 헌법과 입법부 사이에 양립할 수 없는 변수가 생겼다면, 물론 더 많은 책임감과 정당성을 지닌 것을 선호해야 하는데 그것은 다른 말로 하면, 헌법은 하위법보다 우선되어야 하며, 시민의 의도는 시민의 대표자의 것보다 우선되어야 한다는 것이다. 이런 결론은 조금도 사법부가 입법부보다 우위에 있다는 것을 의미하는 것은 아니다. 단지 시민의 권한이 사법부나 입법부의 권한보다 우위에 있다는 것과 법령을 통한 입법부의 의지가 시민의 의지에 반하는 것일 경우, 헌법에 명시된 대로 법관은 입법부보다는 시민의 의지에 따라야 한다는 사실을 가정하는 것일 뿐이다.[2]

결국 반연방주의자들의 요구대로 기본권 조항이 헌법의 수정 조항 형태로 추가된다는 보장하에 1788년 헌법이 비준되었고, 이듬해 워싱턴이 초대 대통령으로 취임했다. 성문헌법이 제정되고 의회가 여러 법률을 만들면서, 법률이 헌법에 위반되는 경우 법률의 효력은 어떠한지, 어떤 국가기관에서 판단하는 것인지 문제되었다. 이에 관해서 헌법 제정 과정에서 잠시 논의되다가 명확한 규정을 두지 않아 많은 논란을 불러일으켰다. 먼저, 주권자인 국민과 가장 가깝고 직접적인 책임이 있는 의회에서 법률을 만들되 국민의 뜻(헌법)에 반하는 법률을 폐기하면 충분하고, 사법부가 위헌 여부를 심사하는 것은 비민주적이라는 '입법 우월주의' 주장이 있었다. 다음으로, 입법부와 사법부와 행정부는 헌법상 우열 없이 동등하므로 당면한 문제를 해결하기 위해 각각 헌법을 해석할 권리를 갖는다는 '삼권 대등심사' 주장이 있었다. 마지막으로, 실제 사건에서 독립적으로 법률을 해석하는 사법부가 입법부의 권력 남용을 통제하고 국민의 기본권을 보장하기 위해 의회가 만든 법률이 최고 규범인 헌법에 위반되는지 여부를 최종적으로 심사하고 위헌 법률을 무효로 할 수 있다는 '사법심사' 주장이 있었다.

의회는 선거를 의식해서 다수파(경제·사회적 권력이 있는 계층)의 이념과 이해관계를 옹호하는 법률을 많이 제정한다. 그래서 법률 제정 과정에서 제대로 보호받지 못하는 사람들이 종종 발생하는데, 판사가 법을 적용하는 과정에서 소수자를 보호하기 위해 헌법에 부합하지 않은 법률을 무효로 할 수 있는가 하는 문제는 자칫하면 정치적 위험을 불러올 수도 있는 난문難問이다. 1803년 정권 교체기에 미국 연방 대법원은 치안 판사 임명 사건에서 정면으로 '사법심사이론The doctrine of judicial review'을 받아들이고 문제가 된 법원조직법이 위헌이므로 효력이 없다고 선언했다. 드라마틱한 정치적 환경을 배경으로 치밀하고도 명확하게 논리의 반전이 거듭된 마버리 재판은 역사적으로 미국뿐 아니라 세계 사법사상 가장 널리 알려진, 가장 중요한, 가장 많이 인용되는 판례일 것이다.

공화파 제퍼슨 대통령의 집권과
법원조직법의 개정

1789년 미국 의회는 연방 대법원의 조직과 하급 법원으로 연방 항소법원과 연방 지방법원을 설치하기로 하는 법원조직법을 제정했다. 연방 대법원은 대법원장 1명과 대법관 5명으로 출범했는데, 독립된 건물은 고사하고 의회 의사당 건물의 조그만 방에서 업무를 시작했다. 교통이 불편하고 숙박 시설도 좋지 않은데도, 1년에 7개월 동안 각 주를 순회하면서 지방법원 판사와 함께 항소법원을 구성해서 사건을 처리하게 한 순회재판제도가 힘들었을 것이다. 1801년 법원조직법이 개정되어 대법관들은 순회재판의 부담을 일시적으로 덜 수 있었는데(1802년 3월 제퍼슨 대통령 취임 후 의회는 이 법을 폐지하고 대법관의 순회재판제도를 부활시켰다), 이 법률이 드라마틱한 마버리 재판의 시작이었다.

연방 헌법이 제정되고 연방주의자 워싱턴과 애덤스가 잇달아 집권했으나, 내부적으로 재무장관 해밀턴을 중심으로 강력한 중앙정부와 중상주의를 주장하는 연방파Federalists와 국무장관 제퍼슨을 중심으로 약한 중앙정부와 중농주의를 주장하는 공화파Republicans가 대립했다. 가난한 상인의 아들로 태어나서 독학으로 자수성가한 해밀턴은 대통령이 강력한 힘을 바탕으로 중상주의 정책을 적극적으로 추진해 상공업을 발전시키고, 부유하고 유력한 엘리트들이 나라를 다스려 국가의 안정과 사회질서를 보장하는 것이 중요하다고 주장했다. 반면 버지니아 농장주의 아들로 태어나 최고의 교육을 받고 독립선언서의 작성자로 명성을 떨친 제퍼슨은 상인들을 비롯한 도시 엘리트의 정치가 아니라 적절하게 교육받은 자경 농민 등의 일반 대중과 각 주가 자치적으로 사회를 다스려야 하고, 대통령을 비롯한 연방 정부는 헌법이 규정하는 범위 내에서 제한적으로 권력을 행사해야 한다고 주장했다.

1796년 이미 두 번의 임기를 마친 워싱턴이 출마하지 않자 연방파 애덤스와 공화파 제퍼슨이 출마했는데, 애덤스가 가까스로 승리해 제2대 대통령으로 취임했다. 연방파와 공화파는 4년 동안 치열하게 대립했으며, 1800년 치러진 대통령선거에서는 제퍼슨이 승리했다. 연방 의회도 공화파가 다수당을 차지하면서 초기 미국에서 평화적 정권교체가 이루어졌다. 레임덕에 빠진 연방파는 종신직 판사들로 구성된 사법부를 계속 영향권에 둠으로써 공화파가 차지한 행정부와 의회를 견제하기 바랐다.

새 대통령과 의원들의 임기가 시작되기 전인 1801년 2월 13일 아직 다수당인 연방파는 연방 사법체제의 결점을 개선하기 위해 법원조직법을 개정했다. 1801년 개정된 법원조직법은, 대법관들을 고된 순회재판 업무에서 해방시켜주고, 순회판사 16명을 임명해 신설되는 6개 순회법원에 배치하고, 순회재판 업무가 없어진 대법관의 총인원은 결원이 되는 경우 6명에서 5명으로 줄이기로 규정했다. 그러나 공화파는 이 법이 제퍼슨 차기 대통령의 대법관 지명권을 막고 애덤스가 연방파를 지지하는 인물을 판사로 지명하기 위한 부당한 정치 술책이라고 비난했다. 나아가 의회는 애덤스의 임기가 채 일주일도 남지 않은 2월 27일 임기 5년의 치안판사 42명의 임명권을 대통령에게 주는 콜럼비아특별구 Washington. D. C. 법원조직법을 제정했다. 한편, 대법원장 엘스워드가 사임하자, 1월 27일 의회의 동의를 거쳐 국무장관 존 마셜John Marshall이 2월 27일 대법원장으로 취임했다.

판사 임명자
마버리의 제소

법원조직법이 통과되자 애덤스는 임기 종료 이틀 전인 3월 2일 연방파 인사 42명을 치안판사로 임명하고, 다음 날 의회는 판사 임명을 승인했 다. 이렇게 임기 종료 직전에 임명된 판사들은 '심야판사midnight judges' 로 불렸다. 애덤스는 판사 임명장에 서명했고 당시 국무장관과 대법원장 을 겸임하고 있던 마셜이 그 아래에 부서하고 임명장을 봉인했으나, 정 권교체 업무로 분주했던지 3월 3일 자정까지 4명에게 임명장이 전달되 지 못했다. 다음 날 대통령에 취임한 제퍼슨은 신임 국무장관 매디슨에 게 임명장을 보내지 말라고 지시했다. 콜럼비아특별구 법원조직법에 따 르면 대통령은 법관 임명 인원을 결정할 권한이 있었는데, 제퍼슨은 치 안판사 수를 30명으로 줄임으로써 이미 임명된 42명 중에서 25명과 새 로 지명하는 5명을 치안판사로 임명했다. 재임명되지 못한 17명의 입장 에서 볼 때, 제퍼슨의 결정은 의회 승인까지 얻은 임명을 철회한 불법적 인 정치행위였다. 임명장을 전달받지 못한 윌리엄 마버리William Marbury 도 그중 한 사람이었다.

마버리는 재임명되지 못한 3명과 함께 1801년 12월 치안판사로 임 명받을 권리가 있는데 국무장관 매디슨이 임명장 전달을 거부함으로써 그 권리를 침해했다고 주장했다. 그들은 연방 대법원에 매디슨을 상대로 자신들에게 판사 임명장을 전달할 것을 명령하는 '직무 집행 영장(Writ of Mandamus, 법원이 공무원에게 법률이 정한 특정한 행위를 할 것을 명하는 영장)'을 청구하는 소송을 제기했다. 보통 소송은 하급 법원에서부터 단 계를 밟아 연방 대법원에 올라오지만, 마버리는 마셜 대법원장이 연방파

마버리 대 매디슨 재판 문서 | 간략하게 요약하자면 미국 최초의 여야 정권 교체 과정에서 의회 건물에 세 들어 살던 대법원이 집주인 의회가 만든 법률을 헌법의 이름으로 찢어버린 사건이다. 이 판결을 시작으로 사법심사가 전 세계에 널리 퍼졌다.

로서 정치적 성향이 비슷한 자신을 위해 신속하게 판결을 선고하리라고 기대했다. 이 소송에서 마버리는, 연방 헌법 제3조에서는 대법원에 대사·공사·영사에 관한 사건과 주state가 당사자인 사건의 제1심 관할권을 주고 있으나, 법원조직법 제13조에 따라 대법원이 제1심으로 제기된 소송에서도 공무원인 국무장관에게 영장을 발부할 권한이 있다고 주장했다.

마셜 대법원장을 비롯해 연방파 인사로 구성된 연방 대법원은 진퇴양난에 빠졌다. 마버리의 손을 들어줄 경우, 제퍼슨 행정부가 연방 대법원의 결정을 무시하는 사태로 인해 사법부의 권위가 떨어질 수 있고, 나아가 법률로 대법원의 권한을 축소하거나 대법관들을 탄핵할 수 있었다.

그 반대의 경우, 국무장관 마셜의 실수를 인정하며 제퍼슨 대통령의 권한 남용을 막지 못하고 사법부가 행정부 권력에 굴복해 위상을 떨어뜨리고 연방파의 정치적 영향력이 크게 줄어들 가능성이 있었다.

공화파가 주도하는 의회가 법률로서 1801년 12월부터 1803년 1월까지 대법원의 회기를 폐지했으므로 그때까지 연방 대법원은 사건을 심리하지 못했다. 매디슨 국무장관은 임명장이 제대로 작성되어 보내졌는지 확인하는 증거조사에 협조하지 않았을 뿐 아니라 법정에도 출석하지 않았다. 연방 대법원은 1803년 2월 11일 마버리 측 변호사의 주장만 듣고 심리를 마친 후 2월 24일 대법관들이(2명은 심리와 판결에 관여하지 않아서 대법원장을 비롯한 대법관 4명이 참여했다)의 일치된 의견으로 판결을 선고했다. 연방 대법원은 이 사건을 제1심으로 심리해 영장을 발부하는 것은 헌법상 허용되지 않는다는 이유로 원고들의 청구를 받아들이지 않았다. 이 판결은 치밀하고도 명확한 논리로 사법부에 스스로 사법심사권을 부여하는 것이어서 충격적인 것이었다.

마셜 대법원장이 작성한 판결문에 따르면 재판의 쟁점과 법원의 판단은 다음과 같다.

첫째, 마버리는 임명장을 받을 권리가 있는가? 대통령이 임명장에 서명하고 장관이 부서했을 때, 판사 임명은 완성되었다.

둘째, 권리가 침해되었다면 법률상 구제는 가능한가? 판사 임명은 정치적 사안이 아니라서 행정부에 재량이 없고, 법에 따른 구체적 의무를 이행하는 것이다. 권리를 침해받은 마버리에게 직무 집행 명령이 허용되어야 한다.

셋째, 대법원이 제1심 관할 법원으로 직무 집행 명령을 발부할 수 있는가? 법원조직법 제13조는 공무원에게 직무 집행 명령을 발하는 것을 대법원의 제1심 관할로 인정한다. 그러나 헌법 제3조는 대법원의 제1심 관할 사건을 열거하고 있으므로 의회가 법률로 이를 확장하는 것은 헌법에 위반된다. 대법원은 위헌 법률을 무효로 선언할 권한이 있다.

법원은 위헌 법률을
무효화할 권한이 있는가

연방 대법원이 정리한 쟁점에 대해 법적으로 많은 논쟁과 비판이 있다. 여기서는 사법부가 법률에 대한 사법심사권을 가지고 있는지, 즉 법원의 위헌법률심사권에 관해 판단한 부분만 살펴보고자 한다.

헌법에 위배되는 법률이 국가의 법률이 될 수 있는가 하는 질문은 미국에 매우 의미 있는 질문이다. 헌법이 가장 우월한 최고법이라면 일상적 방법으로 변경될 수 없으며, 또한 일반적인 의회 제정법과 같다면 다른 법률처럼 입법부가 수정하고자 할 때 수정할 수 있다. 만약 전자가 참되다면, 헌법에 어긋나는 의회 제정법은 법률이 아니다. 만약 후자가 참이라면, 성문화된 헌법은 국민의 입장에서 볼 때 성격상 제한할 수 없는 권력을 제한하려는 기이한 시도라 할 수 있다.

분명히 성문헌법을 제정한 모든 사람은 헌법을 국가의 가장 근본적인 최고법이라고 간주했으며, 따라서 이와 같은 모든 정부 이론에 따르면 헌법에 위배되는 입법부의 제정법은 무효다. 이 이론은 본질적으로 성문헌법에서 유래하며, 따라서 본 법원은 이 이론을 우리 사회의 근본원리 중 하나로 간주한다. 그러므로 이 문제에 관한 이후의 논의는 이것을 묵과해서는 안 된다.

단호히 말하건대, 어떤 것이 법인가를 선언할 수 있는 권한은 사법부의 영역이자 본분이다. 특정 사건에 규칙을 적용하는 사람은 필연적으로 그 규칙을 설명하고 해석해야 한다. 만약 두 법률이 상충한다면 법원은 반드시 각 법률의 시행 여부를 결정해야 한다. 만약 어떤 법률이 헌법에 대립하고 그 법률과 헌법이 특정 사건에 적용된다면, 법원은 헌법을 무시하고 법률에 맞게 사건을 결정하거나 법률을 무시하고 헌법에 맞게 사건을 결정해야 한다. 법원은 상충하는 규칙 중 어떤 규칙이 사건을 좌우하는지 결정해야 한다. 이것이 바로 사법부가 지닌 책무의 본질이다.[3]

마셜 대법원장은 권력분립의 원칙, 헌법과 일반 법률의 관계, 사법부의 본질과 임무에 대해 논증하면서 사법부 최고의 권한인 사법심사권이 있음을 선언하고 행사했다. 특히 연방 대법원이 법원조직법에 의거해 부여받은 행정부 공무원에 대한 영장 발부 권한을 부정하면서까지 사법심사권을 행사했다는 것은 역설적이면서도 의미가 깊다.

마셜이 이끄는 대법원은 제퍼슨 행정부의 권한 남용을 지적하면서도 마버리의 손을 들어주지 않아 행정부의 정면 공격도 받지 않고 여론의 지지를 받았다. 그러면서도 사법심사권을 확보하게 되었으니, '되로 주고 말로 받은' 격이다. 그러나 유명한 변호사로서 '삼권 대등심사' 이론을 지지하는 제퍼슨 대통령에게 연방과 마셜의 논리는 지극히 정치적인 데다가 법적으로도 부당했다. 제퍼슨은 어느 판사에게 보낸 편지에서 이렇게 비판한 적이 있다.

이 견해에 따르게 되면 헌법이 삼부 중 단 한 부에만 다른 부에 대해 지시할 권한을 부여했고, 그것도 국민에 의해 선출되지도 않았으며 국민에 대해 책임지지도 않는 부에 부여했다는 결론이 될 것입니다. 이렇게 된다면 헌법은 사법부의 손에 맡겨진 밀랍과 같아서 그들이 마음대로 주무르고 비틀어 그들이 원하는 어떤 것으로도 만들 수 있게 될 것입니다.[4]

위대한 대법원장 마셜

200년의 미국 연방 대법원 역사에서 가장 훌륭한 대법관은 누구일까? 예외 없이 '위대한 대법원장The Great Chief Justice' 마셜을 손꼽는다. 애덤스 대통령은 "미국 인민에게 내가 준 존 마셜이란 선물은 내 생애 가장 자랑스러운 것이었다"라고 했으며, 올리버 웬들 홈스Oliver Wendell Holmes 대법관은 "만일 미국의 법을 단 한 인물로 대표한다면, 회의주의자나 숭배자 어느 쪽이든 논란 없이 한 사람을 드는 데 동의할 것이다. 바로 그가 존 마셜이다"라고 극찬했다.

마셜은 1755년 영국 식민지였던 버지니아에서 태어났다. 버지니아에서 유력한 인사였던 아버지는 이웃인 워싱턴과 친했으며, 서부 변경 지역으로 이사해 보안관, 치안판사 및 버지니아주 의원을 지냈다. 마셜은 정규교육을 많이 받지는 않았지만 아버지와 가정교사로부터 역사, 문학과 고전을 배웠다. 독립전쟁이 일어나자 군에 입대해 21~25세까지 여러 전투에서 싸웠으며, 대륙회의의 장교를 거쳐 워싱턴 장군의 참모가 되었다. 이런 군대 경험으로 마셜은 연방의 단합에 대한 신념과 미국에

대한 충성심을 갖게 되었다.

그는 1780년 군에서 제대한 후 3개월 동안 법학을 공부했다. 1780년 8월 버지니아주 변호사 시험에 합격해 주지사인 제퍼슨으로부터 변호사 허가장을 받았다. 1796년까지 변호사로 활동했던 그는 1782년 버지니아주 의원에 당선되어 활발하게 정치 활동을 했으며, 연방 헌법안이 버지니아주에서 비준되도록 노력했다. 그의 정치적 입장은 연방 정부 수립을 열렬히 지지하는 연방파였는데, 반연방주의자들에 맞선 정치 경력에서 분석적이고 논리 정연한 언변으로 명성을 쌓았다. 그는 워싱턴의 권유로 1799년 연방 하원 의원에 출마해 당선되었고, 1800년 국무장관을 거쳐 이듬해 대법원장으로 임명되었다.

마셜은 1835년 사망할 때까지 34년 동안 연방 대법원장으로 재직했다. 그는 겸손하고 온화했으며, 핵심을 찾아내고 설득력 있는 논리로 동료 대법관들과 화합하고 합의를 이끌어냈다. 재임 기간 중 1,000여 건의 판결을 선고했는데, 이 중 8회만 소수 의견에 가담했다. 판결문의 절반을 직접 작성했을 정도로 마셜은 법관으로서의 능력도 탁월했다.

마버리 재판에서 연방 대법원장 마셜은 정치적으로 어려운 환경에서 사법심사권을 주장했다. 사법심사권은 헌법에 명문 규정이 없음에도 불구하고 200년 동안 행사되고 지지되었다. 사법부 내부의 권한 문제이자 경제·사회적으로 큰 영향을 미치지 않는 사건에서 사법심사권을 주장한 점에서 마셜의 지혜를 엿볼 수 있다. 마셜은 마버리 재판 이후 연방 법률에 대해 위헌심사권을 전혀 행사하지 않았다.

역사의 법정에서

마셜 대법원장이 주장한 '사법심사이론'이 등장하게 된 배경은 무엇일까? 당시 미국인들은 영국에 맞서 싸워 독립을 쟁취하는 과정에서 정부의 권력을 제한함으로써 개인의 자유와 권리가 보장될 수 있음을 뼈저리게 느꼈다. 그리고 영국과 달리 최고법으로 연방 헌법을 제정하면서 법률과의 차이가 드러났고, 연방 의회 또는 주 의회가 당파의 이익에 따라 법률을 만들자 입법권을 견제해야 한다는 목소리가 높았다. 주 대법원은 명문 규정이 없음에도 법률은 좀 더 높은 차원의 원리에 부합해야 한다는 고차법Higher Law 사상에 따라 주 법률이 주 헌법에 위배되는 경우, 위헌 결정을 하지는 않았지만 적용을 거부했다. 그런데 연방 대법관들은 종신직인 데다 보수도 안정적이어서 독립성이 보장되었다. 앞에서 보았듯이 여러 이론이 대립했지만, 가장 비정치적이고 위험성이 적은 사법부가 전문적인 법 해석으로 입법부를 견제하고 자유와 권리를 보장하는 방안이 정당하다는 생각이 널리 퍼지고 승인되었다.

'마버리 재판'은 논쟁이 되는 '사법심사권'의 문제 외에 법적으로 다른 문제가 없는가? 세세한 문제를 제외하더라도, 마셜 대법원장이 제척되거나 회피하지 않고 재판에 참여했다는 것은 심각한 사안이다. 사실, 마셜은 마버리의 임명장에 서명했고 그 전달을 책임지는 국무장관이었으며, 소송의 원인이 된 사태에 관련되었으므로 스스로 회피했어야 할 이유가 충분했다. 다만, 대법관 2명이 처음부터 재판에 참여하지 않았으므로 대법원장까지 빠지는 것은 여러모로 힘들었을 것이다. 제퍼슨 행정부와 입법부가 대법원의 개정기를 임의로 없애버리는 등 당시 상황에 비추어볼 때, 반대파들이 마셜의 '회피'를 문제 삼지 않는 것은 이해된다. 후대 법학자들에게는 검토하고 비판할 여지가 있겠으나, 당시 시대적 상황이나 사법부의 경험 부족과 헌법이론 수준에서 보면 마셜이 사법심사를 정당화한 논리는 획기적인 것이었다.

미국 헌정사에서 '마버리 재판'은 어떻게 평가되는가? 행정부의 잘못을 지적하면서도 결과를 뒤집지 않았고, 대법원의 법률상 권한을 부인하면서 헌법적인 사법심사권을 얻었다. 이런 점에서 '총칼 없이 이루어진 사법부의 쿠데타'는 성공할 수 있었으며, 정치적으로나 법적으로 현명하고 지혜로운 재판이었다. 마셜 대법원장의 논리는 권력분립과 연방주의와 기본권의 보장 등 연방 헌법의 원리를 사법적 차원에서 구현하는 데 중요한 이론을 제공했다. 이 판결로 대법원은 헌법에 명시되지 않은 '사법심사권'을 가지고 의회와 행정부를 견제함과 동시에 권력분립의 한 축이자 헌법의 지킴이로서의 지위를 확립했다. 또한 연방 대법원은 '사법심사'를 통해 각 주의 분열을 억제함으로써 국가적 통합을 이루었고,

국민의 기본권을 보호하고 실질적인 법의 지배를 구현했다.

　헌법이 성문화되고 최고 규범인 헌법이 법률보다 우위에 있다는 사고방식이 확립되면, 법률에 대한 사법부의 위헌심사는 헌법에 명시적으로 규정되지 않더라도 피할 수 없다. 세계 헌정사상 처음으로 미국 연방 대법원은 '마버리 재판'에서 법원의 위헌심사권을 주장했고, 이 이론은 우리나라를 포함한 동서양의 모든 국가의 사법제도에 많은 영향을 끼쳤다. 유럽에서는 의회가 만든 법률이 국민들의 일반적 의사를 대변하고, 의회는 선거에 의해 민주적 정당성이 부여된다는 점을 들어 사법부의 위헌심사권을 반대했다. 그러나 제2차 세계대전을 전후해 독재와 국가권력의 남용과 부패를 막으려면 사법부가 위헌심사권을 가져야 한다는 이론이 널리 받아들여지면서, 대부분 나라가 헌법에서 명확히 규정하고 있다. 다만, 미국처럼 일반 법원에서 심사하는 경우와 독일처럼 일반 법원과 다른 헌법재판소에서 심사하는 경우로 나뉘어 있다.

우리나라의 경우 국회가 제정한 법률에 대한 최종적인 위헌심사는 헌법재판소가 담당한다. 또한 헌법재판소는 대통령 등 주요 공무원에 대한 탄핵심판권과 위헌정당에 대한 해산심판권 등을 가진다. 헌법재판소가 헌법재판을 통해 이 권한을 행사할 때마다 수많은 논쟁과 갈등이 있었는데, 김진한 교수는 그 원인을 이렇게 분석한다.

- 헌법재판은 권력을 대상으로 하는 재판이면서도 그 권력을 복종시킬 수 있는 실질적인 강제력이 없다.
- 헌법의 규정은 매우 성글게 되어 있기에 그 헌법으로 하는 헌법재판은 민주주의 원칙과 심각한 갈등이 있다.
- 독립성이 가장 필요한 재판이지만, 권력이 가장 유혹하고 싶어 하는 재판이어서 독립성이 항상 위협받는다.
- 재판부 스스로 자의적 재판의 유혹에 심각하게 노출되어 있다.

이렇듯 한계가 있음에도 불구하고 권력을 통제하고 국민들의 자유와 권리를 보호하기 위해 위헌법률심사를 비롯한 헌법재판은 꼭 필요하고 정당하게 행사되어야 한다. 세계 최초로 사법심사권이 인정되었고 200년 동안 행사된 미국에서 이 제도가 성공적으로 정착한 데는 다음과 같은 이유가 있었다.

- 공익을 위해 활동하는 적극적이고 정치적인 성향의 변호사가 많다.
- 자신의 양심에 따라 기존의 법 원칙이나 정치적 결정에 변동을 가하는 것을 두려워하지 않는 적극적인 판사가 존재한다.
- 순수한 사회운동이 존재하고, 그 가치관이 일부 판사들에게 공유되

고 있다.

• 일정한 사회변동을 초래하는 판결을 권력 엘리트들이 거부하지 않
고 받아들인다.[5]

미국에서는 각종 인권단체와 시민단체가 의회의 입법 과정과 연방
대법원의 재판 과정에 영향력을 행사해 자신들의 이념을 구현하고 이익
을 넓히려고 노력한다. 미국 연방 대법원이 시대정신의 흐름에 뒤처지지
않은 결론을 낸 데에는 시민들의 적극적인 정치·사법 참여가 밑거름이
되었다. 위헌 판결이 선고되면 언론은 대대적으로 자세히 보도하고, 의
원들(약 3분의 1이 변호사)도 개개인이 신문에 기고하거나 방송에 출연해
서 깊이 있게 논평하고 있다.

처음부터 완벽한 제도는 없을 것이다. 무엇보다 법의 정신을 구현하
고 운영하는 바탕은 국민들의 굳은 의지이며, 지도자들의 겸허한 지혜
다. 모름지기 권력을 위임받은 사람들은 국민의 자유와 행복을 위해 헌
법이 부여한 권한을 적절하게 행사하고 책무를 성실하게 이행해야 할 것
이다.

9

인종적 소수자에 대한
차별은 정당한가?

연방 대법관 로저 태니,
그의 판결은 인종주의를 더욱 공고히 했다.

드레드 스콧 재판

_1857, 미국

자유를 위해 투쟁했던 흑인 노예 드레드 스콧,
그는 끝내 자유를 얻었다.

시간과 법정

1857년, 미국 연방 대법원

사건 당사자

드레드 스콧Dred Scott VS. 존 샌포드John Sandford

재판의 쟁점

• 주 법률에 따라 노예의 신분에서 벗어난 흑인은 완전한 시민권자인가?
• 노예제 확산을 저지하는 법률은 헌법에 위반되므로 무효인가?

재판의 결론

• 흑인은 주 법률과 관계없이 연방 헌법에 따른 시민권자가 아니다.
• 시민에게 재산인 노예를 소유하지 못하게 금지하는 것은 위헌이다.

역사적 질문

인종적 소수자에 대한 차별은 어떻게 정당화되었는가?

조선시대
노비 소송 이야기

2010년에 방영된 드라마 〈추노〉를 재미있게 본 기억이 있다. 도망간 노비를 잡아오는 것을 추노推奴라 한다. 한 '추노꾼'에 얽힌 이야기와 사랑을 그린 〈추노〉는 궁중 비화나 당파 싸움과 전쟁을 소재로 한 역사 드라마와 달랐다. 무엇보다 비참한 노비들의 처지를 잘 보여준 것이 인상적이었다.

　　조선시대 초기에 노비, 즉 천민 신분의 인구 비율은 학자들마다 다소 차이가 있지만 최소한 30% 이상이라고 한다. 임진왜란과 병자호란 이후 양민과 천민을 구분하는 신분제가 흔들리면서 노비들은 곡물을 내거나 군역軍役으로 천민 신분에서 벗어났고, 아예 멀리 도망가서 양민 행세를 하는 경우도 많았다. 조선 후기 노비의 수가 크게 줄어들면서 주인들은 도망간 노비들을 되찾기 위해, 노비들은 양인 신분을 얻거나 지키기 위해 관청의 문을 두드렸는데, 바로 이것이 '노비 소송'이다.

　　임상혁 교수가 쓴 《나는 노비로소이다》를 보면, 1586년 나주 목사 김성일이 재판한 노비 소송의 실상을 자세히 알 수 있다. 이지도李止道가 여든의 노파 다물사리多勿沙里를 상대로 그의 딸 인이仁伊가 자기 집안 노비이므로 돌려달라는 소송을 제기했다. 이 사건의 쟁점은 피고 다물사리가 양인인가 아니면 노비인가 하는 점이었다. 여기서 특이하게 다물사리는 스스로 노비임을 주장했다. 이 과정에서 극적인 반전을 거쳐 진실이 드러났고 결국 이지도가 승소했다. 다물사리는 원래 양인이었지만 사노비와 혼인함으로써 그녀의 자손들은 모두 노비의 신분이 되었다. 그녀는 자신의 아버지가 성균관 소속의 공노비였다고 거짓 주장을 하면서 자신과 딸 인이는 이지도 집안의 사노비가 아니라고 부인했다. 같은 노비 신분이더라도 공노비가 사노비에 비해 좀 더 처우가 나았기 때문에 이렇게 변명한 것이었다.

노비는 평생 노동력과 재물을 바쳤기에 주인 입장에서는 노비제도가 더할 나위 없이 좋았지만, 노비로서는 벗어나고 싶은 굴레였다. 우리나라에서는 1801년 순조 때 공노비가 해방되었고, 1894년 고종 때 갑오개혁으로 신분제가 철폐되었다. 오늘날 자기 조상이 노비였다고 기억하는 사람은 아마도 없을 것이다.

여기서 순조가 공노비를 해방하면서 백성들에게 알린 글을 읽어보자.

하물며 임금으로서 백성을 대하게 되면, 귀천도 없고 내외도 없이 고르게 어린 자식인 것인데, 노奴라고 하고 비婢라고 구별해서야 어찌 한결같이 동포로 본다는 의리가 되겠는가. 내노비內奴婢 36,947구口와 시노비寺奴婢 29,093구를 모두 양민이 되도록 하라. 그에 맞춰 승정원은 노비안을 모아다가 돈화문 밖에서 불태우도록 하며, 신공이 경비로 쓰였던 것은 장용영에서 대신 지급하도록 법제화한다. 아, 내 어찌 감히 은혜를 베푼다고 말할 수 있겠는가? 특별히 선왕들께서 뜻을 두었다가 미처 마치지 못하신 사업을 다듬어 실현했을 뿐이거늘,

이제부터는 오로지 천년만년 제 터전에서 편안히 살면서 선산을 지키고, 제때 혼인해 자식을 낳아 늘리며, 농사를 잘 지어 기쁘게 놀면서 노래를 부르라.[1]

영국 식민지 시대와
연방 헌법상 흑인 노예 제도

1619년 영국 노예상인이 흑인 20여 명을 버지니아주 제임스타운에 데려오면서 영국령 아메리카 대륙에 흑인 노예시대가 시작되었다. 흑인들은 처음에는 4~6년간 일하는 '계약 하인'이었으나, 17세기 중반부터는 아예 자식들에게까지 세습되는 노예 상태로 일하게 되었다. 영국에서 오는 백인 실업자가 줄어들고 노예무역이 활발해지면서 노예의 가격이 떨어졌다. 남부의 플랜테이션 농장주들은 아프리카에서 온 흑인 노예를 부려 쌀·담배·면화 등을 재배했다. 북부에서는 노예들이 기능공 또는 개인적인 가내 하인으로서 일하거나, 단순한 농장 일을 도맡았다.

18세기 초까지 식민지 의회 대부분은 흑인들을 통제하는 '흑인 단속법Black Codes'을 제정했다. 이로 인해 흑인들은 상업 활동, 재산 소유권, 정치적 행사 참가, 허가 없는 여행, 법적인 결혼이나 친권 등을 행사할 수 없게 되었다. 흑인은 인간의 권리로서 거의 모든 것을 박탈당한 채 오직 움직이는 재산으로 백인 사회를 위해 희생하도록 강요당했다. 하지만 흑인 노예들이 이런 강압적인 정책에 순순히 따르지만은 않았다. 많은 노예가 혹독한 생활을 견디다 못해 도망치기 일쑤였고, 물건을 훔치거나 주인을 살해하기도 했다. 백인들은 이런 노예에 대해서는 거세하거

뉴올리언스의 노예 경매 | 1842년 미국에서 가장 활발한 노예 시장은 뉴올리언스에서 열렸다. 1790년 미국 남부에서는 1년에 1,000톤의 면화가 생산되었는데, 1860년에는 100만 톤에 이르렀다. 면화는 흑인 노예들의 피, 땀, 눈물 그 자체였다.

나 심한 매질로 엄히 처벌했으며, 흑인들 사이에 반란의 음모가 발각되면 가차 없이 고문하고 교수형에 처했다.

흑인 노예들은 1700년에는 약 2만 5,000명, 1760년에는 약 25만 명, 영국과의 독립전쟁이 한창일 무렵에는 50만 명에 달했다. 미국의 독립운동 당시 상공업과 금융이 발달해서 노예가 크게 필요하지 않은 북부의 주들은 대체로 노예제도에 부정적이었다. 반면 노예의 노동력으로 담배와 면화를 재배하면서 귀족적 상류사회를 유지한 남부 주들은 노예제도를 지지했다. 독립 직후 뉴욕주를 포함한 북부 주들은 노예제도를 폐지하고, 버지니아주를 비롯한 남부 주들은 노예제도를 유지하면서 남북의 갈등이 더욱 깊어갔다.

1787년 자유와 평등을 기본 정신으로 한 미국 연방 헌법이 제정되었다. 그렇지만 노예제도를 놓고 대립하다가, 북부는 연방을 건설하려면 노예제도를 용인해주어야 한다는 남부의 요구를 받아들여 다음과 같이 타협했다. 세금 부과와 선거인단 수를 계산할 때에 한해(일반적으로 흑인은 농장주의 재산이요, 말할 줄 아는 도구였다) 노예 1명을 백인 1명의 5분의 3으로 간주한다. 그리고 남부 노예제도의 기득권을 존중해 도망 노예는 원주인에게 돌려줄 의무가 있으며, 1808년 이후부터는 노예 수입을 금지하며 이는 헌법으로도 변경할 수 없다.

　이러한 미국 헌법이 친노예적 문서인지 아니면 반노예적 문서인지에 대해 논쟁이 있었다. 노예제도를 묵인하고 도망 노예의 송환 의무를 규정했으므로, 헌법이 노예제도를 사회·경제체제로 옹호하고 있다는 점을 부인할 수는 없다. 다만, 이렇게 타협하면서도 헌법 제정자들은 노예제도의 확산을 방지하고 점차 축소해나가려고 한 것으로 보인다. 1787년 연합의회는 오하이오강 이북과 5대호 이남의 새로운 영토에서는 노예제를 금지한다는 내용을 담은 '북서 영토법Northwest Ordinance'을 제정했는데, 이 법은 헌법 제정 이후 1789년 8월 연방 의회에서 재확인되었다. 1793년 연방 의회는 노예가 노예주에서 자유주로 도망하더라도 주인이 노예를 추적해 체포할 수 있도록 하는 '도망 노예법Fugitive Slave Act'을 제정했다. 결국 영토가 서부로 확장되고 면화 산업이 발전하면서 남부 지역의 사람들이 더 많은 땅과 노예를 필요로 하는 가운데 미국인들은 남부 지역에 한해 노예제도를 인정하고 전반적으로는 노예제도를 제한했던 것이다.

미주리 타협과
노예제도 폐지 운동

헌법에 따라 1808년부터 노예 수입이 금지되었으나, 1810년에서 1860
년 사이 미국의 노예 인구는 120만 명에서 390만 명으로 늘어났다. 이렇
게 노예의 수가 급격히 늘어난 것은 법적으로 노예 신분이 세습된 데다,
1830년 이후 노예해방이 거의 불가능하고 노예 매매를 합법적으로 허
용했기 때문이다. 유럽에서는 19세기에 들어서면서 점차 노예무역과 노
예제도가 폐지되었지만, 미국에서는 오히려 노예제도가 강화되면서 찬
반 논쟁도 치열해졌다. 북부 사람들은 남부를 노예제도에 의해 귀족주의
가 지탱되는 폐쇄적이고 정체된 사회라고 비난했다. 반면 남부 사람들은
북부에 대해 자본과 노동이 불화하는 불안한 사회라고 비판하며, 오히려
남부가 흑인 노예들을 자애롭게 대우한다고 강조했다.

노예제도를 둘러싸고 남부와 북부가 팽팽하게 대립하던 중, 1819년
노예제도가 정착된 미주리주가 연방 가입을 신청하면서 노예 문제가 다
시 수면 위로 떠올랐다. 당시 미국에는 노예제도를 반대하는 11개 주와
인정하는 11개 주가 있었으므로, 미주리의 연방 가입은 균형을 깨는 것
이었다. 이 문제는 예전 매사추세츠 북부 지역인 메인이 새롭게 연방 가
입을 신청하면서 돌파구가 마련되었다. 1820년 의회는 미주리(노예주)
와 메인(자유주)을 연방의 주로 받아들이고, 북위 36도 30분 위쪽의 모
든 지역에서 노예제도를 금지하는 법률을 제정했다. '미주리 타협Missouri
Compromise'으로 노예 문제는 잠시 수그러들었을 뿐, 언제 터질지 모르는
시한폭탄 같았다.

1831년 봄 의회는 '노예 문제 토론 종결 법안Gag Rule'을 제출해 노

예 문제가 의회에 제출되면 자동적으로 심의를 보류하려 했으나, 1830년대에 접어들면서 노예해방을 주장하는 언론과 정치 활동을 막을 수는 없었다. 점진적인 노예해방 정책을 미봉책이라고 비판한 윌리엄 개리슨 William Lloyd Garrison은 '미국 노예제 반대 협회American Anti-Slavery Society'를 조직하고 노예제도를 도덕적 죄악으로 간주하면서 노예제도의 즉각적인 폐지를 요구했다. 흑인 도망 노예 출신인 프레더릭 더글러스 Frederick Douglass는 자서전《미국 노예 프레더릭 더글러스의 인생 이야기 Narrative of the Life of Frederick Douglass, an American Slave》(1845)를 통해 노예제도의 파괴적인 해악을 생생하게 그렸으며, 노예제도를 반대하고 자유와 완전한 사회·경제적 평등을 주장했다. 웬들 필립스Wendell Phillips는 미국인들이 노예제도에 무관심한 것 자체가 범죄행위고, 남부가 노예제도를 포기하지 않을 경우 북부는 연방에서 탈퇴해야 하며 그렇지 않으면 노예해방을 믿는 사람들은 투표도 하지 않고 공직도 맡지 않아야 한다고 주장했다. 1852년 100만 부 이상 팔린 해리엇 비처 스토Harriet Beecher Stowe 여사의 소설《톰 아저씨의 오두막Uucle Tom's Cabin》은 노예 매매로 뿔뿔이 흩어진 일가족의 이야기를 눈물겹게 묘사해, 도덕과 자유정신에 바탕을 둔 노예제도 폐지론자Abolitionist의 주장을 대변하며 큰 반향을 불러일으켰다.

　여기서 북부에 기반을 둔 노예제도 폐지론자와 남부에 기반을 둔 노예제도 지지론자의 주장을 살펴보자. 노예제도 폐지론자들에 따르면, 미국 민주주의의 핵심은 모든 시민이 재산을 소유하고 스스로 자기 노동을 통제하면서 자기 계발의 기회를 보장하는 데 있다. 그렇다면 개인주의와 진보의 가치를 부인하는 남부는 폐쇄적이고 정체된 사회인 데다, 자유노동을 부정하고 노예제도를 확산시켜 자본주의의 개방성을 파괴한다. 이

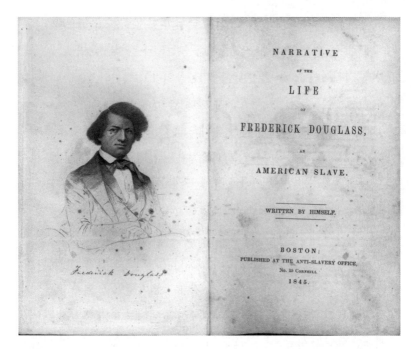

더글러스의 일생 | 1838년 노예제도에서 탈출한 더글러스는 노예제 폐지, 여성참정권, 시민권을 주제로 전국을 돌아다니며 강연하고 글을 썼다. 자서전이든 허구이든 탈출한 노예들의 이야기는 노예제도 폐지론자들에게 중요한 역할을 했다.

에 대해 노예제도 지지론자들은 선천적으로 열등하게 태어난 흑인이 백인과 함께 평화롭게 사는 방법은 백인이 흑인을 돌보면서 안전을 보장하는 데 있다고 주장했다. 따라서 자본주의적 탐욕으로 노예보다 열악한 지위에 있는 노동자들의 건강과 복지를 살피지 않고 노동력을 착취하면서도 언제든지 해고할 수 있는 북부는 정의롭지 못한 사회이다. 반면 남부는 세련되고 성숙한 문화생활을 하면서도 노예들이 늙고 병들 때까지 의식주를 제공하는 좋은 사회이다. 이렇듯 첨예하게 대립한 원인은 찬반론자 양측 모두가 이 문제를 개인의 윤리적 가치이자 국가의 근본 방향을 결정짓는 질문이라고 생각했기 때문이다.

미국이 멕시코와의 전쟁(1846~1848)에서 승리하고 캘리포니아 골드러시로 거대한 서부 영토를 획득하면서 준주(準州, 연방 헌법이 제정된 뒤 나중에 연방에 편입된 주) 지역의 노예제도를 둘러싸고 논쟁이 격화되었다. 1850년 의회는 캘리포니아를 노예제가 없는 주로 편입하고, 멕시코로부터 획득한 나머지 땅에는 노예제를 금지하지 않고 주의 자결권에 맡기기로 타협했다. 그러나 이런 노예제 확산 저지 정책은 1854년 미주리 타협에 따라 북위 36도 30분 위쪽 지역이라 노예제도가 허용될 수 없는 2개의 준주에서 주민의 의사에 따라 노예제 허용 여부를 결정하기로 하는 캔자스·네브라스카 법이 제정되면서 깨졌다. 그리고 1857년 대법원이 드레드 스콧 판결로 노예제 확산을 금지하는 연방법을 무효화하면서 노예제 폐지 운동에 대한 반발이 최고조에 달했다.

드레드 스콧의
노예해방 소송

흑인 드레드 스콧Dred Scott은 1795년 버지니아에서 노예의 아들로 태어났다. 스콧은 어렸을 때 노예제도가 허용된 미주리주에서 육군 군의관 존 에머슨John Emerson의 노예로 일했다. 1833년 에머슨이 자유주인 일리노이에 있는 군사기지로 전속되었을 때 함께 이주했고, 그곳에서 주인의 허락을 받고 여자 노예와 혼인해 두 딸을 낳았다. 1836년 주인을 따라 미주리 타협에 의해 노예제가 없는 지역으로 선언된 위스콘신 준주로 이주해 4년간 거주했다. 1838년 군에서 퇴역한 에머슨이 얼마 후 다시 미주리주에 정착하자 스콧도 돌아왔다. 1843년 에머슨이 사망하자 부인 아이린Irene을 위해 일하다가, 아이린에게 돈과 자유를 바꾸자는 제안을 했으나 거절당했다. 스콧은 1846년 4월 세인트루이스 순회재판소에 노예 신분을 벗겨달라는 '해방 소송freedom suit'을 제기했다. 당시 미주리주 법에는 자유주에 잠시라도 거주했던 노예는 자동적으로 자유 시민이 된다는 조항이 있었다.

재판은 이러저러한 법적 문제로 미루어지다 1850년 1월 법원은 미주리주 법률과 그동안 판례에 따라 스콧이 자유인이라고 판결했다. 그러자 아이린이 미주리주 대법원에 상소했는데, 재판이 열리기까지 몇 년이 걸렸다. 주 대법원은 1830년대 이후 등장한 노예제 폐지론자들의 주장과 이에 대한 남부 사람들의 강력한 대응 조치 요구를 심각하게 의식했다. 이런 분위기 속에서 주 대법원은 1852년 3월, 원심 판결을 파기하고 스콧이 노예임을 인정했다. 법원은 "현재는 이 주제에 대한 이전의 사건들이 결정되었을 때와 다르다. 개인뿐만 아니라 주들은 노예제와 관련해 흉악하고 파괴적인 정신에 사로잡혀 있으며, 그 필연적인 결과는 우리 정부의 전복과 파괴가 될 것이다"라고 설명했다.

1852년 아이린이 재혼하면서 뉴욕주에 사는 그녀의 동생 샌포드가 에머슨이 남긴 유산의 유언 집행인이 되었다. 스콧은 1853년 연방 지방법원에 자신은 미주리주의 해방된 시민인데 다른 주에 거주하는 샌포드에 의해 부당하게 억류되었으니 노예 상태에서 풀어달라는 소송을 냈다. 재판부는 스콧이 연방 법원에 제소할 수 있다는 점을 인정하면서도, 미주리주에 거주하는 그를 미주리주 법에 따라 다시 노예 신분으로 인정했다.

스콧은 여기에 굴하지 않고 상소했고 1856년 사건을 연방 대법원까지 끌고 가는 데 성공했다. 스콧은 에머슨이 자기 가족을 노예제도가 금지된 일리노이주로 데리고 간 시점에 이미 노예의 지위에서 벗어났다고 주장했다. 이에 대해 샌포드는 주인이 피치 못할 사정으로 노예를 노예제도가 금지된 지역으로 데려가는 경우까지 의회가 간섭하는 것은 개인의 재산 소유권에 대한 침해라고 주장했다. 그리고 스콧은 노예이지 미국 시민이 아니므로 연방 법원에 소송을 제기할 자격이 없다고 역설했다.

그동안 연방 대법원은 노예 문제를 매우 민감한 사안으로 여겨 정면으로 다루는 것을 피해왔다. 따라서 이번에도 미주리주 대법원의 결정을 그대로 확인해 노예 신분을 인정하거나, 아니면 스콧이 미주리주에 돌아왔을 때 미주리주 법이 적용되어 연방 문제(주와 주 사이의 다툼에 관한 분쟁)가 아니므로 연방 법원의 관할이 아니라고 판시할 수 있었다. 그러나 로저 태니Roger B. Taney 대법원장이 이끄는 연방 대법원은 그동안의 소극적인 자세에서 벗어나 노예제도를 인정하는 취지로 판결했다.

흑인은
연방 헌법이 규정하는
시민권자인가

행정부의 지도력도 무너지고 입법부도 지역 간 분쟁으로 다툼이 심한 가운데 미국인들은 사법부의 판단을 기다렸는데, 연방 대법원은 1857년 3월 6일 대법관(남부 출신이 다수였다) 9명 중 7명의 다수 의견으로 노예제도 유지론자의 손을 들어주었다. 다수 의견의 핵심은 이러했다. 스콧은 연방 헌법상 미주리주와 연방의 시민이 될 수 없으므로 연방 법원에 소송을 제기할 자격이 없다. 그러니 재판권이 없는 원심 연방 법원이 본안으로 나아가 판단한 것은 잘못이다.

태니 대법원장이 직접 쓴 판결문의 요지는 이랬다.

첫째, 흑인은 주의 법률에 의해 노예 신분이든 자유인 신분이든지 관계없이 연방 헌법이 규정하는 시민권자가 아니다(흑인 시민권의 문제). 스콧은 노예주에 돌아왔으므로 지역주의 원칙에 따라 미주리주 법률에 따라 신분이 결정되는데, 재산에 불과한 노예이므로 소송을 제기할 수 없다. 흑인은 미국의 연방 시민federal citizen도 미주리주 시민state citizen도 아니므로, 스콧은 신분에 관계없이 연방 법원에 소송을 제기할 자격이 없다. 어떤 흑인도 연방 헌법이 제정될 때 미국이라는 정치공동체의 구성원이 아니었으므로, 그 자손들도 연방 헌법이 규정하는 시민권을 가지고 있지 않다.

둘째, 연방 의회가 미주리 타협으로 위스콘신 준주를 자유주로 정해 시민에게 재산인 노예를 소유하지 못하게 금지하는 법률은 연방 헌법 제5조(적법절차 조항, Due Process of Law)에 위반되어 무효이므로, 스콧은 연방 법원에 소송을 낼 자격이 없다는 것이다(노예제 확산에 관한 연방 의회의 권한 문제). 그동안 '연방 의회가 준주의 자치권을 부정하고 준주에 노예제도를 부인하는 법률을 직접 제정할 수 있는지'에 대해 북부는 긍정하고 남부는 부정했는데, 대법원은 남부의 손을 들어주었다. 그리고 적법절차는 절차뿐만 아니라 법의 내용까지도 정당할 것을 요구하는데, 시민이 노예를 소유하는 것을 금지하는 법률은 재산권을 아무런 보상 없이 빼앗는 것으로 헌법에 위반된다고 판단했다.

둘째 문제는 복잡한 법적 문제이므로 넘어가고, 첫째 문제 중에서 스콧이 미주리주 시민인지의 여부도 미묘한 법적 문제인데, 가장 중요한 쟁점은 흑인인 스콧이 연방 헌법이 규정하는 시민권자인지의 여부다. 이것은 미국에서 노예제도를 인정할 것인지와 연결된다. 이에 대한 다수 의견은 다음과 같다.

우리 앞에 놓인 문제는 이 나라에 수입되어 팔려온 조상을 둔 흑인 계급이 주권국가의 구성원으로서 선출된 대표를 통해 정부를 운영하는 국민의 한 축을 이룰 수 있느냐 하는 것이다. 우리는 그렇지 않다고 생각한다. 흑인들은 헌법에서 시민이라는 어휘로 지칭한 계급에 포함되지 않으며 헌법이 제정될 당시 그들을 포함시킬 의도조차 없었기 때문에 그들은 미합중국 시민에게 보장하는 헌법상의 권리와 특권 가운데 어느 것도 주장할 자격이 없다.

우리의 독립선언서는 모든 인간은 동등하게 창조되었으며 창조주로부터 생명권, 자유권, 행복 추구권 등 양도할 수 없는 권리를 부여받았다고 선언하고 있어서 얼핏 보기에 마치 전 인류를 아우르는 것처럼 보인다. 그러나 선언서를 기획하고 채택한 이들이 노예가 된 아프리카인을 그 인간 속에 포함하려는 의도가 없었다는 사실은 너무나 명백해 논의할 가치조차 없다. 만에 하나 독립선언서의 집필자들이 그 문서 속에 규정한 인간에 흑인을 포함할 생각이었다고 해도 당시의 상식으로 보면 흑인은 선언서 속에서 주창했던 인간의 자격으로서 거론한 자질과 너무도 어울리지 않기 때문에 혹시라도 그런 의도가 알려졌다면 우리의 독립운동은 유럽 각국의 공감과 동정을 사기는커녕 웃음거리가 되어 면박과 배척을 받았을 것이다. 연방 헌법은 그 적용 대상이 어떤 종류의 인간인지, 어떤 인간이 헌법상의 시민이자 국민의 일원으로서 자격이 있는지에 대한 정의를 내리고 있지 않다. 왜냐하면 그 문제에 대한 이해와 합의가 당대에 너무도 확실해 더 이상 무슨 설명을 하거나 정의를 내릴 필요조차 없었기 때문이다.

흑인에게 권리나 특전을 부여한다는 것은 헌법 제정자들에게 상상할 수도 없는 일이었음이 분명하다. 대규모로 노예를 보유한 주들이 시민이라는 말 속에 노예도 포함된다고 간주했다고는 믿어지지 않는다. 이 주들은 노예들을 시민으로 환영하도록 강요하는 헌법이었다면 그 제정에 동의조차 하지 않았을 것이다.[2]

존 맥린John Mclean과 벤저민 커티스Benjamin Curtis 대법관은 다수 의견에 반대했다. 다음은 맥린 판사의 의견이다.

어떤 이들은 노예란 가축이나 재물과 마찬가지로 주인이 가는 곳이면 미국 내 어디라도 따라가야 하는 신세라고 주장한다. 그러나 노예는 단순한 재산이 아니다. 노예 역시 창조주의 손길이 닿은 인간으로, 신의 율법과 인간의 법률에 순응하는 불멸의 영혼을 가진 존재이다.

다수의 대법관은 의회가 통과시킨 미주리 타협을 무효라고 선언하고, 다수의 대법관은 유색인종은 미국 사회가 동의하는 구성원이 아니며 헌법의 맥락 속에서 시민으로 간주될 만한 자격을 갖추지 못했다고 주장한다. 이것은 법률 문구에 근거한다기보다는 인종차별에 동조하는 대법관 개인의 취향의 문제라고 본다. 본 법정은 유색인종이 한 주의 시민이 된다고 해도 연방 헌법의 관점에서 본 연방의 시민이 아니기 때문에 연방 법원에 소송을 제기할 자격이 없다고 강변한다. 그러나 헌법은 연방 재판권이 다른 주 출신의 시민들 사이에 행사될 수 있다고 분명히 선언하고 있다. 따라서 헌법의 내용이 너무나 명백할 때는 불필요한 논쟁을 중지해야 마땅하다.

미국의 독립은 자유의 역사 속에서 신기원을 이뤘고, 합중국 정부가 특별히 유색인종만을 위해 구성되었던 것은 아니었지만 정부 수립 당시 뉴잉글랜드주의 시민 중에는 흑인이 다수 포함되어 있었으며 그들은 투표권을 행사하기도 했다. 따라서 당시의 지성인이라면 누구라도 흑인의 조건과 처우는 시간이 지남에 따라 개선될 것이라고 믿어 의심치 않았다. 세계 역사의 암흑기로 눈을 돌려보면 흑인만이 노예였던 것도 아니다. 오늘 본 법정이 주장하는 것과 똑같은 논리와 원칙에 의해 백인들도 노예가 된 적이 있다. 피부색에 상관없이 모든 노예제도는 권력에 기인하고 있기 때문에 인간 본연의 권리에 반하는 것이다.[3]

남북전쟁과
노예해방

이 판결이 노예제도를 금지하는 북부 자유주의 권한을 빼앗은 것은 아니었으나, 연방 정부가 준주에서 노예제 문제를 결정할 권한이 없다고 함으로써 그동안의 논쟁에 마침표를 찍었다. 태니가 이끄는 연방 대법원은 당시 대통령 당선자 뷰캐넌으로부터 은밀하게 압력을 받은 상황에서 무능한 행정부와 파벌 싸움을 일삼는 입법부를 대신해서 사법부가 강력하고 단호하게 노예제 폐지론자의 주장을 거부함으로써 사법부의 권위로 국론을 통일하고 미국 사회가 평화를 누릴 수 있다고 판단했을 것이다. 그러나 이후 역사는 대법원의 뜻과는 정반대로 흘러갔다.

노예제 폐지론자들을 비롯한 북부 사람들은 스콧 판결이 노예주를 자유주에 침투시켜서 자유주마저도 노예주로 바꾸려는 남부의 비열한 음모에 사법부가 동조했다고 비난했다. 북부의 주들은 노예제를 확산하는 데 반대하고 개인의 자유권을 확장하는 '인신자유법Personal Liberty Laws'을 제정해서 판결에 정면으로 맞섰다. 예를 들면, 뉴욕주는 어떠한 형태, 어떠한 모습, 어떠한 기관이라도 주 경계선 안에서는 노예제를 허락하지 않을 것이라고 결정했다. 그러나 남부의 노예제 유지론자들에게 스콧 판결은 오랜 숙원이었다. 이 판결로 노예제도가 법적으로는 합법성을 얻었고 도덕적으로는 자기들의 믿음을 뒷받침했으므로, 남부 지도자들은 더욱 완고하게 노예제도를 주장했다. 나아가 북부 주민들이 헌법에 도전하고 남부의 독특한 제도와 문화를 파괴시키려 한다고 주장하면서, 연방 정부가 판결의 취지대로 강력한 정책을 펴야 한다고 목소리를 높였다.

스콧 판결이 선고된 지 약 1년 후 정치 신인 에이브러햄 링컨Abraham Lincoln은 일리노이주 상원 의원에 도전하면서 "국민의 절반은 노예이며 절반은 자유인인 상태는 지속될 수 없다"라며 나라가 심각한 위기에 처해 있다고 강조했다. 또한 드레드 스콧 판결에 반대하는 이유에 대해, "이 판결이 우리가 악이라고 판단하는 것을 단순히 확장하고 전파하는 데 있는 것이 아니고, 그러한 악을 주 자체에 침투시키는 근거가 되기 때문이다"라고 주장했다. 링컨은 비록 상원 의원 선거에서 낙선했지만 그의 당당한 주장은 널리 알려졌고, 그 결과 4명의 후보가 노예제도의 유지 여부 및 주 정부와 연방 정부의 권한 문제로 대립한 1860년 대통령 선거에서 북부 주민의 99% 찬성으로 당선되었다. 소수파로 전락한 남부 노예주들은 연방 헌법을 비준할 때와 같은 방법으로 연방에서 탈퇴할 수 있다고 주장했다. 그 결과 1861년 8개 주가 연방에서 탈퇴하고 남부 연맹을 조직했다. 이에 대해 링컨 대통령은 남부가 노예제도를 유지하기 위해 탈퇴한 것은 힘으로 부도덕한 의리를 지키려는 점에서 부당할 뿐만 아니라, 주가 연방을 통해 독립과 자유를 얻었으므로 연방을 탈퇴할 수 없다고 반박했다.

1861년 4월 12일 남부군이 섬터 요새를 공격하면서 미국 역사상 최대의 비극인 '남북전쟁American Civil War'이 시작되었다. 이 전쟁이 끝나는 데 5년이 걸렸고 쌍방이 입은 인명 손실은 60만여 명에 이르렀으며, 주로 전투가 벌어졌던 남부의 상당 부분은 폐허가 되었다. 전쟁 중인 1862년 9월 링컨 대통령은 '노예해방령Emancipation Proclamation'을 내려, 반란 주에서 노예가 영원히 자유의 몸이 될 것이라고 선포했다. 1865년 2월 의회는 노예제도를 전면 금지하는 수정헌법 제13조를 통과시켰고, 링컨이 암살된 후 12월 18일 비준되고 효력이 발생함으로써 노예제도는 폐지되었다. 남북전쟁을 전후해 수많은 노예가 주인의 예속에서 벗어나 북부 경계를 넘어 피난처를 구했으며, 때로는 북군이 되어 싸웠다. 헌법이 개정되고 후속 법률이 시행되었음에도 불구하고 해방된 흑인의 삶이 바로 좋아지지는 않았지만, 390만 명의 흑인은 자유인이 되었다.

역사의 법정에서

노예 신분에서 벗어나려고 10년 동안 법원의 문을 두드렸으나 끝내 외면당한 스콧은 어떻게 되었을까? 연방 대법원에서 소송이 진행되는 중에 아이린은 캘빈 셰피와 재혼했는데, 노예제 폐지론자인 셰피는 아내에게 스콧을 해방시키자고 설득했다. 판결이 선고된 두 달 후 에머슨에게 스콧을 판매한 원래 주인의 후손으로서 스콧에게 소송비용을 대준 블로우가 뜻을 같이하는 사람들로부터 모금한 돈을 아이린에게 건네줌으로써 61세의 스콧은 비로소 자유인이 되었다. 하지만 이듬해 스콧은 세인트루이스에서 결핵으로 사망했다. 꿈에서도 그리던 자유의 순간은 짧았지만, 스콧은 인생의 마지막에 자유롭고 당당하게 살았으며 아내와 자식들에게 노예의 멍에를 벗겨주었다.

드레드 스콧 판결은 미국 역사에서 어떻게 평가받을까? 소수 의견이 지적했듯이, 판결은 법 규정과 이론에 근거하지 않았으며 흑인은 선천적으로 열등하다는 편견으로 인종차별에 동조한 판사 개인의 가치관을 적나라하게 드러냈다. 흑인 노예 문제는 도덕적·사회적·경제적으로 여러 원인이 얽히고설켜 해법이 어려웠는데도 사법부의 권위에 의존해 단번에 해결하려고 한 것은 태니 대법원장의 만용이었다. 의회가 1820년의 미주리 타협으로 지역 간 대립을 간신히 봉합했는데, 대법원이 이를 무시하고 전적으로 남부에 유리하게 결정해서 정치적·사회적으로 엄청난 혼란을 일으켰다.

연방 헌법이 제정된 이후 연방과 주의 권한, 흑인 시민권 문제는 중요하고 예민한 헌정 문제로서 대법원은 가급적 자제해왔다. 그런데 태니 대법원장이 이 전통을 무시하고 마버리 판결 이후 50여 년 만에 연방 법률에 대해 '사법심사권'을 발동해 헌정 문제에 부적절하게 개입함으로써 스스로 사법부의 권위와 신뢰를 떨어뜨렸다는 점에서 '미국 역사상 최악의 판결'로 평가된다. 남부와 북부는 스콧 재판을 놓고 극단적으로 대립했는데, 흑인에 대한 편견과 왜곡으로 가득 찬 판결을 기폭제로 남북전쟁이 벌어지면서 이 재판은 역설적으로 노예해방에 크게 기여했다.

자유를 갈망한 사람 | 노예제에 대한 정치적 협상을 무시하고 전쟁의 불씨를 제공한 드레드 스콧 재판은 미국 연방 대법원이 내린 수치스러운 판결로 기록되고 있다. 짧게 자유인으로 살다 숨진 스콧의 무덤은 지금도 많은 사람이 찾는 곳이다.

    노예제도 폐지 운동이 남북전쟁에 어떤 영향을 미쳤으며, 링컨 대통령이 노예제도를 폐지하는 것과 미국 연방을 유지하는 것 중 어떤 것을 더 중요시했는지는 꾸준히 검토되고 논의되었다. 남북전쟁이 일어나지 않았더라면 노예제도 폐지가 늦어졌을지 모르지만, 노예제도 폐지 운동이 없었더라면 남북전쟁도 없었을 것이라고 보는 견해가 일반적이다. 미국의 역사를 살펴볼 때 노예제도는 폐지될 수밖에 없는 운명이었지만, 노예제도 폐지 운동과 스콧 판결로 남부와 북부가 치열하게 대립했기 때문에 남북전쟁이 일어났고, 북부가 승리하면서 노예제도는 조속히 폐지되었다. 링컨은 미국 연방을 유지하기 위해 모든 관심과 노력을 다하는 한편, 마음속 깊이 노예제도를 싫어하고 증오한 것도 사실이다. 연방을 구하는 것보다 노예제도 폐지를 우선시했다면 모두 실패할 가능성이 높왔을 텐데, 링컨은 두 과제를 정치적으로 현명하게 조화해냈다.

미국은 남북전쟁이 끝난 직후인 1865년 수정헌법 제13조를 제정해서 노예제도를 폐지했다. 노예제를 반대하거나 폐지하는 운동의 정신적 기반은 이성과 개인의 자유와 인권을 신봉하는 계몽주의에서 찾을 수 있다. 18세기 말 19세기 초에 미국과 프랑스 식민지 아이티에서 혁명이 일어나자, 흑인들을 거래의 대상으로 삼는 노예무역이 공격의 표적이 되었다. 수많은 논쟁과 토론을 거쳐 영국(1807), 미국(1808), 프랑스(1814), 네덜란드(1817), 에스파냐(1845)순으로 노예무역을 불법이라고 선언했다. 노예제도 자체가 폐지되기까지는 다소 시간이 걸렸다. 남아메리카 일부 지역의 경우 에스파냐 지배 체제가 무너지면서 노예제도도 없어졌다. 1833년에는 영국이 대영제국 전역에서 노예제도를 폐지했고, 1848년에 프랑스도 뒤를 이었다.

미국 사회에서 인종적 소수자인 흑인에 대한 차별은 어떻게 정당화되었을까? 여러 방면에서 다각도로 검토되어야 할 질문인데, 법적으로는 친노예적인 법 문화를 바탕에 깔고 사법부가 교정 역할을 방임하거나 포기한 것이다. 태니 대법원장이 쓴 판결문에 나타나듯이, 흑인은 인류의 위계상 열등한 족속으로 미개한 지역에서 수입되어온, 자본주의 경제 질서에서 사고파는 거래의 대상에 불과했다. 이런 관점에서 스콧 판결은 남북 분열이라는 국가적 위기를 맞아 백인들이 두려움과 분노와 반항을 드러냈고, 흑인은 노예의 신분에서 벗어났어도 백인과 같은 시민권을 얻을 수 없다는 차별과 배제의 논리를 펼쳤다.

선거를 통해 선출되는 입법부나 행정부와 달리 사법부는 유권자의 표를 의식할 필요가 없으므로, 사회적 다수자의 잘못된 편견과 관습을 자유와 인권의 이념으로 교정할 의무가 있으며 법으로 그 권한을 부여받고 있다. 태니 대법원장은 사법부의 이런 교정 역할을 하기는커녕 오히려 적극적으로 저지하고 방해했다. 시간이 지난 후에는 명백하게 보이지만, 태풍이 지나가는 한가운데에서 판사는 길을 잃어버리거나 방향을 거스르는 잘못을 저지를 수 있는 운명적 존재다. 드레드 스콧 판결이 있은지 약 100년 후 워런 대법원장은 공립학교에서 흑인과 백인을 분리하는 것은 부당하다고 판결했으며, 약 150년 후 아버지가 흑인인 버락 오바마 Barak Obama가 미국 대통령으로 당선되었다.

10

드레퓌스 대위는
독일의 스파이였나?

유대인 출신 프랑스 군인 알프레드 드레퓌스,
그는 독일에 군 기밀을 넘겼다는
누명을 뒤집어썼다.

드레퓌스 재판

_원심 1894,
1차 재심 1899,
2차 재심 1906,
프랑스

드레퓌스가 무죄라고 신문에 폭로한 소설가 에밀 졸라,
그는 진실과 정의를 사랑하는
이상주의자이자 사회주의자였다.

시간과 법정

- 원재판: 1894년, 프랑스 파리의 군사법원
- 1차 재심 재판: 1899년, 프랑스 렌의 군사법원
- 2차 재심 재판: 1906년, 프랑스 파기원

사건 당사자

알프레드 드레퓌스Alfred Dreyfus

재판의 쟁점

드레퓌스 대위는 독일 스파이로서 반역죄를 저질렀는가?

재판의 결론

- 원재판: 유죄, 종신형(무기징역)
- 1차 재심 재판: 징역 10년의 유죄 판결(바로 특별사면)
- 2차 재심 재판: 무죄

역사적 질문

- 국가 안보를 위해 진실과 정의가 희생될 수 있는가?
- 지식인의 사회참여는 바람직한가?
- 왜 형사재판의 오판은 바로잡기 어려운가?

덮을 수 없는 진실, 재심

2017년 8월 8일 대검찰청에서 검찰총장이 기자 간담회를 가졌다. 과거 권위주의 정부 시절 '강기훈 유서대필 조작 사건' 같은 일부 시국 사건과 재심 절차를 거쳐 수사가 잘못되었다는 판결을 받은 '익산 약촌오거리 살인 사건'에서 적법절차와 인권 보장의 책무를 다하지 못한 점에 대해 국민 여러분께 깊이 사과드린다고 머리 숙였다. 9월 검찰은 고문과 조작으로 무고한 사람을 범인으로 몰았던 태영호 납북 사건, 아람회 사건, 이수근 위장간첩 사건 등에 대해 직권으로 법원에 재심을 청구했다. 검찰의 청구는 진실과 화해를 위한 과거사정리위원회(약칭 '과거사위원회')에서 재심을 권고하고 법원에서 공동 피고인들의 재심 무죄 판결이 있었음에도 아직까지 재심을 청구하지 않은 사람을 대신한 것으로, 시국 사건과 관련해 검찰이 재심을 스스로 청구한 것은 역사상 처음 있는 일이다.

1991년 대학생 강경대 씨가 시위 도중 경찰이 휘두른 쇠파이프에 맞아 숨진 사건이 발생했다. 이에 항의하면서 김기설 씨가 대학교 건물 옥상에서 분신자살을 했는데, 그의 유서를 선배 강기훈 씨가 대신 써주어 자살을 방조했다는 혐의로 유죄 판결을 받은 사건이 '강기훈 유서대필 조작 사건'이다. 이 사건은 수사 초기부터 유서의 필적과 강기훈 씨의 필적의 일치 여부를 놓고 논쟁이 벌어졌는데, 국립과학수사연구소(약칭

'국과수')의 필적 감정 결과를 근거로 유죄가 선고되었다. 그 후 2007년 과거사위원회가 여러 문서에 대해 감정을 실시한 후 재심을 권고하자 강기훈 씨가 재심을 청구했고, 2009년 서울고등법원의 재심 개시 결정과 검찰의 항고에 대한 2012년 대법원의 항고기각 결정, 2014년 서울고등법원의 무죄 판결과 검찰의 상고에 대한 2015년 5월 14일 대법원의 상고기각 판결을 거쳐 16년 만에 강기훈 씨의 유서대필 혐의는 무죄로 확정되었다. 이 사건은 프랑스 군부가 엉터리 필적 감정으로 유대인 장교를 간첩으로 몰았던 '드레퓌스 사건'과 유사해 한국판 드레퓌스 사건으로도 불린다.

　'익산 약촌오거리 살인 사건'은 2000년 익산시 약촌오거리에서 택시기사가 칼에 찔려 사망한 사건이다. 경찰은 범행 도구와 목격자를 찾고 있던 중 범인을 보았다는 오토바이 배달원 소년(15세)을 구타하고 고문하면서 오히려 진범으로 몰아세웠다. 소년은 징역 10년을 선고받고 복역했다가 재심을 통해 무죄가 선고되었다. 2003년 진범이 체포되었으나 수사기관에서는 혐의가 없다며 풀어주었고, 2013년 피고인 최씨가 만기 출소한 후 재심을 청구하고 TV 프로그램 〈그것이 알고 싶다〉에서 이 사건의 문제점을 공개적으로 지적한 후, 법원의 2015년 재심 개시 결정과 2016년 11월 무죄 판결로 최씨는 억울한 누명을 벗게 되었다. 진범은 2018년 3월에 대법원에서 징역 15년형이 확정됐다. 공권력과 시민·학생운동 세력이 정면으로 부딪친 '강기훈 유서대필 조작 사건'은 많은 시민단체와 법률가의 도움이 있었던 데 반해, '익산 약촌오거리 살인 사건'은 재심 전문 변호사 한 사람이 도맡았다. 이 사건을 소재로 한 영화 〈재심〉이 상영되기도 했다.

　형사재판은 허위 자백과 오염된 증거, 실체적 진실 발견의 한계 등으로 법원이 잘못 판단할 가능성이 있는데, 이에 대비해 상소 제도가 있으나 상급심에서도 오판이 걸러지지 않을 수 있다. 재심이란 이미 형이 확정된 사건을 다시 재판하는 절차를 말하는데, 원재판이 명백히 틀렸다는 것을 증명할 새로운 증거가 있어야만 재심의 문을 열 수 있다. 박준영 변호사는 '익산 약촌오거리 살인 사건'과 '삼례 나라슈퍼 3인조 강도치사 사건'(1999년 발생, 2016년 재심 무죄)에 대한 재심을 맡아서 무죄를 이끌어냈다. 그는 저서 《우리들의 변호사》라는 책에서 "정말로 억울한 한 사람이 있다면 그 사람을 위해서 재심의 문을 열어야 하는 것이 또한 정의를 실현하는 길일 것입니다"라고 밝혔다. 원론적으로는 지극히 타당한 말이지만, 세월이 지날수록 실체적 진실을 밝히는 증거는 사라지거나 왜곡되기 쉽고, 수사기관과 법원으로서는 과거의 잘못을 인정해야 하는 껄끄러움이 있다. 게다가 사건을 둘러싸고 정치·사회적 갈등이 있는 경우 진실이 드러나는 것을 두려워하거나 방해하는 세력도 있을 수 있어서 형사사건의 재심 문제는 여러모로 복잡하고 어렵다.

프랑스 제3공화국에서의
민족주의와 반유대주의

18세기 말 19세기 초에 일어난 프랑스 대혁명과 나폴레옹 전쟁 이후 유럽에서는 국민과 민족이 근본이 되는 국민국가로 뭉쳐야 한다는 분위기가 조성되었다. 영방領邦들로 분열된 독일에서도 비스마르크가 이끄는 프로이센을 중심으로 무력으로 통일을 이루려는 움직임이 활발해졌다. 프로이센은 1870년 국경을 접하고 있는 프랑스(나폴레옹 3세의 제2제정)

와 벌인 전쟁에서 승리하자, 프로이센 왕 빌헬름 1세는 베르사유궁에서 독일 황제로 등극했으며, 프랑스는 '파리 코뮌'을 거쳐 제3공화국이 성립되었다.

프랑스는 프로이센과 체결한 굴욕적인 강화조약에 따라 알자스·로렌 지방을 통째로 넘겨주고 엄청난 배상금을 물어야 했기 때문에 경제적으로 어려웠다. 민족의 운명과 자존심을 건 전쟁에서 패배하고 나라의 심장부에서 다른 나라 황제가 대관식을 가졌다는 사실에 프랑스 국민들은 분노하면서 독일에 엄청난 적대감을 가졌다. 19세기 초 나폴레옹 전쟁 당시 프랑스를 휩쓸었던 민족주의는 독일에 대한 적대감과 복수심, 조국의 영광에 대한 염원 등으로 가득 찬 프랑스 국민들 사이에 광풍처럼 퍼져나갔다. 이런 적대감과 복수심은 프랑스와 독일 사이에 치열한 첩보전을 촉발했으며, 몇몇 정보원이 체포되어 중형을 선고받기도 했다.

1882년 유럽에 불어닥친 금융공황으로 투자은행들이 파산하면서 투자자를 비롯한 프랑스인들은 금융제국을 세운 로스차일드 같은 유대계 금융자본가와 유대인들에게 반감과 증오심을 가졌다. 유대인 중에는 오랫동안 고리대금업 등을 통해 금융자본가로 성장한 사람들이 많았는데, 자본가와 노동자계층을 비롯한 프랑스 일반 국민들 사이에서 유대인에 대한 차별과 부정적인 여론이 확산되었다. 1892년 파나마운하 회사가 파산하면서 수천 명의 투자자가 엄청난 피해를 입은 사건이 발생했다. 개발업체를 선정하는 과정에서 유대인이 정·관계에 무차별적으로 뇌물을 준 사실이 밝혀지면서 반유대주의Anti-Semitism가 기승을 부렸다. 프랑스는 대혁명 이후 법률로 유대인에게도 프랑스인과 똑같은 시민권을 부여했는데, 현실은 법대로 돌아가지 않았다.

프로이센-프랑스전쟁에서 패배한 프랑스 군부는 프로이센에 극단적인 적개심과 분노감을 갖고 있었다. 당시 프랑스 군대에서 군사기술학교 출신의 젊은 장교들과 귀족이나 군인 가문 출신의 고위 장교들 사이에 알력과 갈등이 심했다. 젊은 장교들 중에는 전통적인 군사 전술에 집착하는 선배들을 비판하고 시민의 정치 참여를 주장하는 공화주의자가 많았다. 반면 고위 장교들은 후배들이 무리하게 개혁을 추진하려 한다고 경계하면서 왕정이나 귀족 과두정을 선호하는 보수주의자가 대부분이었다. 가톨릭교도 장교가 많았던 프랑스 군대에서 유대인에 대한 편견은 일반 사회보다 더 심각했다.

이처럼 민족주의와 반유대주의 광풍이 휘몰아쳤던 프랑스에서 1894~1906년까지 12년 동안 프랑스 국민을 '드레퓌스파Dreyfusard'와 '반드레퓌스파Anti-dreyfusard'가 대립하는 소용돌이 속으로, '정신적 내란 상태'로 몰고 간 사건이 바로 '드레퓌스 사건Affaire Dreyfus'이었다. 이 사건의 전개 과정을 들여다보면 과연 자유와 평등과 박애를 추구하는 프랑스의 실제 모습인가 하고 놀라게 된다. 그리고 진실과 거짓이 치열하게 공방전을 벌이고 어떻게 진실을 밝히고 정의를 추구할 것인지가 문제될 때마다 사람들은 지식인의 용기와 역할을 생각하면서 드레퓌스 사건을 되돌아보았다.

'독일 스파이'
드레퓌스에 대한 군사재판

1894년 9월 파리 주재 독일 대사관에서 간첩 활동을 하는 여자 가정부가 독일 무관 슈바르츠코펜의 휴지통에서 찢어진 '명세서bordereau' 한

장을 발견하고, 프랑스군 참모본부 정보국의 앙리 소령에게 건넸다. 날짜도 서명도 없는 명세서에는 일급비밀인 프랑스군의 대포 개발 현황과 포병부대의 재편성 및 전쟁 시 포격 편람 등이 적혀 있었고, 발신인란에는 "무뢰한 D"라고 적혀 있었다. 독일 스파이인 참모본부 장교가 보낸 거라 추측한 정보국 조사관들은 장교들의 인사기록철에서 D 자를 보다가 'DREYFUS'를 발견하고는 수습참모로 근무하는 포병 대위 드레퓌스를 주목했다.

1859년 알자스 지방에서 방직공장을 하는 유대계 가문에서 태어난 드레퓌스는 프로이센-프랑스전쟁으로 독일어 공용지역인 알자스가 프로이센으로 넘어갈 때 파리로 이주했고, 군사 전문학교를 졸업한 후 포병 장교로 임명되었다. 고지식하지만 성실한 드레퓌스는 성적이 뛰어나 엘리트 장교만 받는 참모본부로 들어가게 되었고, 군인으로서 출세하겠다는 마음을 굳게 다졌다.

반유대주의 성향의 정보국장 상데르 대령은 참모본부에 복무하면서 독일어가 가능한 드레퓌스를 스파이로 단정했다. 알자스에서 이주한 드레퓌스가 참모본부에서 유일한 유대인 장교라는 점도 유력한 단서가 되었다. 드레퓌스가 평소 작성한 문서와 명세서의 필적 감정을 놓고 의견이 엇갈렸는데, 정보국 조사관들에게는 믿고 싶은 감정서만 눈에 들어왔다. 명세서에는 스파이가 바로 작전을 수행하러 떠난다고 적혀 있었는데, 그해에는 드레퓌스가 작전에 참가하지 않아서 명세서의 작성자가 될 수 없었음에도 불구하고 조사관들은 그렇게 판단하기를 주저하지 않았다.

10월 15일 정보국 뒤파티 소령은 드레퓌스를 불러 참모총장에게 보낼 편지를 작성하라고 하면서 명세서 내용을 불러주었다. 뒤파티는 드레퓌스가 글을 쓰면서 떨고 있다는 이유로 반역 혐의를 씌워 체포하면서, 재판이 벌어지면 군에 치욕이 될 터이니 자살하라고 권총을 손에 쥐어주었다. 드레퓌스는 "나는 아무 죄도 없습니다. 자살하지 않겠습니다. 나는 살아서 무죄를 입증하겠습니다. 이런 모욕은 반드시 벗어던져야 합니다"라고 강경하게 말했다. 조사관들이 드레퓌스의 사무실과 집을 샅샅이 뒤졌으나 스파이 혐의를 입증할 만한 증거를 발견하지 못했다. 수사가 제대로 진행되지 않아서 조사관들은 이러한 일련의 일을 비밀에 부쳤는데, 몰래 정보를 입수한 한 신문이 "얼마 전 간첩이 체포되었는데, 군사기관은 왜 발표하지 않는지 즉각적인 해명을 요구한다"라고 보도했다. 드레퓌스에 대한 온갖 날조된 혐의와 근거 없는 추측, 그가 했다는 스파이 행위에 대해 터무니없이 과장된 소문들이 연일 신문지상에 오르내렸다. 만일 드레퓌스의 유죄를 입증하지 못하면 참모본부의 체면은 땅에 떨어질 지경에 이르렀다. 결국 프랑스 정부는 드레퓌스를 기소해야 한다는 국방부장관 메르시에 장군의 의견을 받아들였다.

1894년 12월 19일 '독일 스파이' 드레퓌스에 대한 군사재판이 창문 틈으로 감옥이 보이는 파리 근교의 궁정 건물을 개조한 곳에서 열렸다. 재판부는 모렐 대령을 비롯한 7명의 장교로 구성되었고, 변호인으로는 드망즈 변호사가 출석했다. 변호인의 반대에도 불구하고 재판은 국가 안보라는 이유를 들어 비공개로 진행되었다. 피고인 드레퓌스는 차분하게 부와 평안 대신에 군을 택해서 막 성공의 길로 들어섰으며 행복한 가정을 꾸린 사람이 왜 반역 행위를 하겠느냐고 반문했다. 드레퓌스가 명세서를 썼다는 감정 의견을 낸 베르티옹이 전문용어를 써가면서 장황하게 설명했다. 명세서의 필적이 드레퓌스의 문서의 필적과 일부 다른 것은 일부러 다른 사람의 필적으로 가장했음을 입증한다는 그의 논리는 받아들이기 어려웠다. 또한 드레퓌스에게는 도벽이나 금전 문제, 여자 문제

등 스파이로 포섭될 만한 정황증거도 없었다. 조사관 앙리는 "신뢰할 만한 사람으로부터 참모본부에 반역자가 있다는 제보를 받았는데, 드레퓌스가 바로 그 반역자다"라고 증언했다.

> 드망즈 변호사 | 이건 말이 안 되오. 증인은 그 제보자라는 인물의 신원을 밝히시오.
> 앙리 | 장교의 머릿속에는 결코 발설해서는 안 되는 비밀이 들어 있는 법이오.
> 재판장 | 귀관에게 그 사람의 이름을 대야 할 의무는 없소. 다만 귀관의 명예를 걸고 그 사람이 반역자가 드레퓌스라고 당신에게 말했다는 것을 증언하면 충분하오.
> 앙리 | 나는 십자가에 걸고 그 사실을 증언합니다.[1]

재판이 시작된 지 나흘 후인 12월 22일 심리를 종결하고 재판부가 퇴정할 무렵, 뒤파티가 국방부장관에게서 받은 봉인된 편지 봉투를 건넸다. 봉투 속의 작은 봉투에는 "재판을 심리하는 동안 작은 봉투 안에 든 내용을 재판관들에게 읽어준 후 다시 봉인해서 그 봉투를 전한 장교에게 되돌려줄 것"이라고 적힌 메모가 붙어 있었다. 봉투 안에는 독일 무관 슈바르츠코펜과 이탈리아 대사관의 무관 사이에 주고받은 편지에 D라는 이니셜의 프랑스 장교가 등장하는데 바로 드레퓌스를 가리킨다는 주장이었다. 한 시간 후 재판부는 개정을 선언했다. 검사의 논고와 변호인의 변론에 이어 마지막으로 드레퓌스는 "나는 무죄입니다"라고 짧게 말했다.

재판관들이 퇴정하고 드레퓌스도 호송되어 나갔다. 판결문이 낭독될 때 피고인이 출석하는 것이 허락되지 않았기 때문이다. 군사법원은

'피고인에 대한 반역죄를 인정하고, 군에서 불명예 제대시키며, 프랑스로부터 추방해 종신토록 유배형에 처한다'는 취지의 판결을 선고했다. 감방에서 판결 내용을 전해 들은 드레퓌스는 벽에 머리를 짓찧었는데, 교도관과 아내의 설득으로 자살 시도를 그만두었다. 참모본부는 드레퓌스에게 편안하게 유형 생활을 하도록 해줄 테니 부주의로 반역했음을 시인하라고 회유했으나 그는 단호히 거부했다. 드레퓌스는 올바른 판결을 요구하며 항소했지만 12월 31일 그의 항소는 거부되었다. 반유대주의 성향이 짙은 신문들은 "드레퓌스는 프랑스 국민을 파멸시키고 프랑스 영토를 차지하려는 국제적 유대인 조직의 스파이"라고 주장하면서 사형을 요구했다. 또한 참모본부는 "국가 안보를 위해 중대한 국가 기밀인 증거 서류를 공개할 수는 없지만 대역 죄인은 종신형을 선고받았다"라면서 만일 공개할 경우 독일과의 전쟁도 각오해야 한다고 협박했다.

1895년 1월 5일 파리의 상드마르스 사관학교 연병장에서 4,000명이 지켜보는 가운데 드레퓌스에 대한 불명예 퇴역식이 열렸다. 그는 군복을 입고 곧추선 자세로 다라 장군 앞에 섰고, 장군은 드레퓌스에게 무기를 들 자격이 없으므로 지위를 박탈한다고 선언했다. 드레퓌스는 "병사들이여, 무고한 자가 불명예를 당하고 있다"라고 말했으나 그 목소리는 유대인을 죽이라는 군중의 함성에 파묻혀버렸다. 상사가 드레퓌스의 견장을 찢고, 참모본부의 장교를 상징하는 붉은 줄을 뜯어내고, 칼을 두 동강으로 부러뜨렸다. 2월 하순 드레퓌스는 프랑스령 기아나의 악명 높은 '악마섬'으로 유배되었다. 그동안 드레퓌스의 가족들은 그의 무죄를 호소하며 재심을 요구했으나, 여러 신문과 국민들은 이미 그를 반역죄인으로 단죄했고, 군부와 내각은 재심을 개시할 생각이 전혀 없었다.

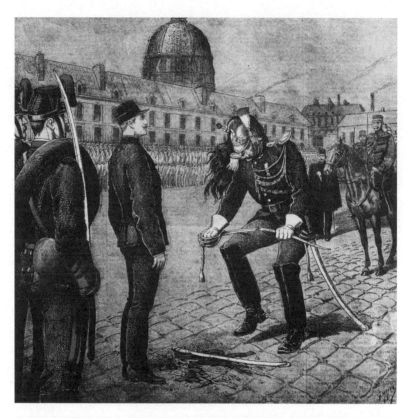

성실했던 군인의 불명예 퇴역 | 1894년 12월 19일 드레퓌스는 군사재판에서 종신형을 선고받고 이듬해 1월 5일 불명예 퇴역을 당했다. 드레퓌스는 다른 장교가 계급장을 떼고 칼을 부러뜨리는 굴욕적인 강등식을 치러야만 했다. 《르프티 주르날Le Petit Journal》(1895).

진짜 간첩에 대한 엉터리 재판과
에밀 졸라의 세기적 고발

재판이 끝난 지 15개월이 지난 1896년 3월 정보국장 조르주 피카르 Georges Picquart 중령은 독일 무관 슈바르츠코펜이 프랑스 보병대 소령 페르디낭 에스테라지에게 비밀 정보를 요구하는 내용의 '푸른 엽서le petit bleu'라는 편지 한 통을 몰래 입수했다. 피카르는 국방부장관의 보고관으로 드레퓌스 재판을 지켜봤는데, 드레퓌스가 유죄라고 생각하면서도 석연치 않은 점이 있음을 느꼈다. 피카르는 에스테라지와 관련한 자료를 검토하다가, 에스테라지가 제출한 배속 신청서의 필적과 드레퓌스가 썼다는 명세서의 필적이 같다는 사실을 발견했다. 필적 감정인 베르티옹은 이번에는 두 필적이 똑같다는 의견을 내놓았다. 1894년 당시 업무상 참모본부를 드나들던 에스테라지가 명세서에 언급된 서류를 알 수 있는 위치에 있었음이 파악되었다. 그리고 그가 평소에 헝가리 귀족 가문 출신인 자신을 대접해주지 않는다고 불평했고, 도박과 낭비벽으로 빚에 몰려 있던 처지라 돈에 쉽게 매수될 수 있다는 정황도 알아냈다.

피카르는 에스테라지가 명세서의 진범임을 확신하고 9월 참모총장 부아데프르 장군과 참모차장 공스 장군에게 스파이 사건의 진실 규명을 건의했으나, 이들은 재조사할 의지가 없었다. 피카르가 드레퓌스가 무죄라는 사실이 밝혀지면 어떻게 되느냐고 물었으나, 피카르 당신만 입을 다물면 그런 일은 결코 생기지 않을 것이라는 답변을 들었다. 이에 피카르는 진실을 무덤까지 가져가지 않겠다고 말했다. 군부의 위신을 국가 안보와 동일시한 군대의 최고위층은 국가 기밀이 공개되면 유럽을 초토화할 전쟁이 일어날 것이라는 이유를 댔다. 하지만 진정한 이유는 참모본부의 주요 인사들이 스파이 첩보전에 개입되었기에 드레퓌스의 무죄는 바로 참모본부의 궤멸을 뜻했기 때문이었다.

1896년 11월 피카르는 정보국에서 물러나 프랑스령 튀니지의 한직으로 전출되었고, 명세서 스파이 사건의 경위를 밝히는 서신을 썼다. 루이 르블루아Louis Leblois 변호사를 통해 사건의 전말을 알게 된 상원 부의장 케스트네르는 유력 인사들에게 널리 알리면서 드레퓌스 사건에 대한 재심 운동을 시작했다. 한편, 드레퓌스의 가족들은 작가에게 글을 쓰게 해서 많은 사람에게 보냈다. 한 신문은 〈이것이 바로 그 증거다〉는 기사에서 문제의 '명세서'를 소개했는데, 그 기사를 보고 명세서의 필적이 에스트라지의 필적과 같다면서 그로부터 받은 편지를 제시한 사람이 있었다. 드디어 드레퓌스의 형 마티외 드레퓌스는 케스트네르의 청원을 받아 에스테라지를 고소했다.

에스테라지는 참모본부와 긴밀하게 대책을 논의했고, 참모본부의 압력을 받은 필적 감정인들은 명세서의 필적이 에스테라지의 것이 아니라고 판정했다. 1898년 1월 11일 군사법원은 앙리가 위조한 문서를 단 5분 동안 검토한 후 피고인 에스테라지에게 무죄를 선고하며 풀어주었고, 그를 둘러싼 많은 사람은 박수를 보냈다. 한편, 피카르는 에스테라지를 궁지에 몰아넣기 위해 '푸른 엽서'를 위조하고 군사 기밀을 누설했다는 혐의를 받고 체포되었다. 군사법원은 처음에 '비공개 문서' 등 위법한 절차를 거쳐 무고한 드레퓌스에게 반역죄를 선고했는데, 이번에는 '상관의 명령'에 따라 진실을 숨긴 채 진짜 간첩에게 죄가 없다고 판결한 것이다.

이제 드레퓌스 사건은 개인이나 군부 내부만의 문제가 아니었다. 누가 진짜 간첩인지, 드레퓌스의 재심 여부를 두고 프랑스 국민과 신문들은 두 편으로 나뉘었다. 공화주의와 대혁명의 이념에 반대하는 왕정복고

주의자와 귀족들, 군부와 군국주의자들, 반유대주의에 빠진 과격 가톨릭주의자들 및 이들과 연계된 많은 신문이 재심에 반대했다. 양심적 지식인과 법률가, 공화주의자와 일부 진보적 정치인과 이들을 지지하는 소수 신문이 재심을 주장했으며, 나중에는 사회주의자와 노동자도 가담했다. 55개 일간지 중 48개는 진실을 밝히기는커녕 억지 주장을 했다. 재심 요구는 군부와 프랑스를 파멸시키려는 유대인 조직의 국제적 음모이므로 어떤 일이 있더라도 군부의 위신과 신망을 떨어뜨려서는 안 되고, 설사 드레퓌스에게 죄가 없더라도 규율을 갖춘 군대와 명령체계는 보존되어야 한다고 했다. 일부 양심적인 신문과 지식인들은 여러 의혹을 제기했으나 "유대인 1명을 위해 재수사를 한다면, 군의 명예와 사기가 떨어지고 방위력이 약해져서 프랑스의 안전을 침해하게 된다"라는 여론에 밀려 조롱과 멸시를 받으면서 목소리를 제대로 낼 수 없었다. 그러나 피카르의 재조사를 방해하고 증거를 조작하면서까지 진범 에스테라지를 무죄로 몰고 간 군 수뇌부의 실상이 하나둘 알려지면서, 진실을 밝히는 데 앞장서는 지식인이 늘어났다.

에스테라지 판결이 선고된 지 이틀 후 1898년 1월 13일자 신문《로로르 L'Auroe》('여명'이라는 뜻)는 소설가 에밀 졸라Emile Zola가 펠릭스 포르 대통령에게 보내는 공개편지 형식의 〈나는 고발한다J'acusse〉를 1면 머리기사로 게재했다.

진실, 저는 진실을 말하겠습니다. 왜냐하면 정식으로 재판을 담당한 사법부가 만천하에 진실을 밝히지 않는다면 제가 진실을 밝히겠다고 약속했기 때문입니다. 제 의무는 말을 하는 겁니다. 저는 역사의 공범자가 되고 싶지 않습니다. 만일 제가 공범자가 된다면, 앞으로 제가

나는 고발한다 | 아주 잠깐 거짓이 이긴 것처럼 보일 수 있어도 손바닥으로 하늘을 가릴 수는 없다. 거대한 국가 폭력도 진실을 향한 졸라의 용기 있는 발걸음을 멈추게 할 수 없었다.

보낼 밤들은 가장 잔혹한 고문으로 저지르지도 않은 죄를 속죄하고 있는 저 무고한 사람의 유령으로 가득한 밤이 될 겁니다.

진실이 전진하고 있고, 아무것도 그 발걸음을 멈추게 하지 못할 것입니다. 오늘에서야 '사건'이 진정으로 시작되고 있는데, 왜냐하면 오늘에서야 각자의 입장이 확실해졌기 때문입니다. 한쪽에는 햇빛이 비치기를 원하지 않는 범죄자들이 있고, 다른 한쪽에는 햇빛이 비칠 때까지 목숨마저도 바칠 정의의 수호자들이 있습니다. 이미 말씀드렸지만 다시 한번 강조합니다. 진실이 땅속에 묻히면 그것은 터지는 날 세상 모든 것을 날려버릴 것입니다.[2]

아름다운 문장으로 호소력 있게, 졸라는 드레퓌스가 결백하고 에스테라지가 진범인 이유에 대해 구체적인 사실을 하나하나 들면서 진실을 밝혔다. 드레퓌스를 죄인으로 만들어 군부의 잘못을 덮으려고 한 참모본부와 국방부의 장군들과 장교들을 실명으로 고발했고, 필적 감정인들과 재판관들의 오판을 질타했다. 그날《로로르》지는 평소 판매 부수의 10배가 넘는 30만 부를 찍었지만 삽시간에 동났고, 단 하루 만에 파리를 통째로 뒤흔들었다. 고등 사범학교 학생, 작가, 예술가, 과학자, 교수 등의 대대적인 지지가 잇따랐고, 아나톨 프랑스, 에밀 뒤르켐, 마르셀 프루스트, 클로드 모네 등 지식인 3,000여 명이 청원서에 서명하면서 드레퓌스 재심 운동의 불씨가 되살아났다. 그러나 사회통합과 단결을 강조하는 사람들의 관점에서 '지식인들'은 군사법원이 내린 판결을 문제 삼으면서 군의 권위를 무시하고 개인의 정의를 절대시해 국가 정의에 타격을 입히는 사람들에 불과했다.

"프랑스인에게 프랑스를, 유대인에게는 죽음을"이라는 재심 반대파의 선동에 흥분한 대규모 군중은 프랑스 전 지역에서 유대인 상점을 약탈하거나 유대인에게 테러를 가했고, 졸라의 기사를 불태우거나 초상을 목매달았다. 한 달여간 프랑스인들은 드레퓌스파와 반드레퓌스파로 나뉘어 격렬하게 싸웠다. 이성과 진실을 믿고 드레퓌스의 무죄를 주장한 사람들은 폭도화한 군중으로부터 모욕과 경멸과 저주를 받았으며, 심지어 신체적 테러도 당했다. 군부와 내각은 할 수 없이 드레퓌스 사건의 진실은 드러내지 않으면서 다른 한편으로 정부의 체면을 고려해 졸라의 공개편지 중에서 군사법원 재판부가 상부의 명령으로 무죄 판결을 내렸다는 부분만을 허위 사실에 의한 명예훼손죄로 고소했다.

드디어 졸라에 대한 형사재판이 베르사이유 중죄재판소에서 열렸

프랑스 사회의 대분열 | 1898년 2월 14일자 만평은 당시 드레퓌스 사건에 대한 프랑스 국민들의 분열을 잘 보여준다. "절대! 드레퓌스 사건에 관한 이야기를 해선 안 돼!"(위) "…했군…."(아래) 카랑 다쉬, 〈가족 만찬Un dîner en famille〉, 《르 피가로Le Figaro》(1898)

다. 수많은 증인과 전문가가 출석해 엄청난 설전을 벌였다. 졸라는 법정에 선 것은 자기도 드레퓌스도 아니며, 프랑스의 운명이 이 법정에 달려있다고 말하면서 이렇게 마무리했다.

드레퓌스가 결백함을 나는 맹세코 주장합니다. 나의 생애와 명예를 걸고 확언합니다. 이 엄숙한 순간, 이 법정 앞에서 국가를 대표하는 당신들과 배심원 여러분 앞에서, 프랑스 앞에서 드레퓌스의 결백을 나는 주장하는 바입니다. 나의 작가 생활 40년과 필생의 작업으로 획득한 모든 것을 걸고서 나는 드레퓌스의 결백을 선언합니다. 내가 얻은 것, 내가 이룩한 명성, 또한 프랑스 문학의 성장에 기여한 나의 공적, 이 모든 것을 걸고서 나는 드레퓌스가 결백함을 맹세합니다. 만일 드레퓌스가 결백하지 않다면 신이여! 이 모든 것이 파멸하고 나의 모든 작품이 잊히도록 하소서. 드레퓌스는 결백합니다.[3]

군부를 추종하고 반유대주의에 물든 군중은 날마다 법원 건물에 쳐들어와 유대인들과 졸라를 죽이자며 시위를 벌였고, 졸라는 숱한 봉변과 협박을 당했다. 7월 18일 심리를 끝낸 배심원들은 8 대 4로 유죄 평결을 내렸고, 법원은 징역 1년과 벌금 3,000프랑의 형을 선고했다. 졸라는 선고 당일 영국 런던으로 원치 않는 망명을 떠났다.

드레퓌스에 대한
재심과 무죄

졸라의 〈나는 고발한다〉가 발표된 후, 학생과 지식인 등은 수많은 글을 써서 드레퓌스의 결백을 주장하고 재심 청구를 요구했다. 새로 선임된 국방부장관 카베냐크는 법원에 제출된 증거서류를 재검토할 것을 지시했고, 그 결과 앙리가 드레퓌스를 범인으로 몰아가기 위해 허위 문서를 작성했다는 사실이 드러났다. 1889년 8월 30일 구금된 앙리가 의문의 자살을 하고, 졸라에 의해 고발된 한 장군이 잘못을 뉘우치면서 진실이 드러나기 시작했다. '명세서'의 진범 에스테라지는 여자 친구와 함께 밤중에 영국으로 도망갔고, 이후 자신은 이중 첩자로서 상부의 명령에 따라 독일의 기밀을 탐지하기 위해 독일 무관에게 접근했다는 내용의 책을 출간했다. 뒤파티는 문서위조죄로 구속되었고, 졸라는 11개월의 망명 생활을 끝내고 귀국했으며, 조작 사실을 처음으로 폭로한 피카르는 감옥에서 풀려났다.

각료회의는 1898년 9월 드레퓌스 부인의 재심 요청에 따라 사건에 관련된 자료를 최고법원인 파기원破棄院으로 보냈고, 파기원은 1898년 10월 파리 고등법원으로 재심 사건을 환송했다. 파리 고등법원 형사부는 드레퓌스에게 재심 심리를 개시한다는 사실을 알리고, 피카르를 비롯해 증인들의 증언을 듣기 시작했다. 형사부의 적극적인 태도에 놀란 재심 반대파는 형사부 판사들의 성향을 악의적으로 추측하면서 비방했다. 의회는 전국을 휩쓸고 있는 위기가 중대하다는 이유로 파리 고등법원 전체가 재심 사건을 담당하는 특별법을 통과시켰다. 오랫동안 심리한 후 파리 고등법원 전원합의부는 1899년 6월 3일 무뢰한 D는 드레퓌스가 아니며, 명세서 역시 드레퓌스가 쓴 것이 아니라고 판단했다. 따라서 드레퓌스에 대한 군사재판은 무효며 렌Rennes에서 군사재판이 다시 열려야 한다고 판결했다.

드디어 재심 군사법원이 1899년 8월 렌의 중학교 강당에서 열렸고, 5년 만에 '악마섬'에서 소환된 39세의 드레퓌스는 제복 차림으로 법정에 섰다. 그는 감정의 동요 없이 차분하게 조국을 배신한 적이 없다고 말했지만, 한 지지자가 이 재판의 역사적 의의를 이야기하자 울먹이며 항변했다.

아닙니다. 아닙니다. 나는 일개 포병장교였고, 비극적인 착오로 인해 계급을 박탈당했을 뿐입니다. 정의의 상징이니 하는 드레퓌스는 내가 아닙니다. 그런 드레퓌스는 여러분이 창조해낸 드레퓌스입니다.[4]

국내외를 막론하고 재심 찬성파는 드레퓌스의 무죄를 확신했다. 하지만 재심 반대파는 "법정은 메르시에 장군과 드레퓌스 중에서 택일해야 할 것이다" 하면서 군사재판을 담당하는 장교들을 압박했다. 드레퓌스를 기소하는 데 주도적인 역할을 한 메르시에는 증인으로 출석해 모든 사실에 대해 하나하나 반박했고, 이제 진실을 밝힐 때가 되었다는 드레퓌스의 추궁에 대해서는 이렇게 대답했다.

난 그렇게 생각하지 않소. 내 확신은 1894년 이래 조금도 변하지 않았소. 서류철을 검토해놓고 또 대위의 무죄를 입증하기 위한 여러 사람의 노력을 살펴본 결과 내 확신은 더욱 굳어졌을 뿐이오. 그들은 드레퓌스 대위의 무죄를 입증하기 위해 수백만 프랑의 돈을 썼지만 별

성과를 거두지 못하고 있소.[5]

국가 안보를 이유로 비공개로 사건을 심리한 군사법원은 9월 9일 2시간 동안 합의한 후 "프랑스 국민의 이름으로 5 대 2의 다수결에 따라 피고인에게 유죄를 선고한다. 다만, 재판관 다수는 상황에 정상 참작의 여지가 있다고 판단했다" 하면서 징역 10년을 선고했다. 드레퓌스는 특별사면을 받기 위해 상고를 포기했고, 대통령은 9월 19일 그를 사면하는 행정명령에 서명했다. 그러나 드레퓌스에게 무죄 판결이 내려져야 한다고 주장한 졸라와 클레망소를 비롯한 많은 사람은 진실과 정의를 찾는 싸움을 계속하기로 다짐했다. 졸라는 "강들이 그 유로流路를 바꾼 것 같다"라며 실망했다. 클레망소는 "군사법원의 재판관들은 피고인에 대해 정상참작을 한 것이 아니라 자신들을 위해 정상참작을 결정한 것이다. 이것은 그들이 규율과 양심 간에 타협을 했다는 고백 외에 아무것도 아니다"라고 비판했다. 프랑스 정부는 1900년 12월 드레퓌스 사건과 관련된 모든 사람을 사면하는 사면령을 내렸다. 재심 찬성파는 사면령이 사건을 어정쩡하게 봉합한 것으로서 시민들에 대한 반역 행위라고 규탄했으나 결과를 돌이킬 수는 없었다.

결국 드레퓌스는 명예를 되찾기 위해 사면 혜택을 반납하고, 1900년 11월 26일 재심을 요청했다. 여론의 압력을 받은 국방부는 자체 조사를 벌였는데, 이번에는 오랫동안 조사한 끝에 앙리 소령을 비롯한 많은 장교가 관련 문서를 위조했다는 사실을 밝혀냈다. 새 국방부 장관은 1904년 3월 파기원에 드레퓌스의 재심 청구서와 새로운 증거들을 제출했다. 파기원은 1904년 3월 5일 심리 미진을 없애기 위해 증인 신문을 다시 하기로 결정했다.

드레퓌스에 대한 두 번의 재판, 그리고 에스테라지와 졸라에 대한 재판에서 증언했던 사람들이 모두 법정에 나와서 10여 년 전의 일을 자세하게 증언했다. 2년 동안 심리한 후 파기원은 1906년 7월 12일 렌 군사법원의 유죄 판결을 오판이라고 파기함과 동시에, 드레퓌스에게 유죄를 인정할 증거가 없으므로 지금까지의 모든 유죄 판결이 무효라고 판시했다. 드디어 드레퓌스는 무죄임이 판명되었고, 그에게 복직 명령이 내려졌다. 이튿날 하원은 드레퓌스에게 프랑스 최고훈장 '레지옹 도뇌르 Légion d'Honneur'를 수여하고 소령으로 복직시키기로 결정했다. 또한 피카르를 군대에 복귀시키고, 1902년 9월 사망한 졸라의 유해를 국립묘지 팡테옹Panthéon으로 이장하는 법률안을 통과시켰다.

1906년 7월 22일 불명예 퇴역식이 열렸던 사관학교 연병장에서 드레퓌스에 대한 훈장 수여식이 열렸다. 사관학교 장군과 드레퓌스가 나란히 군대를 사열하는데 갑자기 드레퓌스의 아들 피에르가 뛰어나와서 아버지를 껴안자, 그의 눈에서 눈물이 흘러내렸다. 드레퓌스 가족들이 무개차를 타고 교정을 벗어나자, 20만여 명의 군중이 모두 모자를 벗어 드레퓌스에게 경의를 표했다. "드레퓌스 만세! 정의 만세!"

역사의 법정에서

프랑스는 1789년 대혁명으로 봉건적인 구제도가 무너졌으나 정치·사회적으로 정착되지 못한 채 제정과 공화정이 반복되었고, 제3공화국에서도 정국은 여전히 불안했으며 국민들 사이에서 극단적 민족주의와 반유대주의가 널리 퍼져 있었다. 군부에 의해 독일 스파이로 지목된 드레퓌스 사건을 두고 프랑스 국민들은 드레퓌스파와 반드레퓌스파로 양분되었다. 드레퓌스의 유죄를 주장하는 쪽에서는 국가의 안전보장과 사회질서를 위해서라면 진실과 개인의 인권을 무시할 수 있다고 보았다. 반면 드레퓌스의 무죄를 주장하는 쪽에서는 자유·평등·박애와 인권 보장이라는 혁명과 공화정의 정신이 제대로 지켜져야 나라의 번영과 안정도 있다고 강조했다. 마침내 진실과 인권과 정의를 주장하는 사람들이 승리했고, 혁명 전으로 되돌아가려 한 왕당파와 극보수파, 군대라는 수단과 국가 안보라는 목적을 혼동한 군부, 반유대주의를 조장한 가톨릭교회는 신망과 영향력을 잃게 되었다. 이렇게 드레퓌스 사건은 프랑스가 19세기말 20세기 초에 봉건적 잔재를 떨쳐버리고 공화주의적 민주주의 사회로 발전하는 데 결정적으로 기여했다.

드레퓌스 사건은 프랑스 사회에 많은 영향을 미쳤다. '나'와 다른 생각과 원칙을 가진 사람도 자기 견해를 표명하고 그에 따라 살 수 있도록 허용하는 것, 즉 시민들 사이에서 다름과 다양성을 인정하는 톨레랑스(tolerance 관용)가 사회적 윤리로 자리 잡게 되었다. 국가와 종교의 분리를 위한 정교분리법이 1905년 제정됨에 따라 국가의 공식 종교도 없고, 어떤 종교에도 경제적 지원을 하지 않으며, 모든 종교 건물은 국가의 건물로 환원되었다. '드레퓌스파'와 '반드레퓌스파' 모두 언론을 통해 대중을 대상으로 자신들의 주장을 내세우고 상대방의 주장을 반박하면서 봉건적 전통에 맞선 여론의 힘과 언론 매체의 사회적 중요성을 재인식했다. 유대인들은 문명국가라 믿었던 프랑스에 닥친 반유대주의 광풍에 공포를 느끼면서 민족 정체성을 확립하고 시오니즘(Zionism 유대 민족주의) 운동을 벌였고, 제2차 세계대전 후 유대인의 나라 이스라엘을 세웠다.

지식인들은 드레퓌스 사건을 통해 새롭게 정체성을 확립하고 '사회

참여의 전통(앙가주망engagement)'을 만들었다. 드레퓌스를 지지하는 문인과 학자와 언론인 등은 거짓된 선동에 맞서 싸우기 위해 말과 글을 주고받고 함께 모여 전통에 대항하는 새로운 여론을 형성하면서 지적 활동(사유의 영역)과 사회참여(실천의 영역)를 결합시킨 '지식인들'이라는 사회집단을 이루었다. 지식인은 사회·정치 분야의 전문가는 아니지만 자신의 영역에서 이루어낸 지적 활동의 명성을 바탕으로 중요한 사회문제에 대해 자유와 연대의식을 바탕으로 주장하고 행동하는 사람이다. 드레퓌스 사건 이후 프랑스에서는 양심에 따른 지식인의 사회참여가 활발해지고 의무가 되었다. 철학자 장 폴 사르트르J. P. Sartre로 대표되는 프랑스 지식인들은 제2차 세계대전 때에는 레지스탕스 운동을 펼쳤고, 알제리 전쟁에서는 식민지 알제리를 해방시키려고 조국에 대항했고, 인도차이나 전쟁 때에는 프랑스와 미국을 비난했고, 체코를 침공한 소련을 비난했다. 1961년 권력의 눈엣가시인 사르트르를 체포하자는 제안을 듣고 드골 프랑스 대통령이 "볼테르를 바스티유에 넣을 수는 없다"라고 대답했다는 일화는 유명하다.

무고한 드레퓌스는 어떻게 독일 스파이로 몰려 범인으로 단정되었는가? 맨 처음 수사 단계에서 조사관들은 유대인에 대한 잘못된 편견을 갖고 있었고, 필적 감정 같은 증거조사를 객관적으로 하지 않았으며, 명백하게 모순되는 점에 대해서는 애써 눈을 감았다. 언론은 사실관계를 제대로 파악하지도 않은 채 군국주의적 애국심과 반유대인 정서를 자극해 선동했다. 군부와 정치 엘리트들은 사건에 대한 진실보다 군대의 체면과 위신만 강조하며 진실을 은폐하고 잘못 인도된 여론에 무릎을 꿇었다. 조사관들은 사실이 밝혀지고 진범이 드러났는데도 증거 조작과 허위 증언으로 일관했다. 처음 군사재판은 필적 감정의 잘못을 지적하지 않고 의견이 다른 감정인을 부르지 않았고, 앙리에게 제보했다는 사람의 이름과 진실성을 확인하기는커녕 답변을 거부하도록 했고, 법에 규정된 대로 피고인 측에 문서를 제시하지 않고 장관의 비밀 편지를 그대로 믿었다. 이렇게 1차적으로는 수사기관의 조작과 재판부의 현실에 대한 타협으로, 2차적으로는 군과 정부와 언론이 개인에 대한 진실과 정의보다 국가 안보와 군의 권위를 중요시하면서 유대인 드레퓌스 대위는 반역자로 낙인찍혔다.

　드레퓌스가 무죄 판결을 받기까지 왜 12년이란 오랜 세월이 걸렸을까? 앞에서 보았듯이 형사사건이 유죄로 확정되면 재심으로 바로잡는 것은 어렵고 복잡하다. 드레퓌스 사건으로 프랑스 국민들은 분열되었는데, 이런 상황에서 판결을 번복하는 경우 엄청난 정치·사회적 갈등이 일어날 수 있으므로, 법적 논리만으로 해결할 수 없는 문제였다. 드레퓌스 사건의 대처 과정에서 재심 찬성파와 재심 반대파가 극렬하게 대립하면서 의회와 정부는 갈팡질팡했고, 내각은 자주 교체되었으며, 재심 사건을 담당한 파리 고등법원과 파기원은 상당한 갈등을 겪었다. 결국 여론에 밀린 국방부가 증거들이 위조되었다는 것을 밝혔고, 수많은 증인을 일일이 재조사한 파기원은 사건을 군사법원으로 되돌리지 않고 직접 무죄를 선고함으로써 역사적 책무를 다했다. 형사사건에서 재심 청구가 가능하려면 유죄 선고를 뒤집을 '새로운 증거'를 어떻게 해석하고 판단하는지에 달려 있지만, '새로운 증거'를 어떻게 찾아낼 것인지도 중요하다. 박준영 변호사는 이렇게 말한다.

　재심을 이끌어내는 데 가장 중요한 것은 조사 권한과 역량이죠. 과거
　사위원회가 시국 사건 재심을 많이 할 수 있었던 것은 권한과 인력을

이용해 체계적인 조사가 가능했기 때문이에요. 재정 문제도 중요해요. 일을 맡아서 할 사람이 있어야 하는데 개별 변호사가 돈 안 되는 재심 사건만 맡아 얼마나 할 수 있겠어요. 피해자 구제를 위한 기관이 필요해요. 사법 발전을 위해서라도 필요하다고 생각합니다.[6]

12년에 걸쳐 진행된 재판으로 밝혀진 것은 드레퓌스 대위가 프랑스를 배신한 스파이가 아니라는 사실뿐이다. 반역자 에스테라지도, 증거를 조작하고 허위 증언한 앙리를 비롯한 참모본부 장교들도, 군을 욕되게 한 메르시에를 비롯한 참모본부와 국방부 장군들도 1900년의 사면령에 따라 아무런 처벌을 받지 않았다. 만약 사면령이 없었더라면 이들에게 추상같은 수사와 엄정한 재판이 내려졌을지 궁금하다.

11

노동자의
최대 노동시간을
법으로 정하는 것은
정당한가?

로크너 재판에서 다수 의견을 주장한
루퍼스 페컴 대법관

로크너 재판

_1905, 미국

소수 의견을 펼친 올리버 홈스 대법관,
로크너 재판이 한 시대의 이름으로 불린 이유는
홈스 대법관의 반대 의견 때문이었다.

시간과 법정

1905년, 미국 연방 대법원

사건 당사자

조셉 로크너Joseph Lochner VS. 뉴욕주New York

재판의 쟁점

주 정부가 제과점 노동자의 최대 노동시간을 법률로 정하는 것은 계약의 자유를 침해하는 것으로 헌법에 위반되는가?

재판의 결론

제과점 노동자의 건강과 공중 보건이라는 법의 목적과 최대 노동시간이라는 수단이, 직접 관련성이 없고 실질적 효과도 없으므로 헌법에 위반된다.

역사적 질문

특정한 경제 이론으로 헌법과 법률을 판단하는 것은 정당한가?

저녁이 있는 삶

우리나라는 경제협력개발기구OECD 회원국 35개국 가운데 출산율, 자살률과 산업재해 사망률에서 1, 2위를 다투는데 근로시간도 마찬가지다. 2016년 기준 연평균 근로시간은 2,069시간으로, 우리나라보다 근로시간이 많은 국가는 멕시코(2,255시간)와 코스타리카(2,212시간)뿐이다. 선진국의 경우 미국은 1,783시간, 영국은 1,676시간, 프랑스는 1,472시간, 독일은 1,363시간, 일본은 1,713시간이다. 우리나라는 독일보다 무려 706시간 더 일하고, 35개국 연평균 1,763시간보다도 연간 306시간, 즉 2개월(우리 평균으로는 1개월 반)이나 길게 일하고 있다.

우리 근로기준법에 따르면 근로자의 건강·안전과 삶의 질을 향상시키기 위해 성인 근로자에 대해 하루 8시간, 주당 40시간 이내로 근로시간을 제한하며, 당사자가 합의하면 주당 12시간 이내에서 추가 수당을 지급하고 연장근로를 할 수 있도록 규정하고 있다. 그렇다면 주당 최대 근로시간은 52시간인데, 고용노동부는 '1주'에서 휴일을 제외한 52시간에다가 당사자가 합의해서 휴일에 근무할 수 있는 16시간을 합쳐서 최대 근로시간은 68시간이고 휴일근로 50% 할증률만 지급하면 되는 것으로 운용해왔다. 이에 노동자 측은 '1주'의 뜻을 휴일까지 포함하는 것으로 규정해 '저녁이 있는 삶'을 보장해야 한다고 주장했다. 근로시간 단축에 관해 사용자 측은 최대 근로시간을 줄이면 중소기업과 자영업자가 타격을 입을 뿐만 아니라 기업의 추가 부담이 12조 원 증가하며, 노동자도 소득이 감소할 것이라고 반박했다.

2008년 성남시 환경미화원들이 휴일 근무는 연장근로이자 휴일근로이므로 통상임금의 200%를 지급해야 한다고 주장하며 받지 못한 수당에 대해 청구 소송을 제기했다. 제1심과 항소심에서는 노동자 측이 승소했으나, 대법원은 2018년 6월 21일, 8 대 5로 휴일 근무는 통상 업무 시간을 넘겨 일하는 연장 근무와 다르므로 50% 할증률만 적용된다고 판시했다. 결국 논의가 시작된 지 5년 만인 2018년 2월 28일 주당 최대 근로시간이 68시간에서 52시간으로 줄어들면서 8시간 이내의 휴일근로에 대해서는 통상임금의 150%를, 8시간을 초과하는 휴일근로에 대해서는 통상임금의 200%를 지급하는 근로기준법 개정안이 국회에서 통과되었다. 이는 2018년 7월 1일부터' 시행된다. 새로운 근로기준법이 '인간다운 삶으로 나아가는 대전환의 첫걸음'이자 '일자리를 늘릴 수 있는 절호의 기회'가 되기 위해서는 법 시행으로 인한 경제·사회적 효과를 다각도로 분석하고 노사정勞使政이 지혜를 모아 후속 보완책을 모색해야 할 것이다.

전문가들에 따르면 2010년대 이후 경제·사회적 환경이 변화하면서 일자리, 즉 고용 문제가 더 복잡하고 어려워졌다고 한다. 연평균 성장률은 3% 이하로 떨어지고, 인구는 고령화되고, 노동집약적이고 저임금인 서비스업 일자리만 늘어나고, 외벌이 모델에서 맞벌이 모델로 바뀌고, 독과점 대기업 위주의 경제구조로 인해 대기업과 그에 속한 사내 하청으로 노동시장이 이중화되고, 디지털 기술의 발달로 고용 시장이 줄어들었다. 양질의 일자리는 늘리고 근로시간은 줄임으로써 노동과 생활이 조화롭게 균형(워라밸, Work and Life Balance의 줄임말)을 이루며 가족과 함께 '저녁이 있는 삶'을 살아가는 시대는 언제쯤 올까.

산업사회로의 성장과
노동자들의 노동시간 문제

1865년 남북전쟁이 북부의 승리로 끝나면서 미국의 산업은 비약적으로 발전했다. 미국은 1890년대에 생산품의 질과 양에서 세계적인 제조업 국가가 되었는데, 영국이 산업혁명 이후 100년 만에 이루어낸 것을 그 절반 기간에 이룬 것이었다. 미국인들의 삶이 향상되고 부가 증대되었지만, 결실은 공평하게 분배되지 않았다. 산업계의 거부들과 중간계층은 전례 없는 번영을 누렸으나, 평범한 사람들의 일상생활은 과거보다는 다소 좋아졌지만 여전히 힘들고 고통스러웠다.

19세기 말부터 20세기 초반 제2차 산업혁명으로 일컬어지는 미국 산업 성장의 주요 원동력은 나날이 발전하는 새로운 기술과 원료 및 생산 공정의 발달이었다. 전화기와 라디오, 타자기와 계산기가 보급되면서 기업은 효율적으로 조직을 운용할 수 있게 되었다. 조명과 동력의 원천인 전기가 발명되어 저녁에도 일터나 가정을 밝혔고, 엘리베이터가 상용화되었다. 고효율의 증기기관이 개발되고 강철산업이 확산되면서 대형 선박이 무역 운송을 도맡았고, 대륙 횡단 철도의 건설로 자원과 물자가 원활하게 수송되었다. 기업은 새로운 경영기법으로 노동자의 작업을 세분화했고, 중간 관리자를 통해 체계적으로 생산현장을 관리했다.

넓어진 영토를 기반으로 시장이 확대되자 철도 부호나 다른 사업가들은 주식회사를 설립하고 많은 자본을 끌어들였다. 동종업계 회사들 사이의 경쟁을 뚫고 합법적 또는 비합법적 수단을 동원한 전국적 규모의 거대 기업체들이 등장했다. 이들은 동종업종의 여러 회사를 하나로 통합하거나, 업종이 다른 회사들을 가장 중요한 기능을 하는 회사에 통합하면서 '기업 제국'을 건설했다. 그 결과 모건 같은 거대 자본의 은행가, 카네기나 록펠러 같은 제조업계 거물들이 미국 경제를 지배했다.

20세기에 들어서면서 미국 경제는 눈부시게 발전했지만 기술에 대한 지나친 맹신, 효율성을 최고의 가치로 여기는 데 따른 부작용도 발생했다. 기술 발전으로 일자리를 잃거나 갑작스레 임금이 깎이는 등 노동자의 지위도 불안정해졌다. 노동자들은 엄격하고도 단조로운 시간표에 맞추어 날마다 똑같은 일을 반복했다. 정부의 감독이 없는 상태에서 불결하고 비위생적인 작업 환경에 안전성마저 떨어지는 공장과 작업장이 많았다. 공장 노동자들 대부분은 하루 10시간, 주당 60시간을 일했다. 단순노동을 필요로 하는 곳에서는 여성이나 어린이를 저임금으로 고용했는데, 최소한 170만 명에 달하는 16세 이하 어린이가 공장이나 농장에서 일했다.

수많은 노동자의 비인간적인 처우를 개선해야 한다는 목소리가 점점 높아졌다. 노동자들은 노동조합을 결성하고 파업을 벌였으나 번번이 실패했다. 노동운동가와 일부 정치인들은 19세기 중반부터 최대 노동시간을 정함으로써 여가시간을 확보하고 비위생적 환경에서 일하는 시간을 줄여 노동자들의 건강을 도모하자고 주장했다. 상대적으로 온건한 최대 노동시간 문제는 1867년부터 1870년까지 코네티컷주와 일리노이주 등 4개 주에서 하루 8시간으로 제한하는 법률이 제정되면서 결실을 맺기 시작했다.

너무 어린 노동자 | 1909년 미국 앨라배마주에서는 5세 정도의 아동들이 하루에 최대 18시간을 유리 공장, 직물 공장 등에서 혹사당했다.

역사적으로 살펴보면, 최대 노동시간 문제는 18세기 말 영국에서 시작된 산업혁명으로 많은 노동자가 저임금·장시간 노동에 시달리면서 가장 먼저 대두된 사회문제였다. 산업혁명 초기 영국의 성인 노동자는 하루 12~16시간, 주당 90~100시간 일하는 것이 보통이었다. 영국은 1833년 '공장법Factory Act'을 제정해 9~13세의 아동(하루 9시간, 주당 48시간)과 18세 미만의 아동(하루 12시간, 주당 69시간)으로 나누어 제한했다. 프랑스는 1841년과 1892년 연소자와 여성의 최대 노동시간을 법률로 규정했고, 1848년 성인의 최대 노동시간을 하루 12시간으로 제한하는 법률을 시행했다. 국제노동기구ILO는 최대 노동시간을 1919년 하루 8시간, 주당 48시간으로 제한하고, 1935년 주당 40시간으로 제한하는 조약을 체결했다. 그 후 여러 나라가 법률을 제정하면서 하루 8시간, 주당 40시간 노동제도가 확립되었다.

세계 제일의 산업국가가 된
미국의 사회적 논쟁들

19세기 말 미국이 최고 산업국가로 성장하게 된 기반인 자본주의를 정당화하는 사회이론이 등장했는데, 생물학자 찰스 다윈Charles Darwin의 '진화에 관한 법칙과 종種들끼리의 자연도태에 관한 법칙'을 인간 사회에 적용한 '사회적 진화론Social Darwinism'이 대표적이다. 영국 철학자 허버트 스펜서Herbert Spencer에 따르면 인간 사회에서는 생존에 가장 적합한 개인, 즉 강자와 재능 있는 자들만 살아남고 번영한다는 것이다. '사회적 진화론'에 대응하는 경제 이론은 '자유방임주의laissez faire'였다. 이 이론에 따르면 정부의 규제는 재산을 소유할 자연권과 계약의 자유라는 근본적 이익을 부당하게 간섭하는 것이므로, 뛰어난 자가 성공하는 것을 간섭하지 않도록 정부 규제를 최소화해야 하고, 노동자와 소비자 및 경쟁자를 보호하기 위한 경제 규제 법률은 원칙적으로 부당하다는 것이다. '사회적 진화론'과 '자유방임주의'는 보수적 정치인과 기업가, 많은 지식인으로부터 환영받았다.

산업계의 거물들을 비롯한 기업 경영자들은 '사회적 진화론'과 '자유방임주의'가 자신들의 성공을 정당화하고 시장경제의 장점을 설명하는 것으로 여겼다. 그러나 경제 현실은 다소 달랐다. 대기업의 경영자들은 경쟁의 미덕과 자유로운 시장을 찬양하면서도 매점매석, 독과점, 기업합병 등으로 중소기업의 도전을 막았고, 노사관계에서 정부의 간섭은 배제하면서도 세금 감면을 요구했다. 그리고 자신들의 이해를 적극적으로 반영하기 위해 직간접으로 입법 과정에 관여했다.

일부 지식인들은 사회적 진화론이나 자유방임주의에 대해 불평등을 조장 또는 옹호하는 비도덕적인 사상이라고 비판했다. 어떤 사람은 문명 사회에서 사람들은 지성에 따라 바람직한 사회를 형성할 능력이 있으므로, 정부는 부조리한 사회·경제 체제를 쇄신하기 위한 계획을 세워야 한다고 주장했다. 어떤 사람은 지가 상승으로 얻은 소득은 불로소득이므로 다른 모든 세금을 대신해 토지에 '단일세'를 부과해야 한다고 주장했다. 좀 더 많은 사람은 거대기업이 시장을 독점하면서 자유경쟁을 훼손하고 물가를 조작하므로 공적 규제를 해야 한다고 생각했다. 이런 바탕에서 19세기 말부터 혁신주의Progressivism 운동이 일어났다. 그들은 대기업의 횡포와 사회의 부정부패, 노동자들의 열악한 근로조건과 경제적 불평등을 고발했고, 정부에는 자유방임 상태에서 벗어나 적극적으로 경제·사회에 간섭하고 조정할 것을 촉구했다.

상당수 지식인들이 주장하고 일반적으로 널리 받아들여진 것은 실용주의Pragmatism였다. 실용주의자들은 어떤 생각이 올바른지는 생각 자체가 아니라 생각이 만들어낸 행위의 결과에 의해 결정되고, 진리는 원래 있는 것을 발견하는 것이 아니라 실천을 통해 만들어진다고 주장했다. 그들에 따르면, 작동하지도 않고 경험이라는 시험도 거치지 못하는 사상이나 제도는 타당하지 않다. 실용적 가치와 실천적 성과를 중시하는 실용주의는 미국인들의 개척 정신에 들어맞았으며, 새로 법을 만들거나

해석하는 데 실용주의적 방법에 따라야 한다고 생각하는 사람들이 점점
늘어났다.

뉴욕주 제과점법에 대한
로크너의 항의

1895년 뉴욕주 의회는 제과점을 운영하는 사업자를 대상으로 제과점
노동자의 노동시간을 주당 60시간, 하루 10시간으로 제한하고, 이를 초
과할 경우 형사처벌을 받는 내용의 '제과점법Bakeshop Act'을 제정했다.
이 법은 뉴욕주 제과점 노동자들이 노동조합을 결성하고 주당 60시간
이상 혹은 하루 10시간 이상의 노동시간 금지를 요구하면서 발의되었
다. 1880년대 중반에 이르러 미국에서는 많은 직종에서 하루 10시간 노
동이 정착되어가고 있었지만, 경쟁이 심했던 제과점 업계는 그렇지 못했
다. 제과점 노동자들은 10시간 노동을 요구하며 파업을 벌이거나 입법
청원을 하는 등 여러 방면으로 노력했으나 실패를 거듭했다.
　　제과점 노동자들은 지하 갱도의 탄광 노동자들처럼 위험한 환경에
서 작업하지는 않았으나, 밀가루뿐 아니라 과자나 빵을 굽는 화덕의 극
심한 온도 변화, 가스 연기 등에 노출되어 있었다. 1894년 뉴욕시 맨해
튼 지역에서 한 유대인 제과점 노동자가 사망한 사건이 발생했다. 언론
에서는 맨해튼과 브루클린의 공동주택 지하실에 있는 제과점의 비위생
적인 실태를 조사하고 이를 고발했다. 혁신주의자들은 제과점의 위생 개
혁을 촉구했고 주 정부는 조사 결과를 발표했는데, 그 내용은 '바퀴벌레
와 다른 벌레들이 판매용 제품(과자나 빵)의 한 부분이 되고 있다. 쥐는

이런 카타콤의 인간 주민들을 두려워하지 않는 듯 빵과 구멍 사이로 오가며 달린다'는 충격적인 것이었다.

결국 언론에 보도된 지 8개월 후 뉴욕주 의회는 제과점법을 만장일치로 통과시켰다. 제과점법에는 주당 60시간 이상 혹은 하루 10시간 이상의 노동을 금지하는 최대 노동시간 제도를 비롯해, 제과점의 통풍 시설, 급배수 시설, 바닥 시설 등 제과점 환경에 관한 최소 요건이 규정되었다. 이 법률이 제정되면, 노동환경이 개선되어 제과점 노동자들의 건강과 권익을 보호하고 작업장에서 생산되는 빵(과자)의 위생과 품질이 향상되리라 예상되었다.

그런데 문제는 뉴욕주의 제과점 업계가 기업이 운영하는 대규모 제과 공장과 개인이 운영하는 영세한 제과점으로 나뉘어 있고, 그에 따라 노동자의 노동시간도 큰 차이가 있다는 점이었다. 제과 공장에서는 노동시간이 제과점법이 규정한 대로 대부분 하루 10시간이었지만, 영세한 제과점에서는 12시간 이상 일했다. 더 현대화된 제과 기계가 설비된 '공장'으로 출퇴근했던 제과 공장과 달리, 영세한 제과점의 경우 몇몇 사람이 공동주택의 지하방에서 구식의 제과 기계로 작업하고, 작업실의 옆방이나 제과 작업 탁자 위에서 먹고 자면서 언제든지 제과점 주인의 작업 명령에 대기 상태로 있어야 했다.

이미 제과 설비의 현대화, 노동자의 조직화, 작업 교대 제도가 정착된 기업형 제과 공장에서는 제과점법이 시행되더라도 큰 문제가 없었지만, 영세한 제과점에서는 이민자들을 장시간 노동과 저임금으로 고용하면서 근근이 대응해온 가격경쟁에서 밀려날 수밖에 없는 운명에 처했다. 영세한 제과점 주인들은 "작은 제과점들이 법 규정을 따르는 것은 불가능하다. 이 법의 목적은 대규모 제과 공장을 위해 영세한 제과점을 파산시키려는 것이다"라고 비난했다. 그들은 '뉴욕주 제과 명인 연합'을 결성하고, 최대 노동시간 조항의 위헌성을 주장할 만한 시험 사건을 찾았다.

1902년 4월 이 연합에 소속된 제과업자 조셉 로크너Joseph Lochner가 아만 쉬미터라는 노동자를 주당 60시간 이상 노동시켰다는 이유로 체포되었고, 50달러의 벌금형을 선고받았다. 로크너는 벌금 납부를 거부하고 연합의 지원 아래 그 법률이 헌법이 보장하는 적법절차를 지키지 않고 계약의 자유를 침해했으므로 위헌이라고 주장했다. 결국 이 사건은 뉴욕주 대법원을 거쳐 연방 대법원까지 올라갔다. 이것이 로크너 재판이다.

제과점 노동자의 최대 노동시간을
법으로 정하는 것은 정당한가

뉴욕주 대법원에서 4 대 3으로 패소한 로크너의 변호사들은 연방 대법원에서 최대 노동시간을 규정한 제과점법이 헌법에 위배된다는 논거를 이렇게 밝혔다. 이 법률이 제과점 노동자들에게만 적용되고 비슷한 상황에 있는 호텔이나 레스토랑의 노동자를 비롯해 개인 제과업자나 그 가족에게 적용되지 않는다는 점에서 불평등하고 편파적이다. 제과점 노동자가 탄광 노동자 등 다른 직종의 노동자들보다 심각하게 더 위험해 정부로부터 특별히 보호받아야 할 집단이 아니다. 제과점 노동자의 사망률이 일반 노동자보다 떨어지므로 제과업이 다른 직종보다 보건상으로 더 유해한 직종도 아니다.

1905년 4월 17일 연방 대법원은 대법관 9명 중 5명의 찬성으로, 뉴욕주가 '제과점법'을 만들어서 제과점 노동자의 최대 노동시간을 규정하

1910년대 빵 공장의 풍경 | 1895년 뉴욕주는 제과점 노동자의 노동시간을 하루 10시간, 주당 60시간으로 제한하는 '제과점법'을 통과시켰다. 노동자의 권리를 보장하기 위한 법이었지만, 실제 이 법이 시행되자 많은 영세 제과업자가 큰 타격을 입었다.

고 이 규정을 어길 시에 처벌하는 것은, 헌법이 규정하는 적법절차를 지키지 않고 제과업자와 제과점 노동자 사이의 계약의 자유를 침해하는 것으로서 무효이므로 로크너를 처벌할 수 없다고 판결했다.

먼저, 루퍼스 페컴Rufus W. Peckham 대법관이 쓴 다수 의견을 살펴보자.

공중 보건, 안전, 도덕 및 복지 등을 위해 경찰권의 행사로 개인의 기본적 자유와 권리가 제한될 수밖에 없는 상황에서는 주 정부가 입법을 할 권한이 있다. 그러나 제과점법은 그러한 특별 상황, 즉 공중 보건이나 공공의 이익과 합리적인 관련성 없이 개인 간의 계약 문제에 개입했다. 제과점 노동자가 수행하는 업무가 법률에 의해 노동자의 노동할 권리, 그리고 고용자와 피고용자가 고용 계약을 자유롭게 체결할 권리를 규제해야 할 정도로 건강에 해로운 일이 아님은 명백하다. 극단적인 가정이지만 이러한 법률이 허용된다면, 마찬가지 논리로 건강한 시민을 육성한다는 이유로 고용주의 업무 시간도 정해야 한다. 또 의사나 변호사 같은 전문직 및 운동선수나 예술가의 장시간 근무, 훈련 및 예술 활동을 규제해 그들의 신체와 정신을 혹사하는 것을 방지한다며 건강법을 만드는 것도 허용되어야 할 것이다. 계약의 자유를 제한하는 법이 정당화되려면 목적은 정당하고 목적과 수단은 직접적으로 연관성이 있어야 한다. 또한 법의 목적은 문구가 아니라 실제로 시행될 때 자연적으로 드러나는 효과로 결정된다. 제과점 노동자의 노동시간과 제품의 위생 사이에 상관관계를 발견하는 것은 불가능하며, 설령 있더라도 정부가 개입하기에는 빈약하고 모호하므로, 결국 최대 노동시간 제도는 자유롭게 계약을 맺을 권리를 침해하는 것으로서 헌법에 위배된다.

이 다수 의견에 대해, 존 할란John Marshall Harlan 대법관 등 3명의 반대 의견과 올리버 웬들 홈스Oliver Wendell Holmes 대법관의 반대 의견이 있었다. 할란 대법관은 사법부가 그동안 주 정부의 경찰권이 공중 보건과 공공 안전을 위해 확대된 것을 판례로 인정해왔다고 밝혔다. 그러면서 제과점 노동자들이 하루 10시간, 주당 60시간을 초과해 노동하는 것이 건강에 위험을 초래한다는 것은 단순한 구실이 아니고 최대 노동시간 제도는 밀폐된 공간에서의 나쁜 공기 등 작업환경을 고려해 설계된 합리적인 규제라고 반박했다. 로크너 사건이 사람들에게 널리 알려지고 한 시대의 이름으로 불린 이유는 홈스 대법관의 반대 의견 때문인데, 여기서는 그것을 그대로 읽어본다.

본 판결은 대다수의 국민이 달가워하지 않는 경제 이론에 근거해 결정되었다. 만약 내가 그 경제 이론에 개인적으로 동의하는지의 여부가 쟁점이라면 최종 결정을 내리기 전에 그 이론을 더 연구해봐야 할 것이다. 그러나 내가 그 이론에 동의하는지의 여부는 다수가 자신들의 견해를 법률 속에 반영시킬 권리와 아무 상관도 없기 때문에 나는 그것이 내 의무라고 보지 않는다. 본 법정은 주 헌법과 주 법률이 주민들의 생활을 여러 방면에서 규제할 수 있다는 관점을 보여왔다. 이는 입법자의 관점에서 보았을 때 부적절하게 보일 수도 있으며, 본 건에서와 같이 계약의 자유마저 간섭하는 태도로 독재적으로까지 생각될 정도이지만 과거의 다양한 판결을 통해 인정되어온 바이다. 일요일 준수법이나 고리대금 규제법이 그 고전적인 예라 할 수 있다. 보다 근대적인 예로는 복권 사업 금지가 있다. 일부 유명한 저술가들 사이에서는 일종의 주문 비슷하게 되어버린, 타인이 똑같은 행위를 할 권리를 방해하지 않는 한 어떤 행위를 해도 좋을 것으로 정의되는 시민 개인의 자유는 실제로는 학교 법, 우체국 법, 그리고 시민 개인의 선호와는 상관없이 필요하다고 생각되는 목적을 위해 세금을 거둬들이는 모든 주나 시 정부 기관의 행보에 의해 간섭받기 마련이다.

수정헌법 제14조는 스펜서의 사회정학(社會靜學, Social Statics)을 따르지 않는다. 연방 정부 및 주 정부의 법령을 요리조리 모아 계약의 자유를 제약하는 결정을 내리는 일은 낯선 것도 아니다. 최근 우리 대법관들은 매사추세츠주의 예방접종법을 승인했으며, 2년 전에는 주식의 신용 매입이나 선물 거래를 금지하는 캘리포니아주 헌법을 승인했다. 광부들의 노동시간을 하루 8시간으로 제한하는 법률을 인정한 것도 불과 얼마 전의 일이다. 이 가운데 어떤 법률은 판사들도 공유할 만한 확신이나 편견을 구현한 것이지만 그렇지 않은 경우도 있다. 그러나 헌법은 가부장적 국가주의에 기초하건, 시민과 국가의 유기적 관계에 기반하건, 혹은 자유방임이건 관계없이 어떤 특정한 경제 이론도 구현하려 의도하지 않는다. 헌법은 근본적으로 견해를 달리하는 모든 사람을 위해 만들어졌다. 따라서 우리 법관들이 어떠한 법률의 내용에 대해 자연스럽고 친숙하다고 생각했거나, 새롭고 참신하다고 느꼈거나, 혹은 다소 충격적으로 받아들였다고 해서 해당 법률이 미국의 헌법과 상충하는가의 여부를 판단할 때 그러한 개인적 견해의 영향을 받아서는 안 될 것이다.

구체적인 상황은 보편적인 명제에 따라 결정되지 않는다. 사건의 결정에 영향을 미치는 것은 어떤 공들인 대전제라기보다는 미묘한 판단력과 직관이다. 그러나 나는 막 언급한 명제가 받아들여진다면 우리를 결론까지 이끌어주리라 생각한다. 모든 의견은 법률이 되는 경향이 있다. 나는 수정헌법 제14조의 자유라는 단어가 절대다수 의견의 자연스런 결과물인 어떤 법안을 막아서는 수단으로 이용된다면 그 의미가 왜곡되는 것이라고 생각한다. 다만, 이성적이고 공정한 개인이 보았을 때 제안된 법안이 우리 국민 정서와 법률적 전통에서 이해된 기본 원칙들을 훼손할 것으로 믿어지지 않는다면 말이다. 우리 앞에 놓인 뉴욕주의 제과점법이 심하게 규탄받을 만큼 나쁘지 않음을 증명하는 데는 많은 노력이 필요치 않다. 이성적인 사람이라면 건강의 측면에서 적절한 조처라고 생각한다. 다만, 내가 감히 비이성적이라고 단정할 수 없는 사람들이 그 법안을 노동시간의 전반적인 규제의 출발점으로 판단할지도 모른다. 그러나 후자의 측면이 불평등의 요소가 있는지의 여부를 논의하는 것은 불필요하다는 것이 내 생각이다.[2]

실체적 적법절차 이론과
'로크너 시대'

미국 연방 대법원이 최대 노동시간 제도를 위헌이라고 판단한 이유는 '적법절차'를 위반했기 때문이었다. 복잡한 법률 문제이지만 가능한 한 쉽게 살펴보고자 한다. 연방 헌법 제5조는 "누구든지 적법절차due process of law에 의하지 아니하고는 생명, 자유 또는 재산을 박탈당하지 아니한다"라고 규정했고, 수정헌법 제14조는 "어떠한 주도 적법절차에 의하지 아니하고는 누구로부터 생명, 자유 또는 재산을 박탈할 수 없다"라고 규정했다.

적법절차는 먼저 정부가 개인의 자유 등을 박탈하려면 미리 알려주고 의견을 진술하는 기회를 주어야 한다는 점에서 '절차적 적법절차'를 뜻한다. 나아가 법이 추구하는 목적이 올바르고 개인에게 부과하는 제한(수단)이 부합하는지 따져 개인의 자유나 재산을 박탈할 만한 충분하고도 정당한 사유를 요구한다는 점에서 '실체적 적법절차'도 의미한다. 예를 들면, 정부가 부모의 자녀에 대한 보호감독권을 박탈하려면 사전에 고지와 청문 절차를 거치고, 보호를 끝낼 필요성에 대해 명백하고 설득력 있는 증거를 제시해야 한다. 여기서 고지와 청문은 '절차적 적법절차'상 요구되는 것이다. 한편, 자녀에 대한 보호감독권은 부모의 기본적인 권리이므로 이를 박탈하려면 학대나 보호 태만을 방지할 필요성과 같은 절실한 목적이 필요하다는 점은 '실체적 적법절차'상 요구되는 것이다.

정부가 자의적으로 개인의 자유를 박탈하는 것은 부당하므로, 사법부가 이런 내용의 법률에 대해 사법심사권, 즉 위헌법률심사권을 발동해 무효라고 선언하는 것은 당연하다. 그런데 연방 대법원은 19세기 후반부터 재산을 소유할 권리와 계약을 체결할 권리를 보호하기 위해 경제적 생활을 실질적으로 규제하는 입법부의 권한에 한계를 정하는 근거로 '실체적 적법절차'를 내세웠다. 연방 대법원은 1897년 주 정부로부터 인가받지 않은 보험회사가 보험계약을 체결하는 것을 금지한 주 법률에 대해, 자유로운 계약 체결을 방해한다는 점에서 적법절차에 위반되므로 무효라고 판단했다. 8년 후 대법원은 로크너 사건에서 제과점 노동자의 건강을 위한 최대 노동시간 제도에 대해 법으로 달성하려는 목적과 규제수단이 적절하지 않고 합리적이지 않다는 이유로 무효라고 선언함으로써 사회적으로 큰 파장을 불러일으켰다.

19세기 후반 미국의 기업가들은 세금 문제나 기업의 유지·발전에 대해서는 정부의 개입을 바라면서도 노사문제에 대해서는 자유방임을 주장했다. 반면 노동자들과 사회개혁가들은 노사문제에 정부가 적극적으로 개입해 교섭력이 약한 노동자들을 보호해줄 것을 요구했다. 이런 상황에서 연방 대법원이 '실체적 적법절차'를 내세워 노동조건 개선 입법을 무효라고 선언했던 것이다. 이 판결 이후 여러 사회계층은 정부에 자기들에게 유리한 방향으로 입법할 것을 촉구하고, 반대로 불리하게 법률이 제정된 경우 '계약의 자유'나 '재산권 보호'를 들어 법률을 무효로 해달라면서 법원의 문을 두드렸다. 미국 사법부가 로크너 사건에서처럼 언제나 기업가들의 손을 들어주지는 않았다. 그러나 1897~1937년까지 연방 대법원은 200여 건의 사건에서 '실체적 적법절차' 이론으로 주 정부의 경제규제 법률을 무효화했는데, 그중 상당수는 노사관계 법률이었다.

로크너 판결 및 그 바탕이 된 사법 철학은 그 후 여러 방면에서 거센 비판을 받았다. 1929년 미국에서는 국가 경제를 뿌리째 뒤흔드는 대공황이 일어났고, 그 후 당선된 프랭클린 루스벨트Franklin Roosevelt 대통령은 많은 국민의 지지 속에 연방 정부가 산업계와 노동계에 적극적으로 개입해 사회복지를 도모하는 내용으로 뉴딜New Deal 입법을 제정했다. 이러한 정책은 로크너 판결이 내세웠던 '계약의 자유' 철학과는 명백하게 모순되었는데, 연방 대법원이 1937년 워싱턴주의 최저임금 제도가 헌법에 위배되지 않는다고 판시하면서 비로소 경제 규제 법률을 무효로 하는 판단을 중단했다. 역사가들은 로크너 판결을 계기로 이런 흐름이 약 40년간 계속되었다는 점에서 이 시기를 '로크너 시대'라고 부르기도 했다. 1938년 연방 대법원은 "일상적인 상거래에 영향을 미치는 규제 입법은 통상 입법자의 지식과 경험 속의 합리적인 근거에 기초한다는 추정을 깨뜨릴 만한 속성을 갖지 않는 한 위헌이라고 선언되어서는 안 된다"라고 판시했고, 그 후에는 경제 규제 법률을 실체적 적법절차에 어긋난다는 이유만으로 위헌이라고 판단한 사건은 없었다.

역사의 법정에서

로크너 판결 이후 뉴욕주에서 제과업에 종사하는 노동자들의 근로시간은 어떻게 되었을까? 판결이 선고된 지 8년 후 소규모 제과점을 운영하는 업자들은 주 정부의 중재로 제과점 노동자들의 최대 노동시간을 하루 10시간으로 제한하는 데 동의했다. 19세기 말부터 진행된 노동시간 감축이라는 큰 흐름을 거스르기 어려웠을 것이다. 미국 연방 차원에서는 1938년 '공정노동기준법Fair Labor Standard Act'이 제정되면서 최저임금 보장과 더불어 노동시간을 하루 8시간, 주당 40시간으로 제한했다.

　　최대 노동시간을 법률로 정하는 것이 헌법에 위반된다는 로크너 판결은 정당한가? 오늘날 시각에서는 많은 사람이 부당하다고 생각할 것인데, 법적으로는 이렇게 비판할 수 있다. 노동력이 부족하지 않고 실효성 있는 노동조합이 존재하지 않는 상황이라면, 제과점 노동자가 사용자에게 하루 10시간보다 적게 일하겠다고 당당하게 말하면서 협상할 '계약의 자유'는 실제로 존재하지 않는다. 제과점 노동자에게 진정한 '계약의 자유'가 없으므로 근로계약 체결 단계에서 교섭력(영향력)의 차이를 조절하기 위한다는 제과점법의 목적은 정당하다. 제과점 노동자 및 공공의 건강과 안전이라는 법의 목적을 이루기 위해 제과점법이 채택한 최대 노동시간 제도가 직접적 관련성이 없고 실질적 효과도 없다고 판단한 것은 근거가 부족하고 편협하다. 법을 적용하고 해석하는 사법부가 자신들이 옳다고 생각하는 경제 이론을 입법부에 사실상 강요하는 것은 부당하다. 근본적으로 로크너 판결은 '자유롭게 자기 권리를 행사'할 수 있는 시민(권리의 주체)이 근로계약을 체결하면서 노동자로서 '타인을 위해 타인에 종속된 노동'을 제공하는 상태(권리의 객체)에 빠져드는 모순을 해결하기 위해 국가가 개입해야 한다는 점에 대한 인식이 부족했다고 생각한다. 유럽 각국과 미국은 20세기에 들어서서 노동자의 노동시간 및 노동조건을 법률로 규정했고, 여기서 더 나아가 노동자의 연대를 보호하고자 단결권·단체교섭권·단체행동권을 법으로 보장했다.

앞서 말했듯 이 판결이 널리 알려진 것은 홈스 대법관의 반대 의견 때문이다. 그는 다수 의견에 대해 적법절차를 규정한 수정헌법 제14조가 사회적 진화론을 입법화한 것도 아니고 그 입장에서 해석되어서도 안된다고 설명했다. 그리고 견해를 달리하는 사람들을 위해 헌법이 만들어진 점을 상기시키면서, 어떤 법률이 국민 정서와 법적 전통에서 이해된 기본 원칙을 침해한다고 일반적으로 받아들여지는 경우에만 위헌이라고 주장했다. 홈스는 실용주의 입장에서 법을 해석했다고 평가된다. 그가 쓴 판결문이나 책에서 이런 사고방식을 쉽게 찾아볼 수 있다. "법의 생애는 발생부터 지금까지 논리적인 것이 아니었으니, 그것은 경험이었다", "공식에 의존하는 것은 잠자는 것과 같고, 잠이 깊어지면 죽음과 같다", "한 페이지의 역사에도 책 한 권 분량의 논리가 있다". 홈스는 법학도에게 실정법, 즉 블랙 레터black letter 법학만 공부할 것이 아니라, 사회의 현실을 알고 법이 지향해야 할 방향을 찾기 위해 통계학과 경제학에도 익숙해져야 한다고 권고했다. 또한 법은 완성된 것이 아니고 계속해서 만들어져 가는 것이므로, 그 시대 국민들의 상식과 사회과학적 연구에 따라 발전되어야 한다고 주장했다. 그는 연방 대법원에서 반대 의견을 많이 냈다는 점에서 '위대한 반대자The Great Dissenter'로 불린다.

19세기 말부터 1937년까지 미국 연방 대법원이 '실체적 적법절차'로 산업계와 노동계를 규제하는 법률을 무효화한 데 대해 어떻게 평가할 것인지는 견해가 엇갈린다. 일반적으로 판사들이 사회적 진화론과 자유방임주의 사상에 따라 노동자들과 사회개혁가들의 도전에 대해 노동자의 열악한 노동조건에 눈을 감고서 기업가의 이익을 옹호하는 판결을 내렸는데, 대공황 이후 뉴딜 개혁 입법이 국민 다수에게 받아들여지면서 중립적으로 돌아왔다고 평가한다. 이에 대해 로크너 판결을 한 대법관들이 단순히 자유방임을 주장했거나 사회적 진화론에 영향받은 것은 아니고, '실체적 적법절차'는 영미법 전통에서 원래부터 적용되어왔던 이론이며, 당시 제정된 사회개혁 입법에 대해 위헌으로 결정한 것보다 합헌으로 결정한 것이 더 많다는 반론이 있다. 그 기간 동안 대법원이 사회개혁 입법을 무효화한 것은 약 200건인데, 그보다 많은 법률을 유효하다고 판단했고, 대법원에까지 올라오지 않은 법률은 더 많았을 것이다. 확실한 것은 그 당시 사법부에서 위헌법률심사권을 행사한 나라가 없었다는 점이다. 미국에서만 다수 국민의 뜻으로 제정된 경제 규제 법률이 법원에 의해 효력을 상실했고, 이것이 입법 과정에 반영되어 사회개혁 입법의 제정이나 내용에 영향을 미쳤다는 점이 문제라고 생각한다.

"헌법이 어떤 특정한 경제 이론을 구현하려고 의도하지 않는다"라는 홈스의 주장은 좀 더 검토되어야 한다. 현대 민주주의 국가의 헌법이 자본주의 경제체제에 기반을 둔 것은 명백하나, 신자유주의에 경도되어 경제와 기업에 대한 모든 규제는 악惡이라고 보는 극단적인 사고방식은 정치·경제학계에서 이론적으로 주장될 수는 있을지언정 헌법적으로는 받아들여질 수 없다. 대한민국 헌법은 제119조 제1항에서 "대한민국의 경제 질서는 개인과 기업의 경제상의 자유와 창의를 존중함을 기본으로 한다"라고 천명하면서도, 제2항에서 "국가는 균형 있는 국민경제의 성장 및 안정과 적정한 소득의 분배를 유지하고, 시장의 지배와 경제력의 남용을 방지하며, 경제주체 간의 조화를 통한 경제의 민주화를 위해 경제에 관한 규제와 조정을 할 수 있다"라고 규정하고 있다.

장하준 교수가 쓴 《장하준의 경제학 강의》를 보면, 경제학계의 경제 이론은 주류인 신고전주의학파뿐만 아니라 오스트리아학파, 행동주의학파, 고전주의학파, 개발주의, 제도학파, 케인스학파, 마르크스학파, 슘페터학파 등이 있다. 그리고 이 학파들은 경제에서 개인과 사회계층과 국가를 어떻게 보는지, 경제에서 중요한 요소는 무엇이고 추진해야 할 정책은 무엇인지 등 여러 방면에서 경제를 보는 시각과 정책이 다르다고 한다. 2017년 노벨경제학상은 '정부의 부드러운 개입으로 사람들이 더 좋은 선택을 할 수 있도록 유도하는 방법(넛지nudge)'을 연구한 리처드 탈러Richard H. Thaler 교수에게 돌아갔는데, 그는 행동주의학파를 대표하는 미국 경제학자이다. 장하준 교수는 또한 모든 경제 이론은 저마다 효용이 있으며 모든 이론 위에 군림하는 '절대반지'는 없다고 강조한다. 다양한 이해관계와 사고방식을 가진 사람들이 조화로운 공동체를 이루기 위해 헌법을 제정했으므로, 어느 누구도 특정 경제 이론을 절대시해서 법률을 제정하거나 해석할 권한은 없다.

우리나라 법원이 사회적으로 중요한 사건에서 경제 규제 법령의 위헌과 위법성을 깊이 있게 검토한 것으로, 대형마트에 대한 영업시간 제한이 적법하다고 한 판결(대법원 2015. 11. 19. 선고 2015두295)을 들 수 있다. 2011년 유통산업발전법이 개정되면서 지방자치단체는 조례로서 대형마트에 대해 자정부터 오전 8시까지 영업할 수 없도록 했고, 매월 둘째 주와 넷째 주 일요일을 의무휴업일로 지정했다. 이에 대형마트가 지정 처분으로 영업의 자유를 침해받았다고 주장하며 취소소송을 제기했는데, 대법원은 대형마트의 손을 들어주지 않았다. 그 요지는 이렇다.

시장의 지배와 경제력 남용 방지를 위한 경제 규제 행정 영역에서는 규제 시기가 늦춰져 시장구조가 일단 왜곡되면 원상회복이 어렵고 그 과정에서 중소 사업자들이 피해를 입을 우려가 있으며, 장래의 불확실한 효과에 대한 예측 판단을 기초로 규제가 이루어지는 특수성이 있다. 따라서 그 규제가 전혀 실효성이 없거나 불필요하다는 등의 특별한 사정이 없는 한 법원은 신중하게 위법성 여부를 판단해야 한다. 이 사건에서 해당 구청은 지정 처분으로 달성되는 건전한 유통질서 확립, 대규모 점포 소속 근로자의 건강권 및 중소 유통업과의 상생 발전 등 공익과 그로 인해 침해되는 대형마트의 영업의 자유, 소비자의 선택권 등 이익을 포함한 공·사익 등 관련 요소를 실질적으로 고려해서 영업시간을 제한했으므로 정당하다.

12

팽크허스트가
참정권 운동을 위해
방화를 교사한 것은
정당한가?

영국의 급진적 여성참정권론자 에멀라인 팽크허스트,
오늘날 웨스트민스터의 영국 의사당 옆에는
여성운동의 대모인 그녀의 동상이 세워져 있다.

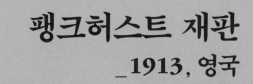

팽크허스트 재판
_1913, 영국

시간과 법정

1913년, 영국 런던 올드베일리 중앙형사법원

사건 당사자

에멀라인 팽크허스트Emmerline Pankhurst

재판의 쟁점

팽크허스트가 참정권 운동을 위해 방화를 교사한 것은 정당한가?

재판의 결론

유죄, 징역 3년

역사적 질문

인권은 어떤 방법으로 찾을 수 있는가?

아내는 남편의 허가를 얻어야
소송을 제기할 수 있는가

현행 민법과 민사소송법에 의하면 만 19세 이상인 자는 누구나 독자적으로 법률행위를 할 권리능력(권리의 주체가 될 수 있는 법률적인 자격)과 소송을 제기할 능력이 있다. 따라서 현재 이 질문은 의미가 없다. 1945년 일제의 지배에서 벗어났으나 일제가 만든 민사법이 여전히 적용되었는데, 거기에 "처妻가 소송을 제기하려면 부夫의 허가를 얻어야 한다"라고 규정되어 있다. 1947년 미군정 시기에 대법원은 아내가 남편의 허가를 받지 않고 제기한 가옥 인도 소송에서 이 조항을 적용하지 않기로 결정했다.

처에 대하여는 민법 제14조 제1항에 의하여 그에 해당한 행위에는 부의 허가를 수함을 요하여 그 능력을 제한한바, 이는 부부 간의 화합을 위한 이유도 없지 않으나 주로 부에 대하여 우월적 지배권을 부여한 취지라고 인정치 않을 수 없다. 그런데 서기 1945년 8월 15일로 아방(我邦, 우리나라)은 일본의 기반(羈絆, 굴레)으로부터 해방되었고, 우리는 민주주의를 기초 삼아 국가를 건설할 것이고, 법률·정치·경제·문화 등 모든 제도를 민주주의 이념으로써 건설할 것은 현하의 국시라 할 것이다. 그러므로 만민은 모름지기 평등할 것이고 성의 구별로 인하여 생한 차별적 제도는 이미 민주주의 추세에 적응한 변화를 본 바로서, 현하 여성에 대하여 선거권과 피선거권을 인정하고 기타 관공리에 임명되는 자격도 남성과 구별이 무하여 남자와 동등한 공권을 향유함에 이른 바인즉, 여성의 사권에 대하여도 또한 동연할 것이매 남녀평등을 부인하던 구제도로서 그 차별을 가장 현저히 한 민법 제14조는 우리 사회 상태에 적합하지 아니하므로 그 적용에 있어서 변경을 가할 것은 자연의 사세이다. 자에 본원은 사회의 진전과 법률의 해석을 조정함에 의하여 비로소 심판의 타당을 기할 수 있음에 감하여 동조에 의한 처의 능력 제한을 인정하지 아니하는 바이다.[1]

남녀를 차별하는 수많은 법률 조항이 있고 법원에 위헌법률심사권이 있는지 명백하지 않은 당시 상황에서 민주주의 이념과 남녀평등 정신으로 대법원이 아내의 행위능력을 제한하는 법률을 적용하지 않은 것은, 여러 법적인 쟁점에 대해서는 따로 검토해야겠지만 시대정신에 부합한다고 여겨진다. 부부의 공동생활을 보호하기 위한 것이라거나 민주주의를 채택한 다른 나라에도 비슷한 조항이 있다는 비판이 있었지만, 나라의 주권이 변경되고 법질서의 근본을 되새겨보아야 하는 시기에 평소 통용되는 법률 해석과 논리만 따지는 것은 국민들의 법감정에 반하지 않았을까.

여성참정권 운동의 시작 | 프랑스 대혁명에서 여성의 역할은 결코 작지 않았다. 루이 16세와 마리 앙투아네트를 베르사유궁에서 끌어내 파리로 압송한 것은 여성 시위대였다. 하지만 대혁명이 쟁취한 '시민'이라는 열매는 여성에게 주어지지 않았다.

근대 3대 시민혁명과
여성참정권 운동의 시작

영국의 명예혁명(1688)과 미국의 독립전쟁(1776), 프랑스 대혁명(1789)은 공동체에서 독립된 '개인'에게 보편적인 자유와 인권을 보장하고 공동체의 정책 결정에 참여할 권리를 부여하는 자유주의 사상을 확인하고 실천한 중요한 사건이었다. 이 3대 시민혁명을 통해 나온 영국의 '권리장전'(1689), 미국의 '독립선언서'(1776), 프랑스의 '인간과 시민의 권리선언'(1789)은 국민주권과 자유주의를 제도화하고 인권의 토대를 확립하는 데 크게 이바지했다. 그런데 선언문이나 헌법에서 여성은 시민에 포함되지 않았을 뿐만 아니라 여성의 권리에 대한 언급도 전혀 없었다. 대혁명 당시 거리에서 인권을 외쳤던 여성들은 혁명 이후 모두 가정으로 돌아가야 했다.

18세기 말 프랑스의 올랭프 드 구주Olympe de Gouges는 여성은 남성의 정치적 질서에 종속적이므로 남성에게 종속되어야 한다는 시민혁명의 암묵적 전제를 처음으로 지적했다. 또한 가정과 사회에서의 여성 차별과 억압은 부당하다면서 여성도 남성과 동등한 권리를 가져야 한다고 주장했다. 남편과 일찍 사별한 구주는 재혼을 거부하고, 1788년부터 1793년 대혁명의 주체 세력인 자코뱅에 반대했다는 이유로 단두대에서 처형될 때까지 여성의 시민권과 참정권에 관한 글을 많이 썼다. 그녀는 여성에 대한 남성의 압제야말로 온갖 형태의 불평등이 파생되는 근원이라고 생각했으며, 1791년 17개 조문으로 된 '여성과 여성 시민의 권리 선언Déclaration des droits de la femme et de la citoyenne'을 발표했다. 제10조는 모든 사람의 의사 표현은 방해받아서는 안 되고, 여성은 단두대에도 연단에도 오를 권리가 있다고 쓰여 있다. 구주는 자신의 운명을 예견한 것이었을까.

영국에서는 18세기 후반 메리 울스턴크래프트Mary Wollstonecraft가 처음으로 여성해방론을 주장하면서 여성이 차별받는 현실을 바꾸려면 여성도 똑같이 교육을 받아야 한다며 여성만을 위한 학교를 세웠다. 프랑스로 건너가 대혁명의 실상을 목격한 후, "시민들에게 권리를 허용하지 않으면서 자신은 권력을 유용하게 사용한다고 말하는 역사 속의 폭군들처럼, 남성들은 여성에게 복종을 강요하면서 자신들만이 이성이 있으며 여성들을 위해서 사용한다고 말한다"라고 비판했다. 그 후 여성들도 경제적 독립을 이루고 정치적인 권리도 가져야 한다는 내용의 《여성의 권리 옹호A Vindication of the Rights of Woman》를 썼다. 존 스튜어트 밀John Stuart Mill은 1869년에 펴낸 《여성의 종속The Subjection of Women》에서 여성에게 남성과 동등한 참정권을 부여해야 한다고 주장했다. 1865년 하원 의원에 당선된 밀은 1867년 여성에게 선거권을 부여하는 법률안을 제출했으나 통과되지 못했다. 여기서 여성의 종속이 당연하다고 주장하는 장 자크 루소J. J. Rousseau의 글과 이를 반박하는 울스턴크래프트의 글을 차례로 읽어보자.

여성은 이성적으로 미개한 상태에 머물러 있어 그들보다 우월한 이성을 가진 남성, 특히 그들의 아버지와 남편에 의해 교화되어야 하는 존재다. 여성은 육체적으로 약하기 때문에 수동적일 수밖에 없고, 따라서 여성의 종속은 불가피한 현상이며 이것이 자연법이다.[2]

만일 여성이 진정으로 합리적인 인간으로 행동할 수 있다면 그들로 하여금 노예처럼 대접받지 않도록 하라. 나는 남성을 나의 동료로서 사랑한다. 그러나 남성의 왕권은 그것이 진짜의 것이든 찬탈한 것이든, 한 인간으로서의 이성理性이 나의 존경을 요구하지 않는 한 나에게는 미치지 않는다. 설령 그렇다고 해도 복종은 이성에 대한 것이지 남성에 대한 것은 아니다.[3]

미국에서는 1848년 엘리자베스 캐디 스탠턴Elizabeth Cady Stanton과 루크리셔 모트Lucretia Mott가 여성해방을 선언하는 모임을 최초로 열었다. 미국 독립선언서를 모델로 만든 '감정의 선언문The Declaration of Sentiments'에서 "인류의 역사는 남성의 여성을 향한 반복되는 강탈의 역사이고, 여성에 대한 절대적 폭정의 확립을 목적으로 유지해왔다"라고 강조하면서 11개 조문으로 된 결의사항을 발표했는데, 마지막 부분을 읽어보자.

> 이제 이 나라 인민의 절반이 처한 완전한 권리 박탈의 상황과 그들이
> 처한 사회적·종교적으로 모욕적인 상황에 비추어, 그리고 위에서 언
> 급한 부당한 법률에 비추어, 또한 여성이 고통과 억압을 느끼고 자신
> 의 가장 성스러운 권리를 부정하게 박탈당했다고 느끼고 있으므로,
> 우리는 여성이 미합중국의 시민으로서 여성에게 속한 모든 권리와
> 특권을 즉각 행사할 것을 주장하는 바이다.[4]

흔히 민주주의의 꽃은 선거라 하지만 의회민주주의의 모범이라고
하는 영국에서 여성참정권이 완전히 보장된 것은 1928년으로 채 100년
도 되지 않았다. 영국에서 여성참정권에 대한 요구가 최초로 나온 것은
19세기 전반이었다. 1830년경 산업혁명으로 사회의 계층구조와 인구
분포가 달라지면서 정치에서 소외된 중간층과 노동자층 남성들은 선거
권을 주장했고, 1838년부터 10년 동안 남성 보통선거를 요구하는 '차티
스트 운동Chartist Movement'을 전개했다. 그 결과 1832년과 1867년, 그리
고 1884년 세 차례 선거법이 개정되었는데 선거권을 가질 수 있는 남자
들의 재산 규모를 줄였을 뿐, 여성들에게 참정권은 부여되지 않았다.
19세기 중반 빅토리아 여왕 시대 영국의 중간층 여성에게는 허리를
졸라매고 아래를 부풀린 치마를 입은 채 남편의 귀가를 기다리며 가정을
지키는 '집안의 천사Angel in the House'가 되길 요구했고, 노동자층 여성
은 굵어진 팔다리에 허름한 차림새를 하고 하녀·공장 노동자·갱부 등으
로 남자들도 하기 힘든 일을 했다. 여성은 남성보다 모든 면에서 열등한
존재로 여겨졌으며, 법적·사회적으로 주체적 권리를 갖지 못한 채 남편

의 소유물이자 재산으로 간주되었다. 1882년까지 기혼 여성의 재산은 남편 소유였으며, 1857년 이전에는 교회 법정이나 의회가 정하는 특별한 경우가 아니면 이혼할 수도 없었다. 그 후 법률이 개정되어 남자는 아내의 간통을 이유로 이혼을 청구할 수 있었지만, 아내는 그밖에 남편의 이중결혼이나 유기 등을 증명해야 이혼을 청구할 수 있었다. 1890년대에도 법원을 거친 이혼소송은 연간 600건 이하에 불과했다. 여성이 경제·사회적으로 인정받는 일에 진출하기란 거의 불가능했다. 그나마 여성이 종사할 수 있는 것은 교사·노동자·사무직·하녀 같은 직업이었고, 임금은 남성의 절반이거나 그 이하였다.

이런 상황에서 일정한 교육의 혜택을 받고 여가를 활용할 수 있는 중간층 여성들은 교육과 전문직 직업으로부터 여성을 배제하는 것, 여성에게 독자적인 재산을 인정하지 않는 것 등에 대해 항의하기 시작했다. 그동안 선거권은 남성에게만 부여되었으므로, 여성들은 스스로를 위해 법률을 고치거나 만들 수도 없었다. 영국 여성들이 과격하게 보일 정도로 불법적인 행동을 전개한 데는 이런 이유가 있었다. 이들이 참정권을 얻기 위해 운동을 벌인 것은 그 자체가 목적이 아니라 불평등과 차별을 깨뜨리기 위한 수단이었다. 즉, 의회가 유권자인 여성의 눈치를 보거나 여성이 의회에 들어가 여성을 정치적 주체로 여기고 정책을 펼 때 불평등과 차별이 철폐될 것이라 믿었던 것이다.

영국 여성들의 '참정권 운동Suffrage Movement'이 조직적인 형태로 나타난 것은 1860년대 무렵이었다. 런던과 맨체스터 등 대도시에 소규모 조직이 생겨났고, 운동가들은 평화로운 집회나 강연, 소모임을 통해 여론을 환기시키고 청원서를 작성해 의원들에게 전달했다. 이들의 요구는 '(참정권을 보장받은) 남성과 동등한 자격을 갖춘' 여성들의 참정권을 보장하라는 것이었다. 리디아 베커가 주도한 이 방식은 이후 40여 년간 이어졌는데, 이 '온건한 참정권 운동가Suffragist'들은 훗날 과격한 투쟁 방식을 취한 '전투적 참정권 운동가Suffragette'들과 구분된다. '해가 지지 않는 나라'로서 세계 최강의 권세를 떨쳤던 영국의 빅토리아 여왕은 자신을 3인칭으로 표현하며 이에 대한 의견을 밝혔다. "여왕은 그녀 자신과 동일한 열등하고 연약한 성性이 여성적인 감정과 예의범절을 모두 망각하며 전념하고 있는 여성의 권리 운동이라는 이 무모하고 사악한 우행과 그에 수반되는 온갖 혐오스러운 일들이 억제될 수 있도록, 언변을 토할 수 있고 글을 쓸 수 있는 사람들이 모두 동참해 협력해주기를 간절히 열망한다."[5] 여성참정권 운동에 대해 남성들은 물론 일부 명망가 여성들도 반대했는데, 그들이 1889년에 발표한 선언문을 읽어보자.

국가를 위한 여성의 과업 및 책임이 남성과는 본질적으로 다르고, 국가 운영에서도 여성의 몫은 다르다. 병들거나 정신지체인 사람을 돌보고, 가난한 이를 구제하고, 아이들을 교육하는 분야에서 여성은 최상의 역할을 할 수 있고 우리는 이를 기쁘게 여긴다. 그러나 식민지나 헌정 같은 문제는 여성 대중의 보편적 경험상 건전한 판단을 할 토대가 없다. 여성이 참정권을 획득하게 되면 여성의 자질이나 지위, 가정생활에 부정적으로 영향을 미친다. 여성은 투표권 없이도 소중한 시민이 될 수 있고, 국민생활에 중요하게 기여할 수 있다. 여성참정권 확대에 대한 불만이 실재하거나 개혁이 필요한 경우 나타나는 진지하고 보편적인 요구가 없다. 그동안 입법을 통해 여성의 법적 부당함은 많이 개선되었다. 정치적 권리의 행사는 남성과 섣부른 갈등을 빚기 쉬울 뿐이다.[6]

1897년 밀리센트 포셋Millicent G. Fawcett의 주도로 NUWSS(National Union of Women's Suffrage Societies, 전국여성참정권연합)가 설립되면서 전국 규모의 조직을 갖추었다. 그러나 당시 영국은 국내·국제적 현안이 많은 데다, 보수당과 자유당 모두 여성참정권 운동에 부정적이었으므로 여성참정권에 관한 법률은 제정되지 못했다. 1903년 10월 온건한 참정권 운동이 소극적인 형태에 머물러서 제대로 성과를 거둘 수 없었다고 비판하면서, 여성참정권 운동에 집중하고 '말이 아닌 행동을Deeds not Words'이라는 슬로건을 내세운 WSPU(Women's Social and Political Union, 여성사회정치동맹)가 결성되었다. 이 단체를 조직한 사람이 바로 에멀라인 팽크허스트Emmerline Pankhurst다.

팽크허스트와
WSPU의 참정권 운동

1858년 맨체스터에서 노예해방을 지지하는 상공인의 딸로 태어난 에멀라인은 자유스러운 가정 분위기 속에서 성장했다. 14세 때 리디아 베커의 강연을 듣고 여성해방운동에 관심을 가졌고, 15세 때 파리로 가서 고등교육을 받았으며, 21세 때 갈색 벨벳 평상복을 입고 변호사 리처드 팽크허스트와 결혼했다. 리처드는 여성의 종속과 법적인 불평등에 대해 문제를 제기한 밀의 친구였으며, 그 또한 여성참정권 운동의 적극적인 지지자였다. 그녀는 아이 다섯을 낳고 '이 세상에서 꿈꿀 수 있는 이상적인 가정생활'을 하면서, 남편의 급진적 정치 활동에도 함께 참여했고 교육과 빈민 구제 등 사회문제와 특히 여성의 불평등과 참정권 문제에 대해 관심을 쏟았다. 팽크허스트의 사회 활동은 1898년 남편의 사망으로 잠시 주춤했지만, 큰딸 크리스타벨이 사회적 불평등을 직접 겪자 여러 딸(둘째 딸 실비아, 셋째 딸 아델라)과 함께 다시 운동에 투신했다. 1903년 팽크허스트와 딸들은 WSPU를 조직하고, 여성참정권 문제에 겉으로는 찬성하는 척하지만 속으로는 탐탁지 않게 생각하는 정당들과 연대하지 않았다. 오로지 여성들만 회원으로 받아들이며 비합법적이지만 효과와 영향은 엄청난 시위 등 격렬한 행동에 돌입하기로 결정했다. 그 후 영국의 여성참정권 운동은 팽크허스트와 WSPU 중심으로 전개되었다.

1905년 하원에 제출된 여성참정권 법안이 부결되자, WSPU는 여성참정권에 동조적이지만 법률 제정에는 소극적이었던 자유당에 대해 집중적으로 불복종 운동을 시작했다. 그해 10월 크리스타벨과 친구들은 자유당 집회에 참석해 "자유당이 정권을 잡으면 여성에게 투표권을 주는 절차를 밟을 것인가?"라고 외쳤다. 그들은 연행하려는 경찰관에게 침을 뱉고 주먹질을 하며 구치소에 끌려갔다. 팽크허스트가 벌금을 내줄 테니 집으로 가자고 설득했으나, 크리스타벨은 "어머니가 벌금을 내면 다시는 집으로 돌아가지 않겠어요"라며 거절했다. 이런 행동은 당시로서는 상당히 충격적이었으며, 언론은 10일간 구류를 살고 풀려난 이들을 대대적으로 신랄하게 보도했다. 그때부터 WSPU는 의원들의 유세장이나 집회에서 끊임없이 여성참정권에 대한 질문 공세를 폈다. 하지만 항상 폭력적으로 쫓겨나거나 모욕을 당했으며 심지어 재판에 넘겨지기도 했다.

1906년 총선에서 자유당이 승리하자, 팽크허스트와 WSPU는 의회에서 여성참정권 법안이 통과되리라고 생각했다. 그러나 여성참정권에 반대하는 허버트 애스퀴스Herbert H. Asquith가 새 수상이 되면서 자유당 정부와 참정권 운동의 갈등은 깊어졌다. 이제 WSPU는 여론을 형성하기 위해 집회 및 시위를 자주 벌였으며, 일부 여성들은 과격하고 파괴적인 방법으로 항의했다. 수상 관저나 관청의 유리창을 박살내고, 우체통을 불태우고, 유력한 정치인에게 폭력을 행사하기도 했다. 감옥에 수감된 WSPU 회원들은 정치범으로 대우해줄 것을 요구하며 단식투쟁을 벌였다. 당국은 처음에는 단식하는 사람을 바로 석방했으나, 단식투쟁에 동조하는 사람이 늘어나자 이들의 사지를 붙잡고 호스를 집어넣어 강제로 음식을 주입했다. 이에 대한 사회적 비난이 일자, 당국은 1913년부터 '건강 위험 수감자 일시 석방법'('고양이와 쥐법'으로 불렸다)을 만들고, 단식투쟁을 하는 사람을 일단 석방해서 경찰을 붙여 감시하다가 언제든지 다시 잡아들일 수 있도록 조치를 취했다.

이 모든 투쟁을 이끌고 주도한 사람은 팽크허스트였다. 그녀는 1908년 처음 감옥에 수감되었고, 1913년에는 단식투쟁을 열두 차례나 하면서 정부의 부당함을 폭로했다. 그러나 남성 정치인들은 여성이 참정권을 가지면 결혼과 가족제도가 위태로워지고 남성의 권위를 위협할 것이라는 이유를 들어 탄압했다. 여성참정권 운동가들은 탄압이 심해지면 심해질수록 더 과격하게 투쟁을 벌였다. "여성에게는 투표권을, 남성에게는 순결을!"이라고 외치며 역사에 불을 지르고, 의회 내 방청석에 앉아 쇠사슬로 스스로를 결박하고, 회의장 지붕을 뜯고 수상의 연설 도중 뛰어내리는 등 다양한 방법을 동원했다. 한 여성은 런던 국립미술관에 전시된 디에고 벨라스케스의 작품 〈로케비 비너스Rokeby Venus〉를 난도질했는데, 이 그림이 여성을 단지 성적 대상으로 바라보게 한다는 이유에서였다. 전투적 운동가들은 가두시위와 날선 연설, 유리창 깨기, 방화 등을 서슴지 않았고, 구타와 체포, 투옥과 고문에도 전혀 움츠러들지 않았다. 이런 '전투적 참정권 운동가'들의 활동은 영화 〈서프러제트〉에서 생

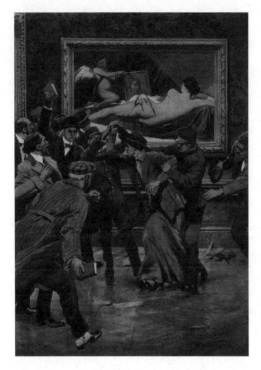

난도질을 당한 명화 | 많은 지식인 남성이 찬미한 이 〈로케비 비너스〉에 메리 리처드슨은 분노했다. 놀랍게도 명화를 훼손한 그녀는 폭력 시위 때문에 구속된 것이 아니라, 예술 작품에 대해 '여성이' 가치 평가를 내렸다는 이유로 미친 사람 취급을 받고 정신병원으로 보내졌다.

생하게 재연되었는데, 우리나라에서는 2016년에 상영되었다.

1912년 3월 1일 의사당 앞에서 대규모 집회에 참여했던 수백 명의 여성이 피카딜리가 등 런던의 우아한 거리에 있는 건물들의 유리창을 박살냈다. '유리창 부수기 운동'이 벌어진 것인데, 이 사건으로 팽크허스트를 비롯한 150여 명이 수감되었다. 그녀는 출옥한 후 다음과 같은 취지의 연설을 했다.

신사 숙녀 여러분, 전투적인 참정권 논자들이 인간의 생명에 관심을 두지 않는 것은 단지 자신들의 목숨을 그렇게 하는 것이지 다른 사람들의 생명을 경시하는 것이 아닙니다. 정부가 인명보다 더 중시하는 것이 있습니다. 그것은 재산권의 보호로, 우리는 재산을 파괴함으로써 적을 분쇄코자 합니다. 지금부터 본인에게 동조하는 여성들은 다음과 같이 말할 것입니다. "신사들이여, 우리는 당신의 법률을 무시합니다. 우리는 여성의 자유와 존엄과 복지를 다른 어떤 생각보다도 우위에 두고자 하며, 우리는 과거에 그랬던 것처럼 이러한 전쟁을 지속적으로 수행할 것입니다. 재산에 대한 파괴와 손상은 우리의 잘못이 아니라 우리 요구의 정당성을 인정하면서도 그것을 이행하지 않으려는 정부의 과오입니다." 본인이 마지막으로 정부에 하고 싶은 말은 이것입니다. "나는 정부에 반기를 들 것을 촉구한다!"[7]

1913년 4월의 재판

팽크허스트의 전투적 참정권 운동은 기자와 인터뷰한 것을 나중에 글로 정리한《나의 이야기My Own Story》에서 자세하게 다루고 있다. 우리나라에는 2016년《싸우는 여자가 이긴다》라는 제목으로 번역되었는데, 여기서 대표적인 법정투쟁으로 소개된 1913년 4월의 형사재판 과정을 살펴보자.

당시 집권한 자유당의 유력 의원 로이드 조지Lloyd George의 시골 저택에서 방화로 인한 폭발이 일어났는데, 검사는 팽크허스트가 아직 신원이 밝혀지지 않은 WSPU 회원들을 교사해 중범죄를 저질렀다고 기소했다. 팽크허스트에 대한 형사재판은 4월 2일 수많은 경찰관이 법원 안팎을 지키는 가운데 런던에 있는 올드베일리 중앙형사법원에서 열렸다. 팽크허스트는 이미 스스로 책임이 있다고 밝혔던 그 폭발에 대해 발뺌하기 위해서가 아니라 '부당하고 악의적으로' 범죄를 사주했다는 이유로 기소되었기에 자신은 무죄라고 주장했다.

보드킨 검사는 평소 팽크허스트가 조지에 대해 악의적으로 말했고, 이런 시국에서 전투적 투쟁은 의무이자 필요라고 친구에게 보낸 편지와 연설문을 증거로 제출했다. 아울러 폭발 현장 상황에 대한 신고자와 공사 감독자를 증인으로 신청해 증언을 들었는데, WSPU 회원들이 직접 관련되었다는 명확한 증거는 없었다. 다음 날 오전에 열린 결심 재판에서 팽크허스트는 존경할 만하고 법을 당연히 지키는 많은 사람과 올바른 삶을 사는 사람들이 법을 경멸하고 법을 지키지 않는 것이 정당한 일이라고 진지하게 받아들이게 되는 것은 매우 심각한 상황이라고 진술했다. 이어 배심원들에게 다음과 같이 말하며 변론을 끝냈다.

참정권을 얻기 위해 싸우는 과정에서 1,000명이 넘는 여성이 감옥에 갔고, 건강을 잃어 육체적으로 약해지기는 했지만, 강한 정신을 잃지 않은 채 석방되었습니다. 여러분이 셀 수 없이 많은 여성을 감옥에 보낼 준비가 되어 있는지, 앞으로도 끝없이 그런 일을 할 각오가 되어 있는지 저는 다른 여성들을 대표해 질문하고 싶습니다. 만일 여성들이 자유를 누렸다면, 이 중 어느 누구도 법을 어기는 일은 없었을 것입니다. 그들은 자신들이 택한 이 험한 길이 선거권을 획득할 수 있는 유일한 길이라는 것을 진지하게 믿고 있습니다. 그들은 인류의 복지를 증진하기 위해서는 희생이 필요하다고 진지하게 믿고 있습니다. 여성들이 선거권을 얻기 전에는 문명을 황폐화하는 악을 근절할 수 없다고 그들은 믿고 있습니다. 이 운동을 멈출 수 있는 유일한 방법이 있습니다. 그것은 우리를 추방하는 것도 아니며, 우리를 감옥에 감금하는 것도 아닙니다. 그것은 여성에 대한 정의를 실현하는 것입니다. 저는 사악한 권고를 했다는 것에 대해 유죄가 아닙니다. 우리나라의 복지를 위해, 인류의 복지를 위해, 여러분이 다루도록 요구받은 이 사건에서 제가 유죄가 아니라는 판결을 내려주시길 여러분에게 간곡히 호소합니다.[8]

러시 판사는 배심원들에게, 피고인의 행위가 여성들에게 투표권이 없기 때문에 도발되었다든지, 여성들에게 가해진 비참한 현실과 법률이 불공정하고 부정의인지 등은 유무죄와 아무 관련이 없으며, 오로지 증거에 의해서만 판단하라고 주문했다. 오후에 다시 열린 법정에서 배심원들은 판사에게 피고인은 유죄이지만 사면(석방)을 강력하게 요청한다고 말했고, 마지막으로 팽크허스트는 이렇게 말했다.

저는 죄를 지었다고 생각하지 않습니다. 제 의무를 수행했다고 생각합니다. 저는 저 자신을 전쟁포로라고 생각합니다. 제게 부과된 판결을 수용할 어떤 의무도 지고 있지 않습니다. 제가 대표하는 여성들에게, 제 선동에 반응해 이런 끔찍한 결과를 직면하고 법을 어긴 여성들에게 한 말씀 드리고 싶습니다. 저는 여러분을 실망시키지 않겠습니다. 여러분이 싸웠던 것처럼 싸우고, 여러분이 겪어낸 일들을 겪어내겠습니다. 제가 살아 있든 그렇지 않든 간에 여러분은 싸움을 계속해나갈 것임을 저는 알고 있습니다. 우리나라에서 여성이 시민으로서의 권리를 갖게 될 때까지 이 운동은 계속될 것입니다.[9]

판사는 팽크허스트가 이기적인 동기로 범행을 저지르지 않았다는 점은 인정되지만, 자신에게 잘못을 저지르지 않는 사람의 재산에 손해를 입혔고 자칫하면 엉뚱한 사람을 죽음의 위험에 빠뜨릴 수도 있으며, 젊은 여성들을 끌어들였으므로 석방하는 것은 적절하지 않다고 했다. 그래서 법이 정한 최소한의 형량인 징역 3년을 선고했다. 방청석에서는 분노에 찬 고함소리가 터져 나왔고, 팽크허스트가 끌려나가자 여성들은 줄지어 퇴정하면서 "걸어라, 계속 걸어라. 새벽을 향하여, 자유의 새벽을 향하여"라는 노래를 불렀다. 팽크허스트는 법정에서 다짐한 대로 감옥에서 단식투쟁을 했고, 당국은 4월 12일 '고양이와 쥐법'에 따라 몸무게가 14킬로그램이나 줄고 부정맥으로 고통스러워하는 그녀를 석방했다.

영국 여성참정권 운동의 결말

두 달 후, 영국에서 여성참정권 운동 과정에서 가장 비극적인 사건이 터지면서 첫 희생자가 나왔다. 1913년 6월 4일 조지 5세가 참석한 가운데 더비 경마장에서 경마대회가 열렸는데, 40대 초반의 에밀리 데이비슨 Emily Davison이라는 여성이 "여성에게 투표권을!" 하고 외치면서 관중석 분리대를 넘어 경주로 한가운데로 뛰어들었다. 데이비슨은 달리던 경주마와 부딪쳐 병원으로 실려 갔다. 1906년부터 여성참정권 투쟁을 해온 그녀의 외투 속에는 WSPU의 깃발이 있었다. 그녀는 큰 부상으로 결국 나흘 만에 사망했다. 그녀가 사경을 헤매고 있을 때 발신인의 이름을 밝히지 않은 편지가 병원에 배달되었다. 데이비슨은 죽어도 마땅한 여자이지만 살아서 평생 고통을 겪어야 하고, 투표권을 요구하는 여자는 정신병원에 가둬야 한다는 내용이었다. 6월 14일 치러진 장례식은 곧바로 대규모 시위로 변했다. 수천 명의 여성들은 참정권을 허용하라는 피켓과 WSPU 운동을 상징하는 존엄의 보라색, 순수의 흰색, 희망의 녹색의 삼색기를 들고 행진했다. 시위 과정에서 많은 건물이 파괴되거나 불탔으며, 경찰서는 여성 시위자들로 넘쳐났다.

폭력과 탄압의 악순환은 1914년 합의안으로 점차 해결의 실마리를 찾기 시작했다. 이 합의안은 여성 노동자들의 투표권을 인정하지 않았지만, 당시 일어난 제1차 세계대전으로 팽크허스트를 비롯한 여성참정권 운동가들은 전쟁이 끝난 후 나머지 문제도 해결하겠다는 정부의 약속을 받아들이고 일시적으로 운동을 접었다.

1918년 2월 전쟁이 끝나고 영국 정부는 국민대표법을 통과시켜 21세 이상의 남성과 일정한 자격을 갖춘 30세 이상의 여성들에게 선거권과 피선거권을 부여했다. 전쟁 기간 동안 노동력을 제공한 여성들의 공과 엄청나게 성장한 여성들의 힘이 바탕이 되었지만, 전쟁 중에 남성들이 많이 사망해 똑같은 참정권을 부여할 경우 남성이 정치적으로 불리해진다는 이유에서 차별을 둔 것이었다. 10년 후인 1928년 국민평등선거법이 제정되어 영국 시민은 남녀 동등하게 21세부터 참정권을 갖게 되었다. 영국 여성들은 차별과 불평등에 맞서 오랫동안 투쟁을 벌인 끝에 남성과 똑같은 완전 평등 참정권을 획득하게 된 것이다. 팽크허스트는 1928년 6월, 법이 시행되기 한 달 전에 숨을 거두었다.

울스턴크래프트가 여성의 권리를 주장한 때로부터 100여 년, 밀이 의회에 법안을 제출한 때로부터 50년 이상 걸려서 얻은 영국 여성의 참정권 운동사에서 팽크허스트는 어떻게 평가받을까? 그녀는 우아하고 품위 있고 예의 바른 전형적인 영국의 숙녀였지만, 연단에 서기만 하면 대단한 카리스마로 청중을 휘어잡았다. 그녀는 여성참정권 운동에만 집중하는 조직을 만들고 맨 앞에서 운동을 뚝심 있게 이끌어감으로써 여성들이 참정권을 확보하는 데 크게 기여했다. 한편, 지나치게 비민주적으로 조직을 운영하고, 중·상류층 여성 위주로 운동을 이끌었으며, 생애 후반기 영국 제국주의를 옹호했다(이 문제로 둘째, 셋째 딸과 노선을 달리했다)는 비판을 받았다. 하지만 팽크허스트가 여성의 권리 향상과 사회 개혁이라는 대의에 따라 일관되게 행동했고, 모든 분야에서 자신의 운명을 개척하면서 남성들과 어깨를 나란히 하는 새로운 여성상을 만들었다는 점은 누구도 부인하지 않는다. 후배 여성운동가들에게 선구자로서 모범이 되었으며, 후대 여성들에게 남성과 평등한 권리를 주장할 수 있는 주춧돌을 놓아주었다는 점에서 '에멀라인 팽크허스트'는 오래 기억되고 재평가되어야 할 것이다.

영국의 여성참정권 운동은 인권이 신장되는 데 결정적인 영향을 미쳤다. 팽크허스트가 주도한 여성참정권 운동 과정에서 기득권층은 약자 집단에 완전한 인권을 인정하지 않으려고 여러 이유를 대면서 회피하고 방해했다. 프랑스 대혁명 이후 인권 이론이 개인주의와 자유주의를 철학적 기반으로 발전했지만, 경제적 능력이 있는 성인 남성 위주로만 논의되고 실현됨으로써 초기 인권 주장이 '비보편성'을 띠었고 이론과 실천

사이의 간극이 넓었음을 보여주었다. 사회적으로 소외되고 억압받는 모든 사람은 더 자유로운 상태를 꿈꾸고 찾는다는 점에서 인권은 보편적이다. 서구의 백인 어른, 중산층, 비장애인 남성에게 한정하지 않고 모든 사람에게 인권이 공적이든 사적이든 모든 영역에서 보장되어야 한다는 명제가 점점 명확해졌다. 나아가 어떤 권리든 법적 자격이 중요한 것이 아니라, 권리를 실질적으로 구현하는 것이 중요하다는 점을 상기시켜주었다. 어느 인권운동가의 주장대로 인권은 객관적 사실이기보다는 믿음이기 때문에 투쟁하지 않으면 누릴 수 없다.

영국의 여성참정권 운동은 20세기에 민주주의가 뿌리내리는 데 크게 기여했다. 고대 그리스 아테네에서 민주주의는 200년 정도 지속되었다가 몰락했고, 그 후 '민주주의'라는 단어 자체도 역사에서 오랫동안 잊혔다. 17~18세기에 근대 3대 시민혁명이 일어나면서 '민주주의'라는 말이 되살아났지만, 그들은 고대 로마의 '공화정'을 염두에 두었지 고대 아테네의 '민주주의'를 계승할 수는 없다고 생각했다. 그러나 프랑스 대혁명 이후 유럽에서 일반 시민의 참정권 요구가 늘어나면서 '민주주의'라는 말이 더 자주 사용되었다. 재산이 없는 노동자들과 함께 영국 여성들의 참정권 운동은 중산층 또는 지식인 편향적인 '공화정'을 넘어 '정치적인 평등'을 기반으로 한 민주주의의 가치를 강조했다. 마침내 모든 시민에게 참정권이 부여되면서 '민주주의'는 모든 나라가 지향해야 할 정치체제로 자리 잡았다. 세습과 혈통, 출신 계급이 아니라 일반 시민에게 평등한 정치 참여의 기회가 열렸다는 점에서 아테네 민주주의와 현대 민주주의는 크게 다르지 않다. 하지만 경제체제, 정치 공동체의 규모와 참여의 범위(아테네는 인구의 15~20%에 불과한 남성 시민권자 2만~3만 명에게만 참정권을 주었다), 공직자 선발 방식과 대표의 체계(아테네는 추첨으로 주요 공직자를 선발했고, 정당이나 관료제가 없었다) 등 여러 면에서 차이가 있다. 어떻게 하면 '민주주의'를 그 가치나 이상에 가깝게 실천할 수 있는가라는 질문은 앞으로도 계속될 수밖에 없고 또 끝날 수도 없다.

팽크허스트와 WSPU가 집회나 시위를 벌이는 것에 그치지 않고 건물 유리창을 깨부수고 불을 지르는 등 폭력적이고 과격한 방법을 사용한 것을 어떻게 볼 것인가? 바로 팽크허스트 재판에서 검사와 판사의 입장, 그리고 피고인과 방청객의 입장이 갈리는 지점이다. 여성운동가들은 그만큼 참았고, 그만큼 목소리를 높였으며, 그만큼 법의 테두리를 지켰지만 한 걸음도 나아가지 못했기 때문에 어쩔 수 없었다고 주장할 것이다. 그들의 주장이 일반 시민의 입장에서 충분히 이해되고 역사의 큰 흐름에서 타당하다고 생각하지만, 사회적 정당성과 법적 위법성은 구별되어야 한다. 여성참정권 획득이라는 목적이 정당하더라도 직접적으로 관련이 없는 대상에게 폭력을 행사한 것은, 사회통념상 허용되는 범위를 벗어나기 때문에 규범적으로 위법하다고 볼 수 있다. 팽크허스트의 유무죄를 판단할 때 행위의 동기와 사회 상황을 고려해서는 안 된다는 판사의 말은 오해를 불러일으킬 소지가 있지만, 배심원들이 의원 개인의 집에 불을 지른 것을 유죄라고 본 것은 정당하다고 본다. 그렇더라도 판사가 팽크허스트에게 집행유예 등의 처분을 하지 않고 실형을 선고한 것은 유감이다.

팽크허스트와 WSPU는 일반적으로 요구되는 여성상과 사회운동가로서의 여성상 사이에서 고민했을 것이다. 여성들에게 의미 있는 부분이라고 생각되는데, 여기서는 영국의 여성참정권 운동에 대해 깊이 연구한 이남희 박사의 결론을 그대로 소개한다.

보수적인 통념을 가진 당대인들이 보기에 참정권을 요구하는 여성들은 여성으로서 매력을 잃고 사랑받을 자격을 잃어버린 부적격자였다. 당시 여성참정권 운동가들은 평등한 정치적 권리를 획득하는 동시에 자신들에 대한 부정적 시선을 극복해야 하는 이중적 과제를 안고 있었다. 그래서 그들이 스스로를 표현하는 방식은 당대에 칭송받는 '여성다움'의 이미지를 거부하기보다 적극적으로 수용하는 쪽이었다. 하지만 여성참정권 운동가들은 '여성다운' 몸에 대해 단순히 순응, 저항의 이분적인 도식을 넘어서 보다 다면적인 전술을 구사했다고 볼 수 있다. 특히 시위에 참여했다가 수감된 여성참정권 운동가들은 단식투쟁을 선택해서 투표권의 주장과 더불어 자신의 몸에 대한 스스로의 통제 권한을 회복하려 했으며, '잔다르크'라는 성별 구분이 모호한 인물을 운동의 상징적인 지도자로 등장시켜 빅토리아 시대의 여성다움의 정형성을 전복하려 했다.[10]

우리나라에서 20세 이상의 모든 국민에게 선거권과 피선거권을 주는 보통선거제도는 1948년 제헌헌법에서 보장되었는데, 그보다 앞서 여성들은 제헌국회의 구성을 위해 실시된 총선에서 처음으로 투표권을 행사했다. 여성참정권이 해방과 더불어 자동적으로 얻어졌으므로 여성운동가들이 참정권 요구를 하지 않았는데, 그래서 영국에서 보듯이 참정권 운동 과정에서 조직을 만들고 다양한 투쟁을 벌이면서 근육과 힘을 다지는 체험도 할 수 없었다. 여성들 대부분이 동의할 수 있는 여성참정권 문제에 대해 외부와 싸우면서 자기 정체성을 확인하고 형성하는 경험을 할 수가 없었으니, 그만큼 우리나라의 여성운동은 만족할 만한 성과를 아직까지는 이루지 못했다고 생각한다.

13

공립학교에서
흑인 학생과
백인 학생을 분리하는
것은 정당한가?

브라운 재판

_1954, 미국

시간과 법정

1954년, 미국 연방 대법원

사건 당사자

**올리버 브라운Oliver Brown VS. 토피카시 교육위원회Board of
Education of Topeka**

재판의 쟁점

공립학교에서 흑인 학생과 백인 학생을 분리하는 것은 정당한가?

재판의 결론

**어린 흑인 학생에게 열등감을 심어주고 정서적으로 상처를 주기 때
문에 평등권을 보장한 헌법에 위반되어서 부당하다.**

역사적 질문

- **인종에 따른 차별과 불평등은 어떻게 극복될 수 있는가?**
- **사법부가 적극적으로 사회 개혁을 추진하는 것은 바람직한가?**

아이젠하워 대통령의
가장 어리석은 실수

제2차 세계대전 후 미국은 1950년대와 1960년대 초 급속한 경제성장을 바탕으로 풍요로워지면서 중간계층이 늘고 소비문화가 널리 퍼졌다. 반면에 농촌 지역과 도시의 빈곤 지역(게토ghetto)의 흑인과 히스패닉, 아시아계 미국인은 소작인 또는 저임금 노동자로 가난하게 살았다. '인종의 도가니'라 불릴 만큼 다양한 인종과 문화가 뒤섞인 미국에서 인종 문제는 가장 중요한 사회문제였다. 연방 대법원은 1954년 5월 17일 획기적인 판결을 선고해 미국을 뒤흔들었다.

공립학교에서 인종을 분리해 교육하는 것이 수정헌법 제14조에서 보장한 평등권을 위반하는 것인지가 쟁점이었다. 그동안 대법원은 물리적 시설이 평등한 이상 흑인 학교와 백인 학교를 별도로 운영하는 것은 분리하되 평등하므로 차별이 아니라는 원칙을 유지해왔다. 그런데 브라운 재판을 통해 인종을 기준으로 한 분리 정책은 그 자체가 불평등하다는 새로운 법 원칙을 선언했다. 이 사건은 1952년에 변론이 끝났지만 대법관들의 의견이 갈려서 판결을 선고할 수 없었는데, 1953년 대법원장으로 임명된 얼 워런Earl Warren이 1년 동안 내부적으로 의견 조율을 거쳐 9명 대법관 전원일치로 결정했다.

1952년 미국 대통령선거에서 노르망디 상륙작전의 '전쟁 영웅' 드와이트 아이젠하워Dwight Eisenhower가 당선되었다. 공화당 소속 아이젠하워는 1953년 9월 캘리포니아 출신 정치인 워런을 연방 대법원장으로 임명했다. 워런은 캘리포니아주 법무부 수장과 주지사를 역임했고, 1948년 대통령선거에서는 공화당 부통령 후보로 출마했으며, 1952년 대통령선거에서는 공화당 대통령 후보 자리를 두고 아이젠하워와 경쟁하다가 패배했다. 아이젠하워는 연방 대법원이 엄정하게 법을 적용해 사회 분위기를 다잡을 것을 기대하며 워런을 임명했다. 워런이 공정하고 현명하게 대법원장직을 수행할 수 있을지에 의문을 제기한 사람은 많았으나, 중도보수적인 방향으로 연방 대법원을 이끌어갈 것을 의심하는 사람은 거의 없었다. 그러나 임명권자의 기대나 일반 시민의 예상과는 달리, 워런은 대법원장으로 있던 16년 동안 인종적 평등, 형사절차에서 피의자의 권리, 표현의 자유 등에서 적극적이고 진보적인 방향으로 결론을 내렸다. 그는 브라운 사건에서 탁월한 리더십으로 단 한 명의 반대 의견도 없이 오랫동안 지속된 인종분리 정책에 대해 부당하다고 판단하면서 '사법혁명'의 문을 열었다. 아이젠하워는 퇴임 후 워런을 대법원장에 임명한 것이 "대통령 재임 시절 내가 저지른 가장 어리석은 실수"라고 회고했다.

플레시 판결과
'분리하되 평등하게'

남북전쟁이 북부의 승리로 끝나자 흑인 노예들은 해방되고, 이들에게 백

분리하되 평등하게? | 1948년 미국 서부 멤피스는 여전히 짐 크로우 체제에 따르고 있었다. 아프리카계 미국인 학생들은 열악한 환경의 교실에 모여 수업을 받았다.

인과 동등한 권리를 보장하기 위해 연방 헌법이 개정되었다. 수정헌법 제13조에서 노예제도를 폐지했고, 수정헌법 제14조에서 '법률의 평등한 보호Equal protection of the laws'를 통해 헌법상 평등한 시민의 권리를 보장했으며, 제15조에서는 흑인 노예들에게 투표권을 부여했다. 그러나 남부의 흑인들에게는 새롭게 얻은 시민권을 제대로 행사할 정치·경제적 기반이 마련되어 있지 않았다. 한편, 남부의 백인들 가운데 인종 평등 이념에 동조하는 사람이 드물었는데, 1877년 남부에 대한 재건 활동이 끝나고 연방 군대가 철수하자 백인 사회가 중심이 되어 흑인들에 대한 정치·사회적 차별을 다시 시작했다. 남부 지역의 주 정부는 백인 사회와 흑인 사회를 분리해 유지하는 것이 전체 사회의 안정에 기여한다는 논리를 앞세웠다. 즉, '분리하되 평등하게'라는 원칙하에 사회의 각 영역에서 인종을 분리함으로써 실질적으로 흑인을 차별하는 '짐 크로우Jim Crow' 체제를 형성했다.

한편, 흑인을 보호하기 위해 만든 수정헌법의 해석은 사법부의 판단에 맡겼는데, 1883년 백인우월주의와 인종주의에 빠진 연방 대법원은 수정헌법 제14조가 주 정부의 인종차별은 금지하지만 사조직이나 개인의 인종차별에는 제재를 가하지 않는다고 판결했다. 마침내 1896년 연방 대법원은 '플레시 대 퍼거슨Plessy vs. Ferguson 사건'에서 인종분리를 제도화하는 주 법률도 헌법에 위반되지 않는다고 판단하기에 이르렀다.

인종차별적인 주 법률이 계속 제정되는 상황에서 1890년 루이지애나주 의회는 '승객편의 증진법Act to promote the comfort of passengers'을 통과시켰다. 이에 따르면 모든 철도회사는 각 승객 열차에 두 개 이상의 객차를 제공하거나 칸막이로 객차를 구분해 '백인과 흑인에게 평등하지만 분리되는 시설'을 제공해야 했다. 1892년 6월 7일 피부색의 8분의 7은 백인이고 8분의 1은 흑인인(친할머니만 흑인이었고 나머지 조상은 모두 백인이었던 그는 겉보기에는 백인이었다) 호머 플레시Homer Adolph Plessy는 백인 전용 객차에 탑승했다. 열차가 출발하자 플레시는 자리에서 일어나 자신이 흑인임을 밝혔다. 열차 차장은 흑인 전용 객차로 옮길 것을 요구했고, 플레시는 거부했다. 겉보기에 백인인 그가 이 사건을 일으킨 이유는 루이지애나주의 인종차별법에 반대하기 위해서였다. 그는 짐 크로우 열차법 위반으로 기소되었는데 1892년 루이지애나주의 지방법원과 대법원에서 유죄 판결을 받게 되자 마지막으로 연방 대법원에 상고했다.

1896년 연방 대법원은 대법관 8명 중 7명의 찬성으로 승객편의 증진법이 헌법에 위반되지 않는다고 판결했다. 먼저, 노예제도가 폐지된 북부 출신 헨리 브라운Henry Brown 대법관이 쓴 다수 의견은 다음과 같다.

수정헌법 제14조는 피부색에 근거한 구별을 폐지하거나, 정치적 평등과 구별되는 사회적 평등을 실현하거나, 한 인종에게 불만족을 주면서 두 인종을 강제적으로 혼합하려 하는 것이 아니다. 사회적 평등은 자연적 친밀감, 상대방의 장점에 대한 상호 간의 이행, 개인의 자발적 동의 등을 통해 형성되는 것이지 법률로써 이루어지지 않는다. 승객편의 증진법은 정치 공동체가 주민들의 관습과 전통에 부합하고 이들의 편의 증진과 공공질서를 지키기 위해 사회적으로 인종을 분리하고 있을 뿐, 흑인들을 겨냥해 부당하고 불평등하게 대우하는 것이 아니다. 이 법률은 흑인이 백인용 차량에 탑승할 수 없는 것과 마찬가지로, 백인이 흑인용 차량에 탑승할 수 없도록 했기 때문에 차별적이지 않다. 인종분리가 흑인들에게 열등하다고 낙인을 찍고 있다는 흑인들의 생각은 법률 자체에 기초한 것이 아니고, 자신들이 법률을 그렇게 해석하고 있기 때문이다.

남부 출신으로 과거에 노예를 소유했던 존 마셜 할란John Marshall Harlan Jr. 대법관은 단독으로 반대 의견을 냈는데, 요지는 이렇다. 승객편의 증진법이 흑인이 차지할 열차 객차로부터 백인을 배제하려는 것이 아니라, 백인에게 할당되거나 백인이 차지할 객차로부터 흑인을 배제하려고 제정된 사실은 명백하다. 이는 적법절차를 거치지 않고 흑인들에게 인신의 자유를 박탈하는 것이다. 헌법과 법률의 관점에서 미국에는 우월하고 특별한 지배계급이 없으며, 카스트 제도도 없다. 연방 헌법은 색맹(色盲, color blind)이며 또한 시민들 사이의 계급의 존재를 알지도 용인하지도 않는다. 모든 시민은 법 앞에서 평등하며, 시민들이 공공도로 위에 있는 동안 인종에 따라 시민들을 자의적으로 분리하는 것은 자유와 평등 이념에 전적으로 위배되므로 정당화될 수 없다. 장차 헌법과 인간의 권리를 수호하는 연방 의회와 연방 대법원이 인종주의적 제도를 철폐할 것이라고 믿는다.

결국 플레시 판결은 운송 시설에서 인종차별 관행을 사법적으로 승인함과 동시에 이런 관행을 모든 사회 영역에서 정당화하고 강화하는 역할을 했다. 이때부터 미국 남부의 주들은 흑인 학교를 세우지 않은 채 백인만을 위한 학교를 따로 세웠고, 투표권과 관련해서는 상당한 재산이나 문자 해득력을 요구함으로써 실질적으로 흑인들의 투표권을 박탈했다. 흑인과 백인은 같은 철도 칸에 타거나 같은 대기실에 있을 수도 없었고, 같은 화장실을 사용할 수 없었으며, 같은 음식점이나 식수대에서 먹거나 마실 수도 없었다. 흑인은 공원과 해변 같은 곳에 들어갈 수 없었고, 병원에서 출입을 금지당하는 일이 비일비재했다. 흑인에 대한 이런 차별은 일상생활에서 공공연하게 이루어졌는데, 이 모든 것이 바뀌기까지는 반세기 이상의 시간이 걸렸다.

인종차별 철폐 운동의 전개

20세기 초부터 미국에서는 흑백분리 정책을 반대하는 운동이 서서히 일어났다. 북부 대도시로 이주한 흑인들 가운데 변호사·의사·교사·목사 등 중산층이 늘어나면서 흑인들의 권익을 주장하는 움직임이 시작되었다. 많은 흑인 공동체가 흑인 학교를 세웠고, 흑인 교회는 사람들로 넘쳐났으며, 흑인들은 자유롭고 다양하게 사회적·문화적 활동을 했다. 흑인들은 빈곤 퇴치를 공약한 루스벨트 대통령의 뉴딜정책을 지지하면서 적극적으로 정치에 참여했다. 제2차 세계대전 중에 수백만의 흑인 여성과 남성이 군에 복무하거나 군수공장에서 일하며 자존감과 사회적 지위가 높아졌는데, 이는 인종차별을 하는 나치 독일에 대해 사회문화적 우월성을 드러내는 증표가 되었다. 이런 사회적 배경 아래에서 1930년경부터 체계적으로 흑인 차별 철폐 운동이 시작되었다. 여기에 의식 있는 백인들이 호응하며 흑인 민권운동이 활발해졌고, 브라운 재판을 거쳐 1960년대 초 결실을 맺었다.

1909년 짐 크로우 체제에 반대하는 사람들이 설립한 '유색인종 지위향상협회NAACP, National Association for the Advancement of Colored People'는 인종차별 정책에 대해 적극적으로 반대하는 운동을 시작했다. 흑인의 인종적 자부심과 사회의 인식이 점차 변화하면서 인종차별 철폐 운동은 가시적인 성공을 거두었다. 이 협회는 정치적 소수자인 흑인들이 헌법이 보장하는 권리를 찾고자 하는 시민권 소송을 제기했다. 이 소송은 흑인 명문대인 하워드 대학의 학장 찰스 휴스턴과 그 제자로 나중에 미국 역사상 최초로 흑인 연방 대법관이 된 서굿 마셜Thurgood Marshall 변호사가 담당했다. 마셜 변호사는 1939년 협회 안에 '법률구제단'을 설치해 흑인의 시민권을 주장하는 소송을 체계적으로 수행했다.

마셜 변호사 등은 흑인과 백인을 분리하되 평등하게 대우한다는 원칙에 따라 분리된 시설이 평등하게 갖추어져야 한다고 요구하는(시설의 평등) 한편, 백인 전용의 시설을 흑인과 백인 모두가 사용할 수 있도록 허용해야 한다고(접근성의 평등) 주장했다. 실제로 흑백으로 분리된 시설이나 환경을 살펴보면, 흑인과 백인이 사용하는 시설의 차이가 너무 커서 플레시 판결이 얼마나 임시방편적이고 허구인지를 알 수 있었다. 이런 주장에 대해 연방 대법원은 1941년 열차 객실에서 흑인 칸과 백인 칸을 따로 두는 것은 평등권을 침해한다고 판결했고, 1945년 열차 외의 다른 교통수단에서 흑인을 차별하는 것도 위헌이라고 판결했다. 1948년 백인 거주 지역에 흑인이 들어와 살 수 없게 한 주택관리규정도 무효라고 선언했다.

또한 마셜 변호사 등은 교육기관에서 벌어지는 인종차별에 대해서도 철폐 소송을 잇따라 제기했다. 이들은 전략적으로 불평등한 상황을 쉽게 납득할 수 있고 소수자만 지망하는 법학대학원이나 직업 전문학교를 대상으로, 세금을 성실히 납부하는 온건하면서도 건실한 흑인 시민을 원고로 내세웠다. 1930년대 후반부터 교육 분야에서 흑백분리 제도가 지닌 문제점과 평등의 필요성을 인정하는 연방 대법원의 판결이 잇따라 나왔다. 1938년 대법원은 백인 법학대학원만 있는 주에서 흑인에게 백인 법학대학원의 입학을 허용하지 않으면서 다른 주에서 공부하는 비용을 지불하는 제도는 평등권을 침해한 것이므로, 흑인에게도 해당 주에서 실질적으로 평등한 법학 교육을 받을 기회가 제공되어야 한다고 판결했다. 1950년에는 교육 시설을 인종에 따라 분리하는 경우 양적(교원의 수, 강좌의 다양성, 학생 정원 등)으로나 질적(교수진의 명성, 졸업생의 지위와 영향력, 지역사회의 평판 등)으로 평등해야 하는데, 흑인에게 질적 측면에서 현저하게 나은 백인 법학대학원의 입학을 거부하는 것은 부당하다고 판결했다. 같은 해 대법원은 다른 사건에서, 흑인을 백인 법과대학원에 입학시켰으나 강의실과 도서관과 식당 등에서 백인과 분리하는 조치는, 흑인이 백인에게 접근하지 못하게 해 동료 학생들과 지적 교류를 확보할 기회를 박탈하는 것으로서 평등한 교육을 받지 못하게 한다는 점에서 위헌이라고 판결했다.

공립학교에서의
인종분리 철폐 소송

연방 대법원이 법학대학원 관련 소송에서 흑인의 손을 들어주자, 남부 주들은 흑인을 대상으로 초·중·고등학교에 교실을 새로 짓고 교원 수를 늘리는 등 대책을 마련했고, 유색인종 지위향상협회는 교육기관에서의 인종차별 철폐 소송을 마무리하는 차원에서 공립학교를 대상으로 소송을 준비했다. 1950년 당시 미국 12개 주와 수도 워싱턴시의 공립학교에서는 흑백분리를 실시했는데, 협회는 캔자스주 등 4개 주와 워싱턴에서 어린이들을 흑인과 백인으로 나누어 교육하는 것은 평등권 위반이라는 소송을 동시다발적으로 제기했다. 그들은 4곳에서 패소하고 델라웨어주에서만 승소했다. 쌍방이 상고해 연방 대법원에까지 올라갔고, 대법원은 사건을 합쳐 심리했는데 원고들 중에서 알파벳순으로 맨 앞인 올리버 브라운Oliver Brown의 이름을 따서 '브라운 사건'으로 불렀다.

브라운은 캔자스주의 작은 도시 토피카Topeka에서 살았는데, 캔자스주는 1만 5,000여 명 이상의 주민이 거주하는 지역에서는 흑인과 백인을 분리해 학교를 운영하도록 규정했으며, 토피카시 교육위원회Board of Education of Topeka도 이를 따르고 있었다. 흑인 보조목사이자 철공소 노동자인 브라운에게는 초등학교에 다니는 딸 린다Linda가 있었다. 8세의 린다는 집에서 조금 떨어진 곳에 있는 백인학교에 다니지 못하고, 약 1킬로미터를 걸어가 통학버스를 타고 멀리 떨어진 흑인 학교에 다녔다. 딸에 대한 안타까운 마음으로 브라운은 학부모 13명과 함께 교육위원회를 상대로 소송을 제기했다.

1952년 연방 대법원에서 남부 주 정부는 흑백분리 공립학교 정책이 인종차별이 아니므로 불평등하지 않다고 주장했다. 반면에 학부모들을 대리한 변호사들은 플레시 판결이 미국 사회의 현실에 더 이상 맞지 않으므로 바꿔야 한다고 변론했다. 민주당 트루먼 대통령의 행정부는 공립학교에서의 흑백분리가 위헌이라는 입장을 지지한다는 의견을 제출했다. 마셜 변호사는 수정헌법 제14조의 취지는 인종이나 피부색에 따른 차별 행위를 금지하는 것이었으며, 공립학교의 인종분리도 금지하려 했다는 것이 명백하다고 주장했다. 이에 남부 주 정부는 흑백통합은 수정헌법 제14조의 취지를 왜곡할 뿐만 아니라, 지방자치단체의 교육정책을 사법부가 간섭해서는 안 된다고 강조했다. 트루먼에 이어 1953년 집권한 공화당 아이젠하워 행정부는 피부색에 따른 법적 차별을 철폐하는 것이 헌법 정신에 맞지만 1년간의 준비 기간을 두는 것이 바람직하다는 의견을 제출했다.

마셜 등 협회 측 변호사들은 흑백분리 교육의 부당성을 입증하기 위해 전문가들의 사회심리학적 연구 성과를 참고 자료로 제출했는데, 그 가운데 케네스 클라크Kennth Clark의 연구가 주목을 끌었다. 클라크는 흑백 인형에 대한 선호도 반응을 통해 흑인 어린이가 갖고 있는 인성 장애를 측정했다. 그 결과 흑인 어린이는 백인 인형을 더 선호했으며, 이런 현상은 남부의 분리 교육 체제에서 흑인 어린이가 자신이 백인보다 좋지 않은 사람이라는 감정에 적응하면서 자존심에 해악을 끼쳐, 흑인의 열등감을 강화시켜주는 것으로 해석되었다. 수백 명에 달하는 사회과학자의 인식 상태를 묻는 다른 연구 조사에서 전문가들 대부분도 법으로 강제되는 인종분리 정책은 두 집단 모두에 부정적으로 심리적 영향을 미친다고 생각한다는 결과가 나왔다. 이 자료들에 대한 분석과 평가를 바탕으로 변호사들은 인종분리의 교육제도는 학생들에게 치유할 수 없는 열등감을 불러일으킨다는 점에서 본질적으로 차별적이며 평등권을 침해하는 것이라고 주장했다.

워런 대법원장이
이끈 브라운 판결

1953년 9월부터 연방 대법원장을 맡게 된 워런은 사건의 중대성을 깊이 인식했다. 그는 학교에서의 인종분리 교육을 반대하는 의견을 표명하는 한편, 정치적으로 민감하고 사회적으로 큰 반발을 일으킬 수 있으므로 판결 결과뿐만 아니라 어떤 논리로 정당화할 것인지도 중요하다고 대법관들에게 강조했다. 1953년 겨울부터 이듬해 봄까지 대법관들은 서로 의견을 교환한 결과 인종분리를 합헌으로 인정한 플레시 판결은 번복되어야 한다는 데 동의했다. 만약 보수적인 빈슨 전 대법원장이 심장마비로 갑작스럽게 사망하지 않았다면 '브라운 판결'이 존재했을까. 새삼스레 '역사에서의 우연'을 생각하지 않을 수 없다. 워런 대법원장은 남부 백인들에게 인종분리가 더 이상 허용될 수 없다는 점을 인식시키면서 그들의 반발이 누그러질 시간을 갖기 위해, 먼저 인종분리가 위헌이라는 결정을 발표하고 어떻게 통합할 것인지는 나중에 결정하기로 했다.

브라운 사건은 헌법상 두 가지 측면을 따져보아야 했다. 첫째 '분리하되 평등하게'라는 원칙이 흑인들을 불합리하게 차별하는가, 둘째 수정헌법 제14조에서 규정하는 '법 앞에서의 평등한 보호'의 취지가 인종통합까지 염두에 두고 있는가였다. 연방 대법원은 1954년 5월 17일 판결을 선고했는데, 수정헌법 제14조의 제정 취지를 확인할 수 없다고 판시

하면서 오늘의 현실에서 해답을 찾았다. 워런 대법원장이 직접 쓴 판결문을 읽어보자.

수정헌법 제14조가 채택된 직후 내려진 초기의 여러 판결에서 법정은 본 조항이 흑인에 대한 모든 국가 주도의 차별을 금지하는 것으로 해석했다. '분리하되 평등하게'라는 정책이 본 법정에 등장한 것은 1896년 플레시 대 퍼거슨 사건에서였는데 이때는 교육이 아닌 교통수단에 관한 것이었다. 이 판결 이후로 지난 반세기 동안 미국 전역의 법원에서는 '분리하되 평등하게'라는 정책과 씨름해온 셈이다.

플레시 대 퍼거슨 사건 판결이 있은 지 반세기가 더 지난 오늘, 우리는 이 '분리하되 평등하게'라는 원칙이 현대 미국 사회의 공교육 현장에서 과연 타당성이 있는지, 아니면 원고 측이 주장하듯 그러한 방침이 헌법이 보장하는 법률의 동등한 보호를 받을 권리를 원고 측 자녀들로부터 박탈하는지 여부를 판단하게 되었다.

오늘날 교육은 각 주와 지방 정부가 국민에게 제공하는 가장 중요한 서비스 기능일 것이다. 의무 교육법과 정부의 교육 관련 지출액은 민주 사회에서 교육의 중요성을 말해주는 증표다. 교육은 국방의 의무와 같이 가장 기본적인 공적 책임을 수행하는 데에도 필요하다. 교육의 목적은 건전한 시민이 되기 위한 기본적 소양을 기르는 것이다. 현대 교육의 목적은 어린이를 문화적 가치에 눈뜨게 하고 미래의 직업 교육을 준비하며, 주변 환경에 잘 적응하도록 돕는 중요한 도구다. 오늘날 적절한 교육의 기회를 거부당한 어린이가 장기적으로 인생에서 성공하기를 기대할 수 있을지 의심스럽다. 주 정부가 책임을 지고 제공하는 교육의 기회는 누구에게나 동등한 조건으로 부여되어야 하는 하나의 권리다.

"순전히 인종에 근거하여 공립학교에서 어린이들을 분리 교육하는 것은 물리적 시설과 그 밖의 다른 제반 사항이 같다 하더라도 소수 인종의 어린이들로부터 동등한 교육의 기회를 박탈하는가?"라는 물음에 우리는 '그렇다'는 결론을 내렸다. 초등학교와 상급학교에서 순전히 인종 때문에 한 그룹의 어린이들을 비슷한 연령대와 자격 조건을 갖춘 다른 어린이들로부터 분리하는 것은 그들의 공동체에서의 지위와 관련해 열등감을 조장해 도저히 회복할 수 없는 마음의 상처를 줄 수 있다. 교육의 기회와 관련한 이러한 분리의 영향은 비록 법원에 의해 흑인 원고의 주장에 반하는 판결이 내려지기는 했으나 캔자스주 사건에서 매우 조리 있게 다루어진 바 있다. 공립학교에서 백인 어린이들과 유색인종 어린이들을 분리하는 것은 유색인종 어린이들에게 해로운 영향을 끼친다는 것이다. 그 영향은 분리가 법으로 정해졌을 때 더욱 강력해지는데, 이는 인종 간 분리 정책이 보통 흑인들이 열등한 족속이기 때문이라고 이해되기 때문이다. 열등감은 어린이의 학구열을 감소시킨다. 따라서 법률에 따른 분리는 흑인 어린이들의 교육적·정신적 발달을 늦추고 인종적으로 융합된 학교 제도에서 받을 수 있는 혜택을 박탈하는 경향이 있다. 플레시 대 퍼거슨 재판 당시의 심리학적 지식 수준이 어느 정도였는지는 몰라도 현대 심리학은 이러한 결론을 지지한다. 플레시 대 퍼거슨 판결문에서 이러한 결론에 반하는 부분은 무엇이건 거부되어야 한다.

우리는 공교육에서 '분리하되 평등하게'라는 정책은 설 자리가 없다고 결론짓는다. 분리된 교육 시설은 근본적으로 동등할 수가 없다. 따라서 본 법정은 원고가 처한 상황이 인종 간 분리 정책 때문에 수정헌법 제14조에서 보장하는 법률에 따른 동등한 보호를 받을 권리를 박탈당했다고 판결하는 바이다.[1]

미국 사회를 뒤흔든 브라운 사건의 판결문은 다른 사건의 판결문과 달리 아주 짧았다. 워런은 나중에 회고록을 통해 일반인이 이해할 수 있도록 판결문을 짧고 쉽게 썼다고 밝혔다. 연방 대법원은 브라운 판결에서 인종통합을 통해 인종과 상관없이 모든 사람에게 평등한 교육의 기회를 보장해야 한다고 밝혔다. 우리나라를 비롯해 모든 헌법이 평등권을 보장하고 있는데, 평등의 의미와 구현 방법은 나라에 따라, 시기에 따라 다르다. 브라운 판결이 제시하는 평등은 결과의 평등이 아니라 기회의 평등을, 집단적 평등이 아니라 개인의 평등을, 형식논리에 따른 평등이 아니라 현실과 경험에 따른 평등을, 전통과 관습에 따른 차별적 평등이 아니라 미국 전체의 일률적 평등을 보장하는 것이다.

판결에 대한 반발과
인종통합 정책의 진전

인종통합 교육school desegregation을 실시하라는 브라운 판결은 여러 방면에서 거센 저항을 받았다. 남부와 백인 우월주의자들은 사법부가 전통과 관습을 무시하고 과도하게 평등을 추진한다며 폭동을 일으켰다. 그리고 일부 법조인들은 대법원이 인종통합의 사회정책을 시행하려는 것은 권력분립의 한계를 벗어났을 뿐만 아니라 잘못된 '사법적극주의judicial activism'라고 지적했다. 남부 주 출신 하원 의원들은 워런 대법원장의 탄핵을 주장했고, 남부 언론 대부분도 대법원을 맹비난했다.

이듬해인 1955년 5월 대법원은 어떻게 학교에서의 인종차별 철폐를 추진할 것인지에 대해 규칙을 제시하는 제2차 브라운 판결을 선고했다. 공립학교에서 인종통합 교육을 추진할 책임은 교육위원회와 학교 당국에 있고, 법원은 이를 심사하고 감독할 책임이 있다. 그리고 정책은 합리적이면서도 신속하게 시작하되 '매우 신중한 속도'로 진행되어야 한다는 것이 판결의 취지였다.

제2차 브라운 판결이 선고된 후 워싱턴시를 비롯한 몇몇 지역은 비교적 신속하고 조용하게 인종통합 정책을 추진했으나, 남부 지역은 판결의 집행을 회피하려고 다양한 방법을 동원했다. 예를 들면, 인종분리를

명문화하는 법률을 새로 통과시키거나 인종통합을 하는 교육위원회에
대한 재정 지원을 끊거나, 학생들에게 학교 선택권을 주거나, 공립학교
를 아예 폐교하거나 하는 방법이었다. 물론 이러한 조치들은 다시 소송
으로 이어져서 역시 위헌 판결을 받았다. 인종통합 교육을 실시하는 학
교에서조차 인종차별주의자들이 흑인 학생의 통학을 저지하는 일이 많
았고, 일부 백인 학생을 빼돌려 따로 수업을 듣게 하거나 졸업식을 별도
로 치르기도 했다.

1957년 가을까지 남부의 3,000개 학군 가운데 겨우 684개 학교에
서만 인종통합을 시작했다. 공립학교에서의 인종통합을 둘러싼 학생과
학부모, 인종주의자들과 인권 운동가들 사이의 갈등이 미국 전역으로 확
산되었다. 1957년 9월에는 인종분리를 지지하는 아칸소 주지사 오벌 퍼
버스Orval Faubus가 리틀록Little Rock에 위치한 고등학교에 등교하려는 흑
인 학생들을 저지하라는 명령을 주 방위군에 내리는 지경에까지 이르렀
다. 그동안 인종통합 정책에 소극적이었던 아이젠하워 대통령은 주가 연
방 정부의 권위에 직접적으로 반항하자, 계엄령을 선포하고 육군 공수부
대를 투입해 흥분한 백인 군중을 진압하고 학생들을 보호하는 조치를 취
했다.

1958년 브라운 판결의 집행을 연기해달라는 소송에서 대법원은 헌
법상 보장된 권리가 정부의 조치 뒤에 따를지도 모르는 폭력과 무질서의
위협 때문에 미루어질 수 없다고 밝혔다. 브라운 판결이 선고된 지 15년
후인 1969년 대법원은 '더 이상 지체 없이' 어떤 학생도 인종이나 피부
색 때문에 실질적으로 배제되지 않는 '단일학교체제unitary school system'
를 운영하라고 판결했다. 1971년에는 단일학교체제를 운영하기 위해 통
합 통학구역을 편성하거나 '버스통학제busing'를 실시할 수 있다면서, 행

인종통합의 진통 | 리틀록시는 연방 정부의 조치에 대한 항의의 표시로 1년간 공립학교 자체를 폐쇄해버렸고, 백인 학부모들은 자녀들을 인근 사립학교로 보냈다. 법적인 변화와는 별개로 사람들의 인식 변화는 훨씬 더뎠다.

정적으로 불합리하고 불편하고 심지어 비정상적으로 보이더라도 과도기에는 불가피하다고 판시했다.

브라운 판결이 선고된 후 부당한 사회정책에 항의하고 여러 인종분리 정책에 반대하는 '시민불복종civil disobedience' 운동이 미국 전역을 휩쓸기 시작했다. 1955년 10월 1일 흑인 여성 로자 팍스Rosa Parks가 버스의 백인 승객용 좌석에서 일어나기를 거부했다는 이유로 앨라배마주의 몽고메리에서 체포되었다. 마틴 루터 킹Martin Luther King Jr. 등 흑인 인권운동가들의 주도로 많은 흑인이 조직적으로 버스 승차 거부 운동을 펼쳤다. 연방 대법원은 1956년 대중교통에서의 인종분리는 위법하다고 판결했다. 이후 공립공원, 공공도서관, 공항 등 공공시설에서도 인종분리가 금지되었다. 이렇게 시민불복종 운동과 브라운 판결의 영향력 아래에서 케네디 대통령과 존슨 대통령이 추진한 '민권법Civil Rights Act of 1964'이 1964년 의회를 통과했는데, 이 법은 인종분리를 포함한 어떤 형식의 차별도 금지하는 내용을 담고 있다.

역사의 법정에서

공립학교에서의 인종분리 정책은 대법원의 판결에 따라 폐지되었다. 수많은 반대와 저항에 부딪히며 미국 전역에서 단일학교체제가 시행되기까지 많은 시간이 걸렸지만 역사의 도도한 흐름을 거스를 수는 없었다. 브라운 판결이 계기가 되어 1950년대와 1960년대에 흑인을 비롯한 사회적 소수자들의 '민권운동Civil Rights Movement'이 들불처럼 널리 퍼졌으며, 공적 영역에서 흑인과 백인을 분리하는 법률이 철폐되었다. 브라운 판결은 미국의 뿌리 깊은 딜레마이자 사회악인 인종분리의 법적 토대를 파괴하고 헌법 재판의 사회통합 기능을 보여주었다는 점(드레드 스콧 판결은 이와 정반대다)에서 미국 헌정사상 가장 위대하고 가장 커다란 영향력을 지닌 판결로 평가된다. 다시 말해서 브라운 판결은 '20세기 미국사에서 가장 중요한 정치적·사회적·법적 사건'이자 '가장 중요한 사회혁명'을 이루어낸 판결이다.

브라운 판결 이후 미국에서 흑인들은 차별받지 않고 동등하게 대우받으며 살아가고 있는가? 공식적인 차별은 거의 사라졌지만, 경제적·사회적·문화적 측면에서 인종분리와 인종차별은 여전히 존재한다. 백인 경찰의 흑인에 대한 차별적인 법 집행과 그로 인한 소요 사태는 현재 진행형이다. 또한 대도시에서 흑인과 백인의 거주 지역이 구분되고 백인을 위한 사립학교가 늘어나면서 실질적인 학교 통합은 아직도 요원하고, 흑인 학생과 백인 학생은 학업 성취율과 상급학교 진학률 등에서 큰 차이를 보이고 있다. 이런 점에서 일부 학자들은 브라운 판결을 내린 법원이 현실적으로 존재하는 차별을 보지 못하고 형식적으로 평등의 기회만 제공함으로써 백인 중심의 동화주의적 인종통합만 강조했다고 비판한다. 그런데 인간의 행위를 규율하는 법률로 다른 인종을 차별하는 사람의 마음까지 제재할 수 없는 데다, 법적인 올바름을 판단하는 사법절차가 다문화 사회에서 복수적複數的 평등을 구현하는 방법까지 제시하는 것은 불가능하다. 결국 포괄적인 사회변화는 《다운사이징 데모크라시》를 쓴 크렌슨이 주장하듯이, 사법절차로 진행되는 인권소송으로는 부족하고 시민들의 적극적인 사회참여와 민주정치의 구현을 통해서만 가능한 것이다.

1950년대 미국에서 민권운동이 활발하게 전개될 수 있었던 이유는

끝나지 않은 인종차별 | 2014년 미주리주 퍼거슨시에서 무장하지 않은 흑인 소년 마이크 브라운이 경찰의 총 6발을 맞아 숨지는 사건이 발생하자, 인종차별 철폐에 대한 시위가 들불처럼 번졌다. 사람들은 외쳤다. "손들었으니 쏘지 마시오(Hands up, Don't shoot)!"

경제적으로 풍요로웠고 사회계층에 따른 분배도 비교적 공정했으며, 교육 수준이 높은 중간계층도 늘어났기 때문이다. 한편, 구소련이 주도하는 공산주의와 경쟁하는 가운데 미국 사회의 딜레마인 흑백 문제에 관해서도 민주주의 사회의 우월성을 입증할 필요가 있었다. 제2차 세계대전을 전후해 군대에 복무하거나 안정적인 직업을 갖는 흑인들이 늘어나면서 사회적 지위도 높아졌다. 대중문화나 스포츠 분야에서 흑인들의 활약이 두드러지면서 사회적 평가도 점점 나아졌다. 이런 배경 아래에서 흑인들은 목소리를 높일 수 있었고, 일부 백인들이 양심과 정의감으로 동조했으며, 사법과 정치 엘리트가 인종차별 폐지를 위한 민권운동을 지지하고 승인했다. 이는 2,000년 전 민주정 아테네 상황과 여러모로 대비된다. 당시 아테네는 평민들이 해군으로 참전해 페르시아 전쟁에서 승리했는데, 무역과 공납으로 부가 엄청나게 늘고 과두정 스파르타와 체제 경쟁을 벌이면서 일반 평민에 의한 직접민주주의를 구현했다. 1950년대에 미국에서 전개된 민권운동의 목적과 방향 그리고 일시적 성공과 한계(법적인 차별을 완화하는 데는 성공했지만, 장기적으로 계속되는 정치·사회적인 변화를 이끌어내지 못했다)는 아테네 민주주의의 최전성기와 비교하면 시사하는 바가 크다.

브라운 판결은 법조계에 많은 논쟁을 불러일으켰다. 의회나 행정부가 아니라 사법부가 인종통합 정책을 시행하는 것은 '사법적극주의'의 잘못된 사례로, 선례를 뒤집고 역사적·법적 근거 없이 사회과학적 연구 결과를 바탕으로 삼았다는 비판을 받았다. '사법적극주의'는 '사법소극주의judicial passivism' 또는 '사법자제judicial restraint'와 반대되는 개념이다. 두 개념은 법원이 재판하면서 종전 판례를 얼마나 따라야 하는지, 헌법 해석으로 정책 형성에 얼마나 개입해야 하는지, 행정부나 입법부의 결정에 얼마나 따라야 하는지 등으로 구분된다. 어떤 기준으로든 브라운 판결이 사법적극주의를 취했다는 사실은 분명하다. 다른 나라에서 볼 수 없을 정도로 사법부가 사회정책에 깊이 관여해서 '사법혁명'으로도 불린다. 어떤 나라의 법원이나 판사가 일률적으로 특정한 입장을 취하는 것도 아니고, 어느 입장이 항상 좋은 것도 아니다. 옳고 그름의 판단 기준은 그 판결이 어떤 상황에서 어떤 근거로 내려졌으며 그것이 얼마나 정당하다고 평가되는지 여부이다. 그런데 이 기준에 따라 브라운 판결을 판단하더라도 모든 사람의 평가가 일치하지 않을 것이다. 시민의 권리를 효과적으로 구제하려면 사법부가 행정기관에 처분을 명하는 '의무이행소송' 제도가 도입되어야 하는데, 우리나라의 경우 현행 행정소송법상 그런 소송을 인정하지 않으므로 법원이 '브라운 판결'을 선고할 수 없다. 한 번의 소송으로 신속하고도 효율적으로 국민의 권익을 구제할 수 있는 의무이행소송을 허용하는 행정소송법 개정안이 15년 전부터 국회에 계류되었지만, 행정부처들은 행정권이 위축된다는 등의 이유를 들어 반대해 번번이 폐기되었다. 기초생활 수급, 산업재해 급여, 신축건물 인·허가, 공공기관 정보공개 등 다양한 분야에서 적절하게 이용될 수 있으므로, 개정안이 20대 국회에서는 꼭 통과되기를 기대한다.

브라운 판결이 수정헌법 제14조의 입법 취지를 확인할 수 없다고 판시하며 사회심리학적 자료와 연구를 참고로 한 것은 앞에서 보았다. 미국 법정에서는 이런 자료들이 오래전부터 많이 사용되어왔다. 예를 들면, 브랜다이스 변호사는 모성보호를 위해 세탁부의 노동시간을 제한하는 법률의 합헌성을 주장하는 변론에서, 과다 노동이 여성의 신체와 육아에 미치는 영향과 2세 아동들의 신체적·정서적 침해 상황에 대한 연구 자료를 제출했고 그 결과 승소 판결을 받아냈다. 정부의 기능과 역할이 확대되면서 사회와 경제 영역에 개입하는 법률이 늘어나는 상황에서, 어떤 내용으로 법률을 만들어야 하고 이 법률이 헌법에 부합하는지 검토하기 위해서는 사회과학적 조사와 연구가 필요하다. '분리하되 평등하게'라는 원칙은 공립학교에서 흑인과 백인을 분리해도 평등하게 운영될 수 있다는 사실에 바탕을 두었으나, 브라운 판결은 사회심리적으로 소수자인 흑인 학생에게 열등감을 심어주므로 전제가 틀렸다고 판단했다. 이런 사회과학적 연구와 논증은 우리나라에서도 널리 활용되어야 한다고 생각한다.

현재 우리 사회는 다문화 가정이 날로 늘어가고, 많은 외국인 노동자들이 국내에 들어와서 일하고 있다. 인종 간 갈등이나 차별 문제가 심각하지는 않지만, 다문화 가정의 자녀와 혼혈인은 여러모로 차별받고 있는 실정이다. 사회 구성원인 이들에게 평등한 교육의 기회를 보장하고, 체계적인 다문화 교육이 이루어져야 한다. 한편, 농어촌 지역과 대도시 사이에 교육의 질적 격차와 교육 기회의 불균형도 심각하다. 브라운 판결 이후 미국에서 흑인 학생에게 인종차별로 인한 불이익을 보상하기 위해 입학 단계에서 직간접적 이익을 부여하는 '적극적 평등실현조치 affirmative action'가 시행되자, 많은 논쟁이 있었다. 그러나 유색인종이 빠르게 늘어나는 상황에서 이를 그냥 두었다면 더 큰 사회 갈등으로 이어졌을지 모른다. 이들이 미국 사회의 새로운 힘이 되었음도 분명하다. 우리나라 대학 입시에서도 지역균형, 사회배려층 전형 등 다양한 방법으로 실질적으로 평등한 교육의 기회가 확대되고 보장되어야 할 것이다. 아무런 도움을 받지 않은 채 다리에 모래주머니를 매달고 진창길을 홀로 뛴 육상 선수와 일류 감독의 지도 아래 우레탄 트랙을 뛴 육상 선수의 기록을 같은 기준으로 평가하는 것은 명백하게 부당하다.

14

아이히만에게 반인도적 범죄에 대한 책임을 물을 수 있는가?

독일의 나치스 친위대 장교로 유대인 박해의
실무 책임자였던 아돌프 아이히만

아이히만 재판

_1961, 이스라엘

시간과 법정

1961년, 이스라엘 예루살렘 지방법원

사건 당사자

아돌프 아이히만Adolf Eichmann

재판의 쟁점

하수인인 아이히만에게 반인도적 범죄에 대한 책임을 물을 수 있는가?

재판의 결론

유죄, 사형

역사적 질문

홀로코스트라는 비극은 어떤 체제와 마음에서 일어났는가?

《예루살렘의 아이히만》이
제기한 문제

자유와 인권에 대한 의식이 보편화되고 민주주의 체제가 정착된 20세기가 평화로운 시대였는지는 시각에 따라 다르겠지만, 아무런 죄가 없는 민간인들을 대학살한 것도 20세기였다. 그중에서 아돌프 히틀러Adolf Hitler와 나치가 제2차 세계대전 중 민간인 약 600만 명(당시 유럽에 거주하는 유대인 인구의 3분의 2에 달했다)을 유대인이라는 이유만으로 조직적·집단적으로 학살한 홀로코스트Holocaust는 인간의 인종적 배타성과 폭력성 그리고 집단적 광기를 극단적으로 보여주었다는 점에서 인류 역사상 치욕적인 사건의 하나로 꼽힌다.

나치는 왜 유대인을 학살했을까? 일반적으로 유대인에 대한 해묵은 증오심과 반유대주의가 원인이라고 대답할 것이다. 그런데 1963년 독일계 유대인 출신 정치철학자 한나 아렌트Hannah Arendt는《예루살렘의 아이히만: 악의 평범성에 대한 보고서》에서 통념을 거부했다. 그는 '유대인 문제'의 책임자 아돌프 아이히만Adolf Eichmann이 반유대주의에 심취한 악마적 본성을 지닌 흉악한 사람이 아니라 선악을 구분할 능력을 상실한, 즉 '생각이 전혀 없는(철저한 무사유, sheer thoughtlessness)' 평범한 관료였으며, 한편 유대인 조직이 홀로코스트를 도와주었다고 주장해 엄청난 파문을 일으켰다. 1961년 미국 주간지의 특파원 자격으로 아이히만의 재판을 지켜본 후 쓴 이 책에서 아렌트는 아이히만을 다른 사람의 관점에서 생각하는 능력이 결여된 채 조직의 명령에 따라 최선을 다했을 뿐 '자기가 무슨 일을 하고 있었는지 전혀 깨닫지 못했던 자'라고 평가하고, '악의 평범성banality of evil'이라는 말로 정리했다.

아렌트가 제기한 문제는 '악의 평범성'과 '철저한 무사유', 피해자와 가해 공모자로서의 유대인, 그리고 '반인도적 범죄Crimes against Humanity'이다. 여기서 유대인 문제는 생략하고, 법적 문제는 맨 마지막에 검토하겠다. 먼저, 논쟁이 치열했던 '악의 평범성'에 관해 대립되는 입장을 간단히 살펴보자. 반유대주의에 매몰되어 악마적 심성으로 홀로코스트를 수행했다고 보는 전통적 견해는, 히틀러를 비롯한 나치 지도부가 초기부터 반유대주의에 따라 유대인을 전멸시키려는 의도로 수행했고, 정책을 집행한 사람들도 무슨 일이 벌어졌고 어떤 일에 참여했는지 명확히 알았다고 본다. 아렌트로 대표되는 새로운 견해는 나치와 같은 전체주의 체제에서 국가가 규범적으로 통합되지 않은 채 유대인 학살 결정을 내렸고, 평범한 독일인들은 반유대주의와 같은 신념이나 이데올로기가 아니라 집단의식과 권위에 대한 맹목적 충성심에 따라 동참했다는 것이다.

아이히만을 비롯한 나치 관료들과 군인들이 어떤 상황에서 어떤 마음으로 행동했는지는 좀 더 검토되어야 한다. 그러나 홀로코스트에서 반유대주의라는 독특성을 지우고 전체주의가 존재하는 곳에서는 언제든지 극악한 범죄가 일어날 수 있다고 한 아렌트의 지적은 되새겨보아야 한다.

홀로코스트,
20세기 최대의 비극

1933년 독일에서 바이마르 공화국이 붕괴되면서 정권을 잡은 나치는 곧바로 유대인을 노골적으로 탄압하기 시작했다. 히틀러는 국민들 사이에 퍼져 있던 반유대인 감정을 이용해 제1차 세계대전 패배와 사회적 혼란에 대한 희생양으로 유대인을 지목했다. 그는 "제1차 세계대전 때 타락한 인종인 유대인을 전쟁터에 보내 독가스를 마시게 했더라면 수백만의 희생이 그리 헛되지 않았을 것이다"라고 주장했는데, 수많은 나치 당원도 히틀러 못지않게 유대인을 혐오하고 말살하는 데 앞장섰다.

나치 정권은 독일인을 부추겨 유대인 상점을 부수거나 테러를 가했고, 유대인을 모든 공직에서 추방하고 시민권을 박탈하는 과정에서 대중 동원과 권력 집중이라는 정치적 이득을 얻었다. 이뿐만 아니라 유대인의 국적을 박탈하고, 재산을 몰수하고, 유대의 상징인 별을 가슴에 달도록 강요했다. 나치 정권은 여기서 더 나아가 정치적 수단이 아니라 정치적 확신과 목표로서 유대인들을 독일에서 제거하기로 했다. 1939년 9월 제2차 세계대전이 발발하고 나치 군대가 유럽의 대부분을 장악하자, 나치 정권은 유럽 전역에서 엄청나게 늘어난 유대인만의 거주 구역(게토)을 만들어 거주하도록 했다. 1942년부터는 게토에서 인간 이하의 비참한 상태로 살아가던 유대인들이 강제수용소로 이송되었다.

나치는 유대인을 게토에 거주하게 하거나 강제수용소에 가둬놓는 데 만족하지 않았다. 전쟁이라는 극단적이고 인명이 경시되는 상황에서 나치의 선전·선동으로 유대인에 대한 독일인의 혐오가 국가에 대한 충성심으로 이해되었으며, 시설이 열악한 게토에서 수많은 유대인이 사망

대학살의 비극 │ 평범하고 선량한 수많은 유대인이 '최종 해결'에 따라 학살되었다. 아이히만은 제2차 세
계대전 중 유대인 대학살의 전범으로 유대인 실무 책임자였다.

하거나 강제수용소로 이송되는 과정에서 학살되었다. 나치 지도부는 1941년 12월 유대인 문제의 '최종 해결Endlösung der Judenfrage'을 위해 전부 몰살하기로 결정했다. 마침내 1942년 1월 베를린 근처에 있는 반제Wannsee에서 유대인 문제 담당 관리들이 모여 유럽에 있는 유대인을 수용소에 강제수용한 뒤 대규모로 '처분'한다는 '최종 해결'을 채택했다.

처음에는 사람들을 일렬로 세워서 총알 한 방으로 다수를 죽이거나 수류탄을 투척해 많은 사람을 한꺼번에 살해하기도 했는데, 나중에는 독가스를 사용해 집단 학살을 저질렀다. 나치는 강제수용소에 가스실과 화장터 등을 갖춘 '살인 공장'을 세웠다. 강제수용소 중 가장 규모가 큰 폴란드의 아우슈비츠Auschwitz에서는 하루에 최대 9,000명이 살해되었다. 강제수용소에서 어떤 방법으로 대량 학살이 벌어졌는지, 송충기 교수의 저서《나치는 왜 유대인을 학살했을까?》에서 살펴보자.

> 학살 과정은 공장의 '일관 공정'처럼 진행되었다. 학살 수용소에 유대인을 실은 열차가 도착하면, 이들은 곧바로 채찍과 구타를 통해 공포 상태를 강요받았다. 그 뒤 재빨리 남녀를 분리해 '샤워장'으로 갈 것이라는 말로 속여서 안심시킨다. 옷을 벗고, 소지품을 모두 꺼내놓는다. 여자들의 경우는 모두 머리를 깎도록 했다. 기차에서 내려 '샤워장'까지 들어가는 데 걸린 시간은 30분도 채 안 되었고, '샤워장'에 모두 들어가면 감시원들이 문을 잠갔다. 하지만 샤워장에서 흘러나오는 것은 물이 아닌 독가스였다. 20~30분이 지나 모두가 질식사하면, 피와 오물로 가득 찬 시체가 그 안에 즐비하게 된다. 이제 남은 것은 시체 처리였다. 시체들을 처리하고 화장하는 일도 역시 유대인 수감자의 몫이었다. 이들은 같은 동포의 시체를 끌어내 화장하거나 땅에 묻

었다. 시체 처리반원으로 일하다 가족이나 같은 고향 사람의 시체를 맞닥뜨린 경우도 있었다.

　나치는 유대인을 죽이면서 이들의 시체에서 쓸 만한 것은 모두 빼내 사용하고자 했다. 그 가운데 유명한 이야기가 바로 시체들에서 금니를 빼내 중립국이었던 스위스로 보내 국가 재정을 충당했다는 것이다. 심지어 시체에서 나온 머리카락이나 피부를 이용해 다른 물건을 만들었다는 이야기도 떠돌았다. 이렇게 해서 강제수용소에서 가스로 사망한 유대인의 수는 거의 300만에 달했다.[1]

　제2차 세계대전이 끝나자 홀로코스트에 관해 나치 당원들에게 책임을 추궁하는 사법절차가 진행되었다. 형식적으로 볼 때 유대인을 탄압하고 학살한 행위는 나치 치하의 국내법에 따라 이루어졌으므로, 전후 독일이 형사 사법권을 행사하는 것은 적절하지 않았다. 미국을 비롯한 연합국은 '전쟁범죄'와 '반인도적 범죄' 등을 적용해 나치 지도자들을 체포하고, 독일 남부 뉘른베르크Nürnberg에서 국제 전범 재판을 열었다. 나치의 제2인자로 불렸던 괴링을 비롯한 22명이 재판을 받았는데, 이 중 12명에게 사형이 선고되었다. 홀로코스트를 직접 수행한 일선 책임자들도 줄줄이 여러 지역에서 재판을 받았다. 미국·영국·프랑스가 점령한 서독 지역에서는 약 6,000명이 재판을 받았고 약 700명이 교수형에 처해졌다. 소련이 점령한 동독 지역에서는 정확한 통계는 없지만 더 많은 사람이 단죄되었을 것으로 추정된다. 하지만 홀로코스트 범죄자 모두가 재판을 받은 것은 아니고, 더 많은 사람이 이름을 바꾸어 정체를 숨긴 채 잠적하거나 해외로 도피했다. 아이히만도 그중 한 사람이었는데, 도피한 지 15년 후에 체포되어 유대인의 나라 이스라엘에서 재판을 받게 되었다.

유대인 이주 문제의 권위자
아이히만과 '최종 해결'

아이히만은 1906년 독일 서부 솔링겐의 중산층 가정에서 5남매의 장남으로 태어났고, 1914년 오스트리아 린츠로 이주했다. 고등학교를 졸업하고 전문학교에서 직업교육을 받았으나 중도에 자퇴한 후 제련소에서 아버지와 함께 일했으며, 전자제품 판매회사와 감압정유회사에서 외판원으로 일하다가 1933년에 정리 해고되자 독일로 이주했다.

아이히만은 1932년 오스트리아 나치당에 가입했는데 이듬해 오스트리아에서 나치 활동이 금지되자, 독일로 돌아가 군사훈련을 받고 군인이 되었다. 1934년 10월경 나치 친위대 제국지휘관 소속 보안대에 들어갔고, 그 후 총분대장을 거쳐 1937년 소위로 진급했다. 규칙을 잘 따르고 부지런한 나치당원 아이히만은 나치의 중요 과업인 '유대인 문제'를 다루는 부서에 배치되어 히브리어를 익히는 등 유대인과 유대인 문화를 연구하기 시작했다. 1938년 중위로 진급한 아이히만은 오스트리아에 거주하는 유대인을 국외로 이주시키는 업무를 맡았는데, 8개월 만에 유대인 5만 명을 오스트리아 밖으로 추방했다. 이때 아이히만은 상급자로부터 "남다른 협상력, 화술, 조직력이 있고 정력적이고 기민하게 활동하며 관리 능력이 탁월하다"라는 평가를 받으면서, '유대인 이주 문제의 권위자'라는 명성을 얻었다.

유대인 문제의 공식적 총책임자 헤르만 괴링Hermann Göring은 제2차 세계대전이 일어난 1939년 제국보안총국을 창설했고, 대위로 진급한 아이히만은 보안총국 내에서 유럽 전역에 거주하는 유대인을 추방하는 정책을 담당하는 업무를 맡았다. 1940년 소령에 이어 1941년 중령으로 진급한 아이히만은 독일 점령지의 확대로 엄청나게 늘어난 유대인들을 게토로 이주시키는 정책의 실무 책임자로서 능력을 인정받았다. 1941년 러시아 전선이 고착 상태에 빠지고 미국의 참전이 확실해지자, 괴링은 보안국장 라인하르트 하이드리히Reinhard Heydrich에게 유대인 문제의 최종 해결을 위해 필요한 조직적·물질적 준비를 하라고 명령했고, 하이드리히는 아이히만에게 이에 관한 전체 계획서를 빠른 시일 안에 제출하라고 지시했다.

1942년 1월 히틀러의 특명을 받은 하이드리히는 반제에서 각 부처의 주요 담당관리들을 불러 유대인 처리 계획을 논의하는 비밀회의를 주재했다. 이때 아이히만은 회의를 준비하고 회의록을 작성하는 업무를 맡았다. 한 시간 반도 채 안 걸린 회의에서 하이드리히가 제안한 대로 유대인을 대량 학살하기로 결론이 났다. 회의록에 따르면 '최종 해결'을 위한 유대인 처리는 기본적으로 서유럽에서 시작하되 상황에 따라 우선순위를 정하고, 유대인들은 먼저 임시 거주 지역에 집결시킨 후 동부에 있는 강제수용소로 이송하기로 했다. 아이히만에게 주어진 임무는 가능한 한 빠른 시간 안에 유럽 각지의 유대인을 한곳에 집결시켜 특별 열차 편으로 아우슈비츠 등 동부에 설치된 수용소로 보내는 것이었다. 3월부터 유대인에 대한 수용소 이송이 시작되자, 아이히만은 국가 총력전 상태로 혼잡하던 독일에서 교통부와 협의해 많은 열차를 확보하는 수완을 보이며, 2년간 유대인 500만 명을 기차에 태워 강제수용소로 이송하는 성과를 거두었다.

엄밀하게 말해서 아이히만이 유대인에 대한 가스실 학살을 생각해 낸 것도 아니고, 수용소나 가스실 건설에 관여하지도 않았으며, 유대인을 가스실에 집어넣고 독가스 분말을 투입하라는 명령을 직접 내리지도 않았다. 그러나 그는 자신이 배정하는 기차가 목적지에 도착하면 무슨 일이 일어날지 명확히 알고 있었고, '최종 해결'을 빠르게 수행하기 위해서 가능한 한 모든 방법을 동원해 수송 업무를 수행했다. 그는 높은 계급까지 승진하지 못했지만, 상관들이 유대인 문제를 직접 처리하지 않고 믿을 만한 아이히만에게 맡긴 것은 분명하다. 뉘른베르크 재판에서 '최종 해결'을 집행하는 데 아이히만이 중요한 역할을 했다는 사실은 드러났으나 아무도 그의 소재를 알지 못했다.

15년 도피 생활의 끝

1945년 나치 독일이 패망하기 직전까지도 헝가리에서 유대인 이송 작업을 지휘하던 아이히만은 며칠 뒤 미군 포로가 되어 친위대원 포로 수용소로 보내졌다. 그곳에서 많은 포로가 아이히만을 알아보았는데 그는 자신의 정체를 숨겼을 뿐 아니라 조심하느라 가족들에게 편지조차 쓰지 않았다. 뉘른베르크 재판에서 자기 이름이 오르내리고 증인들이 불리한 증언을 쏟아내자, 그는 수용소에서 탈출해 이름을 바꾸고 벌목꾼으로 일하며 지냈다. 몇 년 후 국내 정세에 불안을 느낀 그는 친위대 퇴역 군인들의 도움을 받아 이탈리아로 도망쳤다. 1950년 이탈리아에서 가톨릭 신부가 아이히만에게 리카르도 클레멘트라는 가명으로 망명자 여권을 만들어주었는데, 그는 이를 이용해 아르헨티나의 부에노스아이레스로 도피했다. 아이히만은 그곳에서 독신이며 국적이 없는, 37세의 리카르도 클레멘트로 신분증과 노동 허가를 받았다. 보수가 형편없는 일자리를 전전하던 아이히만은 메르세데스 벤츠 공장의 현지 법인에 취업해서 생활

아이히만의 새 이름 | 제2차 세계대전 종전 직후 체포됐으나 탈출한 아이히만은 위조 여권으로 아르헨티나에 숨어들었다. 독일의 가족까지 정착시키고 십여 년 동안 안정된 생활을 했다.

이 안정되었으며, 1952년 독일에 있던 아내와 자식들을 불러들여 함께 살았다. 자식들에게는 자신을 아이히만의 동생이라 속였으며, 넷째 아이가 태어나자 그는 아내와 다시 혼인신고를 했다.

유대인의 나라 이스라엘에서는 1949년 공식첩보부 모사드MOSSAD가 설립되어 나치 전범을 추적해서 기소하는 업무를 담당했는데, 1950년대에 많은 유대인과 홀로코스트 희생자들이 자발적으로 도움을 주었다. 아이히만의 정체를 밝히는 데 결정적인 역할을 한 것은 유대인 로타르 헤르만의 정보였다. 강제수용소에서 아이히만을 본 적이 있으며 나중에 아르헨티나로 이주한 헤르만은 1950년대부터 부에노스아이레스에서 살았는데, 딸이 아이히만 가족(아내와 아이들은 아이히만이라는 성을 사용했다)과 친분을 갖게 되었고 그 아들과 연애를 시작했다. 아버지가 나치였으며 홀로코스트에 직접 책임이 있다는 말을 애인으로부터 들은 딸은, 헤르만의 부탁을 받고 아이히만의 집에서 그를 만나 확인했다. 헤르만은 1957년 나치 추적자로 유명한 서독 검사 프리츠 바우어Fritz Bauer에게 아이히만의 소재지를 알려주었고, 바우어는 모사드에 정보를 제공했다.

　모사드는 2년 동안 아이히만과 그 가족을 추적했는데, 1960년 3월 21일 원래 결혼기념일에 클레멘트가 아내에게 줄 꽃다발을 들고 가는 것을 보고 아이히만이 확실하다고 결론을 내렸다. 이스라엘 지도부는 아이히만을 이스라엘 법정에 세운다는 방침을 세운 뒤 모사드 요원들을 부에노스아이레스로 파견했다. 드디어 1960년 5월 11일 저녁, 부에노스아이레스의 벤츠 공장에서 일을 마치고 퇴근하던 아이히만은 모사드 요원에게 납치되었다. 이들은 아이히만을 도시 외곽의 안전가옥으로 데려가 의자에 묶고 재갈을 물린 채 일주일간 신문했다. 아이히만은 즉각 처형될 것인지 아니면 이스라엘에서 재판을 받을지 선택하라는 말을 듣고 이스라엘 법정에 서겠다는 내용의 진술서를 직접 쓴 뒤 서명했다.

　아이히만은 탈출을 시도하지 않았다. 스스로 목숨을 끊을까도 생각했다고 나중에 말한 적은 있었지만, 그렇게 함으로써 증명할 수 있는 것이 무엇인지 확신할 수 없었다. 모사드 요원들은 아이히만을 마취시켜서 중환자로 위장해 비행기에 태워 5월 21일 이스라엘에 도착했다. 5월 23일 이스라엘 국회 회의 도중 수상 다비드 벤구리온David BenGurion은 아이히만의 국내 송환과 재판 계획을 발표했다. 새로 건국한 이스라엘은 이제 홀로코스트의 주요 책임자를 법정에 세움으로써 유대인이 당했던 참상에 대해 엄중한 책임을 묻고 정의를 세우겠다는 의지를 전 세계에 밝혔다. 한편, 아르헨티나 정부는 이스라엘 정부 요원의 아이히만 납치 행위를 유엔 안전보장이사회(약칭 '안보리')에 문제 제기해, 아이히만의 원상회복과 책임자 처벌을 요구했다. 안보리는 1960년 6월 23일 이스라엘의 행위는 국제 평화와 안전을 위협하는 것으로서 아르헨티나에 배상하라고 결정했다. 그 후 8월 3일 "양국은 아르헨티나 국민의 기본적 권리를 침해한 이스라엘 시민들의 행위 때문에 야기된 사건이 해결된 것으로 간주한다"라는 공동선언을 통해 이 문제를 외교적으로 마무리했다.

이스라엘에서 열린
나치 재판

아이히만 재판은 1961년 4월 11일 이스라엘 예루살렘의 '정의의 집Beth Hamishpath'에서 열렸다. 아주 넓은 홀에 설치된 연단에 판사와 검사 그리고 변호사가 앉았고, 그 아래에 희생자 가족들로부터 보호하기 위해 방탄유리로 된 부스 안에 아이히만이 앉았다. 재판부는 모셰 란다우, 베냐민 할레비, 이삭 라베로 판사로 구성되었고, 검사석에는 검찰총장 기드온 하우스너와 네 명의 보조검사가 앉아 있었으며, 변호인으로는 아이히만이 선임한 로베르트 세르바티우스가 있었다. 이스라엘 검찰이 피고인 아이히만에게 적용한 법률은 이스라엘의 '나치와 그 부역자 처벌법'이었다. 이 법은 뉘른베르크 재판을 선례로 만들어졌는데, 나치 부역 범죄에 대해서는 공소시효를 배제했고, 외국에서 처벌받은 사람도 다시 재판할 수 있도록 했다. 아이히만에게 적용된 혐의는 유대인에 대한 범죄, 반인도적 범죄, 불법조직 가담죄 등 15가지였다.

이 재판은 국제적으로 엄청난 논란을 불러일으키며 화제가 되었다. 이스라엘 정부는 전 세계의 언론이 재판 과정을 생방송할 수 있도록 허가했고, 세계 각국에서 온 수백 명의 기자는 재판 진행 상황을 수시로 타전했다. 재판이 진행된 4개월 동안 약 1,500건의 문서가 제출되고 증인으로 120여 명이 출석했다. 검찰 측 증인 신문에서는 홀로코스트에서 살아남은 사람들이 출석해 나치의 잔학 행위를 생생하게 증언했는데, 피고인과 변호인은 홀로코스트 중에 일어난 사실에 대해서는 다투지 않겠다며 반대신문을 하지 않았다. 뉘른베르크 재판에서 나치 전범을 심문한 조사관은 증인으로 출석해 아이히만이 '최종 해결'을 어떻게 수행할지 결정할 권한이 있었다는 사실을 들었다고 증언했다. 변호인 측은 나치 고위 관료 16명을 증인으로 신청했는데, 이들이 이스라엘로 오려고 하지 않아서 판사가 직접 독일로 가서 신문했다. 단순히 명령을 따랐을 뿐이라는 피고인의 주장을 뒷받침하는 증언은 없었으며, 한 증인은 "아이히만은 타고난 2인자로 자신의 권력을 책임감이나 도덕적 후회 없이 휘두르는 사람이었다. 그는 지도자의 뜻에 따라 행동하기만 하면 권한을 넘어서도 된다고 생각했다"라고 진술했다.

세르바티우스 변호사는 아이히만이 정치적으로 정책을 결정하거나 정책의 목적을 직접 창안하지 않았으며, 단순히 상급자의 명령에 따라 강제수용소로 유대인을 이송했기 때문에 죄가 없다고 변론했다. 또 검사 측 논고대로라면 아이히만에게 죄가 있으니 히틀러를 비롯한 독일 제3제국의 모든 권력자에게는 죄가 없음이 확실하다며 비아냥거렸다. 아이히만은 증인석에 앉아서 명령을 따랐을 뿐이라고 주장했는데, 이것은 뉘른베르크 재판에서 나치 전범들의 주장과 같았다. 그는 자신이 거의 권한이 없는 '배달부'에 불과했다며 "나는 한 번도 스스로 결정을 내려본적이 없고, 크건 작건 히틀러나 다른 상급자의 지시에 아무것도 덧붙이지 않고 성실하게 임무를 수행했을 뿐"이라고 주장했다. 그렇지만 아이히만은 자기가 저지른 일을 부정하지는 않았다. 오히려 그는 "지구상의 모든 반유대주의자에 대한 경고로 공개적으로 교수형을 당하겠다"라고 제안했다. 이 말은 그가 무엇을 후회한다는 의미가 아니었다. "후회는 어린아이들이나 하는 것이다"라고 그는 말했다.

하우스너 검사는 아이히만이 이미 부관에게 "나는 기쁘게 웃으면서 내 무덤으로 뛰어들 것이다. 500만 명의 죽음이 개인적으로 양심에 걸린다는 사실이 대단한 만족감을 주기 때문이다"라고 말한 것을 상기시켰다. 재판 과정에서 수많은 증언과 문서를 통해 아이히만이 대량 학살과 관련해 인원 확보와 수송을 맡았다는 사실은 충분히 입증되었다. 다만, 아이히만에게 홀로코스트에 대한 책임을 얼마나 물을 것인지는 재판부의 몫으로 남았다. 변호인은 이스라엘 정부가 아르헨티나의 주권을 침해하고 아이히만을 불법적으로 납치했으며, 이스라엘 국경 밖에서 이스라엘 국가가 성립되기 이전에 이스라엘 국민이 아닌 사람에 대해 이루어진 범죄이므로 이스라엘 사법부는 재판할 권한이 없다고 말했다.

1961년 12월 11일부터 이틀 동안 열린 공판에서 판사 3명이 번갈아가며 15가지 공소사실에 대해 유죄를 선고하는 이유를 244개 항목으로 나누어 읽었다. 재판부는 아이히만이 수백만 명의 유대인을 학살하도록 지시하고, 육체적 파멸로 이어지는 조건에서 생활하도록 하면서 육체적·정신적으로 심각한 위해를 가했으므로 유대 민족을 절멸시킬 의도를 갖고 범죄를 저질렀다고 밝혔다. 여기서 유대인을 살해하는 데 직접 가담하지 않은 아이히만에게 무거운 책임이 있다고 판시한 부분을 읽어보자.

이러한 범죄들이 희생자 수의 측면에서뿐만 아니라 범죄에 개입한 사람들의 수 측면에서도 집단적으로 이루어졌기 때문에, 이 수많은 범죄자 가운데 희생자들을 실제로 죽인 것에서 얼마나 가까이 또는 멀리 있었던가 하는 것은, 그의 책임의 기준과 관련된 한에서는 아무런 의미가 없다. 그와 반대로, 일반적으로 살상 도구를 손으로 사용한 사람으로부터 멀리 떨어져 있을수록 책임의 정도는 증가한다.[2]

12월 13일 검사는 피고인에게 사형을 구형했고, 변호사는 "복수는 하느님의 것"이라는 성경 구절을 인용하며 관대하게 처벌해달라고 변론했다. 12월 15일 열린 마지막 공판에서 재판부는 피고인이 유대인들을 기차에 태워 강제수용소로 보낸 것은 계획된 살인에 직접 참여했음을 의미하며, 피고인은 자신에게 주어진 명령을 내면화해 강한 결의로 행동했다고 강조했다. 한 민족에게 저지른 반인도적 범죄는 개별적으로 개인에 대한 범죄를 합친 것보다 훨씬 더 무겁게 처벌되어야 한다고 판시하며 사형을 선고했다.

논증을 위해서 피고인이 대량 학살의 조직체에서 기꺼이 움직인 하나의 도구가 되었던 것은 단지 불운이었다고 가정을 해봅시다. 피고인이 대량 학살 정책을 수행했고, 따라서 그것을 적극적으로 지지했다는 사실은 여전히 남아 있습니다. 그리고 (마치 피고인과 피고인의 상관들이 누가 이 세상에 거주할 수 있고 없는지를 결정할 어떤 권한을 갖고 있는 것처럼) 이 지구를 유대인 및 수많은 다른 민족 사람들과 함께 공유하기를 원하지 않는 정책을 피고인이 지지하고 수행한 것과 마찬가지로, 어느 누구도, 즉 인류 구성원 가운데 어느 누구도 피고인과 이 지구를 공유하기를 바란다고 기대할 수 없다는 것을 우리는 발견하게 됩니다. 이것이 바로 당신이 교수형에 처해져야 하는 이유, 유일한 이유입니다.[3]

아이히만의 변호인은 대법원에 상소했으나 1962년 5월 29일 기각되었다. 아이히만의 처와 자식들은 탄원서를 제출했는데, 이즈하크 벤즈비 이스라엘 대통령은 구약 성경을 인용해 "너의 칼이 많은 어머니와 자식을 잃게 했으니 너의 어머니 또한 자식을 잃은 여자가 될 것이다"라는 구절을 친필로 적어 보냈다. 사면 청원이 거부당한 뒤, 1962년 5월 31일 밤 아이히만은 감옥에서 교수형에 처해졌다. 그의 말대로 기쁘게 웃었는지는 알려지지 않았지만, 마지막으로 "잠시 후면 여러분, 우리는 다시 만날 것입니다. 이것이 모든 사람의 운명입니다. 독일 만세, 아르헨티나 만세, 오스트리아 만세! 나는 이들을 잊지 않을 것입니다"라고 말했다고 전한다. 다음 날 아이히만의 시체는 화장되어 어떤 기념행사도 열릴 수 없도록 지중해 위에 뿌려졌다.

뉘른베르크 전범 재판과
도쿄 전범 재판

제2차 세계대전을 일으켜 수많은 군인과 민간인을 죽음으로 이끈 독일 나치스와 일본의 군국주의자에 대한 재판은 뉘른베르크와 도쿄에서 진행되었다. 연합국 지도자들은 1944년 말 독일 전쟁 책임자를 재판에 회부하여 처단하기로 결정하고 1945년 8월 '국제군사재판소 헌장'을 채택했으며, '국제군사재판소International Military Tribunal'가 발족하면서 처음으로 전범 처단에 대한 국제법적 장치가 마련되었다. 일본의 경우 점령국 미국이 주도해 법정 구성과 재판 진행을 하도록 합의했고, 1946년 2월 연합국 최고사령관 맥아더가 '극동국제군사재판소 헌장'을 공포하고, 일본의 전쟁 책임자들을 단죄하기 위해 '극동국제군사재판소(International Military Tribunal for the Far East, IMTFE)'를 구성했다.

대규모 나치 전당대회가 열렸던 곳에서 연합국 4개국의 대표 한 명씩으로 재판부를 구성해 1945년 11월 열린 뉘른베르크 전범 재판에서는 이미 자살한 히틀러와 힘러 그리고 괴벨스를 뺀 나치 정권의 2인자 괴링을 비롯한 22명이 재판을 받았다. 피고인들은 수 세기 동안 국제법상 범죄로 인정되어온 전쟁의 법칙과 관습을 위반한 전쟁범죄뿐만 아니라 평화에 반하는 범죄와 반인도적 범죄(강제 노역을 목적으로 한 강제 이주, 종교적 박해 및 기타 박해 등)도 포함시켜 기소되었다. 재판에서는 정부 또는 상급자의 명령에 따른 행위를 처벌할 수 있는지, 새로 규정된 평화에 반하는 범죄와 반인륜적 범죄를 소급해 적용할 수 있는지 등이 문제되었다. 재판부는 1946년 10월 법률이 죄악의 도구로 전락했을 때에는 양심에 따라 행동해야 하므로 상부 명령에 대한 복종 의무를 들어 항변할 수 없고, 인류의 생명을 존중하고 다른 문화를 인정하는 것은 자연법상 최소한 요구이므로 소급해서 적용할 수 있다고 판단했다. 19명은 사형 등의 유죄 판결을 받았고, 3명은 무죄로 석방되었다.

1946년 5월 전쟁 피해국에서 재판부와 검사를 파견해 구성된 도쿄 전범 재판에서는 히로히토 천황이 빠지고 수상 도조 히데키 등 28명의 A급 전범이 기소되었다. 재판은 뉘른베르크 재판과 비슷한 방식으로 진행되었다. 1948년 11월 26명에게 유죄 판결이 선고되었는데 이 중 7명에게는 교수형이 결정되었다.

뉘른베르크 전범 재판과 도쿄 전범 재판은 승전국 또는 피해국에 의한 일방적 재판이었다. 특히 도쿄 재판은 전범 선별 과정이나 처벌이 정치적인 이유로 철저하지 못했다는 지적도 있다. 다만, 뉘른베르크 전범 재판은 역사상 처음으로 재판을 통해 전쟁의 진상이 밝혀지고 국가가 아닌 개인들에게 응당한 처벌이 내려졌으며, 반인도적 범죄는 언제든지 엄정하게 처벌되어야 한다는 것을 보여주었다는 의미가 있다.

역사의 법정에서

홀로코스트의 피해자 유대인이 세운 이스라엘에서 처음이자 마지막으로 나치 전범을 처벌한 아이히만 재판은 역사적으로 어떻게 평가되고 있을까? 주요 나치 전범과 일선 책임자들은 뉘른베르크 재판과 그 후 독일에서 열린 재판에서 처단되었지만, 승전국들이 전쟁 직후 패전국 독일에서 재판한 점이라는 등 여러 이유로 사건의 중대성에 비해 충분한 관심을 받지 못했다. 그렇지만 아이히만 재판은 전쟁이 끝난 지 15년 후 객관적인 시각과 증거에 따라 진행되면서, 나치의 전체주의와 유대인 대학살의 실상이 전 세계에 널리 알려지게 되었다. 독일 국민이 진정한 의미에서 '과거'를 성찰하고 홀로코스트 등 나치 범죄를 단죄하기 시작한 것은 아이히만 재판이 있은 후부터다. 전쟁범죄에 대해 직접적인 책임이 없는 전후 세대가 등장하고 민주주의의 전통이 확립되면서 독일 국민은 과거사에 책임을 뼈저리게 느끼고 유대인 학살에 대한 범죄를 기소하고 처벌했다. 싸우면서 건설하는 유대인을 모범적 인간상으로 내세운 이스라엘은 건국 초기에는 집단 학살이라는 패배의 기억은 정치적인 이유로 망각되었지만, 아이히만 재판 이후 홀로코스트라는 비극을 국민적 정체성의 핵심으로 인정하는 사회적 분위기가 형성되었다. 다만, 이스라엘이 지속적으로 점령지 팔레스타인 주민들에게 가하는 차별과 폭력을 보면서 역사에 대한 기억의 진정성은 어디까지일까 하는 회의가 든다.

과연 아렌트의 평가처럼 극단적인 악을 저지른 아이히만은 평범하고 틀에 박힌 사람이었을까? 먼저 짚고 넘어갈 것은 아렌트는 검사의 피고인 신문이 끝나자 출국해버렸고, 변호인의 반대신문에서 아이히만이 영악하게 자신을 변호하는 모습을 보지 못했다는 점이다. 재판 도중 변호인에게 건넨 메모, 자서전과 미공개 소설 등을 보면 아이히만은 재판에 치밀하게 대비했다. 나중에 공개된 자료에 따르면, 아이히만은 출셋길을 걸으면서 유대인을 강제수용소로 이송하는 과정에서 매니저이자 조직가로서 구체적인 방법을 결정하거나 집행했고, 전쟁 말기에 유화적인 태도를 취한 힘러의 명령을 무시한 채 유대인 강제 이송을 강행했다. 전쟁 이후 아이히만은 나치 잔당들과 모임을 갖고 나치 재건을 도모했다. 결국 그는 아렌트가 법정에서 관찰한 모습보다 훨씬 더 반유대주의자였고, 유대인을 학살하는 데 능동적인 역할을 했다. 아이히만은 자신을 평균적인 독일인이라고 생각했다는 점에서 평범했을지 모르지만, 자신의 일을 정확하게 인식하고 공격적으로 행동했다는 점에서 평범하지 않은 범죄자라고 생각한다. 다만, 그를 어떻게 보는지에 관계없이, 전체주의 국가에서는 평범한 사람도 홀로코스트 같은 어마어마한 범죄에 동참할 수 있다는 점에 대해서는 공감한다.

아렌트는 아이히만이 다른 사람의 입장에서 생각할 수 있는 능력이 결여된 채 상부의 명령에 순응한 매우 평범한 사람이지만 거대한 악을

예루살렘의 아이히만과 아렌트 | 예루살렘에서 열린 아이히만 재판에는 112명의 증언으로 유대인 학살의 전모가 생생하게 밝혀졌다. 방탄유리로 제작된 피고인석에 앉아 있는 아이히만은 모든 혐의에 대해 자신은 무죄라고 주장했다. 그를 지켜본 아렌트는 '악의 평범성', '철저한 무사유' 등의 개념을 이끌어내 논쟁의 중심에 섰다.

저질렀다고 분석했는데, 여기서 그의 글을 읽어보자.

자신의 개인적인 발전을 도모하는 데 각별히 근면한 것을 제외하고 그는 어떤 동기도 갖고 있지 않았다. 그리고 이런 근면성 자체는 결코 범죄적인 것이 아니다. 그는 어리석지 않았다. 그로 하여금 그 시대의 엄청난 범죄자들 가운데 한 사람이 되게 한 것은 철저한 무사유였다. 이처럼 현실로부터 멀리 떨어져 있다는 것과 이러한 무사유가 인간 속에 아마도 존재하는 모든 악을 합친 것보다 더 많은 대파멸을 가져올 수 있다는 것, 이것이 사실상 예루살렘에서 배울 수 있는 교훈이었다.[4]

그의 말을 오랫동안 들으면 들을수록, 그의 '말하는 데 무능력함(inability to speak)'은 그의 '생각하는 데 무능력함(inability to think)', 즉 '타인의 입장에서 생각하는 데 무능력함'과 매우 깊이 연관되어 있음이 점점 더 분명해진다. 그와는 어떠한 소통도 가능하지 않았다. 이는 그가 거짓말을 하기 때문이 아니라, 그가 말(the words)과 다른 사람들의 현존(the presence of others)을 막는, 따라서 현실 자체(reality as such)를 막는 튼튼한 벽으로 에워싸여 있었기 때문이다.[5]

히틀러로부터 명령을 받았을 때, 생각이 있는 사람이라면 아우슈비츠에 갇힌 유대인들의 불안감, 가스실로 걸어가는 유대인들의 공포심을 떠올리며 총통의 명령이 어떤 결과를 가져올지 판단했어야 했다. 그러나 아이히만은 피해자의 입장에서 생각하고 판단할 능력을 상실한 채 상관의 명령에 복종해 아무런 죄의식 없이 '최종 해결'에 동참했다. 아이히만이 스스로 신중하게 생각할 수 없게 된 데는 관료화되고 규칙화된 관청 용어로 생각하고 말한 것과 관련이 있다. 나치는 비밀을 유지하기 위해 '학살' 대신 '최종 해결책', '강제 이송' 대신 '이동', '가스실 살해' 대신 '특별 처리'라는 용어를 사용했다. 이런 말을 쓰면서 그는 깊이 생각하고 타인과 소통하는 능력을 잃어버렸다. 심지어 그는 자신이 처형되는 순간까지도 다른 사람의 장례식에서 말하는 투로 마무리했다.

평범한 사람들이 욕망에 따라 저지르는 범죄와 돈에 관한 다툼을 정형화된 법적 개념과 논리로 분석하고 평가하는 일을 하는 판사에게, 아이히만 재판은 반면교사의 사례로 다가온다. 재판하면서 법적으로 요구되는 범죄의 '구성요건構成要件'과 권리의 '요건사실要件事實'이 인정되는지 따지는 데 그친다면, 인공지능AI 판사가 더 효율적이고 잘하지 않을까. 소송 당사자는 판사가 자기 말을 경청하고 속마음까지 헤아려줄 때, 좋은 재판을 받았다고 생각할 것이다.

이스라엘 법원이 아이히만에게 사형을 선고한 것은 법적으로 정당한가? 아렌트의 시각을 통해 아이히만 재판을 보았으므로 복수심에 불탄 유대인들이 평범한 악을 무겁게 처벌했다고 생각한다면 그것은 오해다. 아렌트도 아이히만이 유죄라는 데는 이견이 없었고 사형선고에 공감을 표했으며, 필자도 마찬가지다. 형법적 시각에서 볼 때 이 사건에서 기본적으로 문제 되는 점은 피고인에게 고의가 있었는지, 공동정범의 책임을 물을 수 있느냐다. 고의는 범죄의 성립 요소인 사실을 인식하고 의욕(의지적 요소)하는 것으로, 아이히만이 유대인을 강제수용소로 이송하는 과정에서 이들이 몰살될 것이라는 점을 알았고 이를 바랐다는 점은 부인할 수 없다. '악의 평범성'이나 '철저한 무사유'는 윤리학이나 정치철학에서 논의되는 것이지, '고의'를 판단하는 데 고려할 요소가 아니다. 아이히만이 히틀러 등 나치 지도부와 공동으로 범행한 것인지(공동정범), 아니면 그들의 범행을 단순히 도와준 것인지(방조범)에 대해 재판부는 공동정범으로 판단했고 필자의 견해도 같다. 홀로코스트라는 조직적인 범죄에서 아이히만은 '반제 회의'에 참석해 '최종 해결'하기로 뜻을 같이했으며, 피해자들을 집결시켜 처형장으로 수송하는 중요한 역할을 맡아 실행했으므로 범행에 크게 기여한 것이다. '나치와 그 부역자 처벌법'에는 사형을 인정하고 있으며, 절대적 사형 반대론자가 아니라면 수백만 명을 몰살한 아이히만을 극형으로 처단하는 데 동의할 것이다.

아이히만 재판에 특수한 법적 문제에 대해서도 살펴보겠다. 아이히만이 저지른 반인도적 범죄는 그 즉시 인류의 도덕적 기본 원칙에 위반한 행위로서 시간과 장소를 가리지 않고 처단되어야 하는 국제법상 범죄이므로, 공소시효에 관계없이 국제형사재판소가 존재하지 않는 한 어떤 국가도 재판할 권한이 있다. 또한 이스라엘은 피해 당사자로서 재판할 권한이 있으므로 이를 규정하는 '나치와 그 부역자 처벌법'은 국제법에 합치된다. 인종적 이유로 대량 학살한 범죄에는 '소급효 금지의 원칙'의 제한을 받지 않는다는 것이 뉘른베르크 재판과 그 후 다른 나라의 법률로 확인되었으므로, 이스라엘이 건국되기 전에 벌어진 홀로코스트에 대해 나중에 제정한 법률로 처벌하는 것은 정당하다고 본다. 뉘른베르크 재판에서 상관이나 국가의 명령이었더라도 반인도적 범죄라면 명령을 수행한 자에게 법적 책임이 있다고 판단했고, 나치 치하에서도 명령에 따르지 않고도 직위를 유지한 관료가 있었으므로, 적극적·능동적으로 업무를 수행한 아이히만은 죄책을 면할 수 없다. 다만, 이스라엘 요원이 아이히만을 아르헨티나에서 불법적으로 체포한 후 정상적인 출입국 절차를 거치지 않고 이스라엘로 압송했고, 이에 따라 이스라엘 법원이 재판한 것은 문제라고 생각한다. 적법절차를 지키려면 이스라엘 정부가 아르헨티나 정부에 형사사법 공조를 요청하고, 아르헨티나의 법관이 발부한 영장에 따라 아르헨티나 수사기관이 아이히만을 체포해서 이스라엘로 이송하는 것이 올바른 방법이다. 체포와 이송 과정에서 중대한 위법이 있었고 그로 인해 증거가 오염되었기 때문에 이스라엘 법원이 이런 절차적 위법을 무시하고 유무죄의 판단을 할 수 있는지에 대해서는 견해가 대립한다. 이스라엘 법원은 아이히만을 불법으로 납치한 일과 관련해서는 아르헨티나가 항의를 철회했고, 재판에 회부된 자가 체포 과정의 위법성을 들어 재판을 거부할 수 없다면서 유죄를 선고했다.

마지막으로, 홀로코스트는 어떤 체제와 마음에서 일어났는지 거듭 생각해본다. 히틀러 치하의 독일 국민은 총통의 결정이 곧 자신들의 결정인 것처럼 생각했으며, 열광과 환호 속에서 자신들이 생각하고 판단하면서도 잘못에 대한 책임을 부담하는 주체라는 사실을 망각했다. 나치즘은 '만인에 대한 만인의 투쟁을 삶의 궁극적 진리로 보고, 한쪽에 대한 다른 한쪽의 지배가 만물의 질서에 나타나는 특징'이라는 신념에 기반을 두고 있으므로, 사회적 진화론의 극단적 형태에 해당한다.[6] 이런 체제에서 국가와 법체계는 이상적으로 동일한 사람들(순수한 아리안족 혈통의 독일인)의 사회를 유지하고 발전시키기 위한 도구일 따름이고, 개인이 이성에 따라 자유롭게 생각한다는 자유주의의 기본 전제는 허울에 불과하다고 여겨졌다.

권력 구조가 복잡해지고 시장경제가 보편화된 현대사회에서 홀로코스트라는 거대한 악은 발생하기 어렵다. 그러나 삶의 모든 영역에서 경쟁이 일반화되고 효율성과 성과가 중요한 가치로 여겨지면서, 사람들은 각자도생各自圖生한다는 일념으로 관료적 위계질서 속에서 주어진 일에만 충실한 '무사유'의 상황으로 내몰리게 되었다. 그래서 누구도 생각하지 않으며 책임지려고도 하지 않는 '소소한 악'이 일어날 가능성은 오히려 큰지도 모른다. 모든 사람이 개인의 독자성과 차이를 인정하고 다른 사람과 소통하면서 공감할 때, 비로소 인간은 존엄한 존재가 되지 않을까.

15

수사기관에서
한 자백은 유죄의
증거로 삼을 수
있는가?

납치 · 강간 혐의로 체포되어 경찰서로 연행된
멕시코계 미국인 에르네스토 미란다

미란다 재판
_1966, 미국

시간과 법정

1966년, 미국 연방 대법원

사건 당사자

에르네스토 미란다Ernesto Miranda VS. 애리조나주Arizona

재판의 쟁점

수사기관에서 한 자백은 유죄의 증거로 삼을 수 있는가?

재판의 결론

**피의자에게 묵비권이나 변호인의 도움을 받을 권리를
사전에 알려주지 않고 얻어낸 자백은 증거로 인정할 수 없다.**

역사적 질문

범죄 피의자의 권리는 어디까지 보호받아야 하는가?

수사 절차에서 창과 방패

우리나라 젊은이들 사이에서 '미드(미국 드라마)'의 인기가 대단하다고
한다. 범죄 수사를 소재로 한 드라마에서 경찰관이 범죄 용의자에게 총
을 겨누고 수갑을 채우면서 "당신은 묵비권을 행사할 권리가 있다"라고
시작하는 '미란다 경고(Miranda Warning, 또는 미란다 원칙)'를 빠른 말투
로 알려주는 것을 종종 볼 수 있다. 중범죄를 저지른 범인을 제압해야 하
는 절체절명의 순간에 경찰관이 묵비권과 변호인 선임권이 있다는 사실
을 알려주는 장면에서 꼭 저렇게까지 해야 할까 생각이 들면서도 '법치
주의'가 지켜지고 있음을 보게 된다. 한편, 경찰관이 이제 막 체포한 범
인을 조사하려고 하자 범인이 자신의 변호사와 먼저 상의하겠다고 말하
는 태도에서 나쁜 사람이 참 뻔뻔하다고 생각하면서도 자신의 권리를 적
극적으로 주장하는 현대인의 '시민 의식'을 느끼게 된다. 미란다 경고는
우리나라를 비롯해 대부분 국가에서 법률로 규정하고 법원이 보호하고
있다. 여기서 '미란다'는 지적 능력이 떨어지는 미성년자를 성폭행한 흉
악범의 이름에서 비롯되었다.

　　수사를 주도하는 검사가 피의자를 강제로 구속하기 위해서는 그전
에 판사가 피의자를 직접 심문하면서 진술을 들은 후 구속영장을 발부해
야 한다. 이런 구속영장 실질심사제도는 1997년 형사소송법에 규정되면

서 시행되었는데, 그전에 판사들은 검사가 제출한 수사 기록만으로 영장 발부를 결정했다. 여기서 1996년 당시 상황을 설명하는 신동운 교수의 글을 읽어보자.

> 우리는 언제부터인가 인신 구속을 수반한 검찰 수사가 행해질 때 언론을 통해 '검찰의 사법 처리'라는 말을 많이 들어왔다. 그런데 검찰을 가리켜 검찰권을 행사하는 형사사법 기관이라 정의한다면 '검찰의 사법 처리'는 형사사법 기관에 의한 사법 처리라는 의미를 가지게 되어 동어반복이며 논리 모순적 표현이라 할 수 있다. 그렇지만 검찰의 사법 처리라는 말은 시민들의 법의식을 축약적으로 전달해주는 낯익은 표현으로 우리 언어생활 속에 자리 잡고 있다. 검찰의 사법 처리는 검찰이 한 시민을 이제부터 '일상생활로부터 격리해서' 수사에 임한다는 뜻의 말로 이해되고 있으며 검찰이 시민을 구속해 수사에 나서겠다는 표현으로 받아들이고 있다. 그러나 헌법과 형사소송법을 조금이라도 알고 있는 사람이라면 검찰이 인신을 구속한다는 말은 우리나라 헌법체계 아래에서 허용되지 않는다는 사실을 인정할 것이다. 헌법 제12조 제3항이 천명하고 있는 영장주의의 대원칙에 의할 때 신체의 자유를 박탈하는 체포나 구속은 법관의 판단이 없으면 불가능하기 때문이다.[1]

최근 나라를 뒤흔들 만한 사건이 터질 때마다 언론은 여전히 "검찰의 사법 처리가 멀지 않았다"라는 등의 표현을 쓰고 사람들도 자연스럽게 받아들인다. 역시 법은 법이고 현실은 현실이다. 우리나라 검사들은 언론의 관심이 높은 사건일수록 피의자를 구속하려 노력하고, 영장이 발부되지 않으면 다양한 방법으로 불만을 나타내거나 다시 영장을 청구하기도 한다. 수사 절차에서 피의자가 자백할 경우 수사는 한결 쉬워지고, 나중에 재판에서 범행을 부인해도 소용이 없는 때가 많다. 자백하지 않는 피의자도 일단 구속되면 심리적으로 고립무원의 상태에 빠지게 되고, 수사기관은 이를 이용해 자백을 얻어내려고 한다. 검사들 사이에서 "구속은 수사의 끝이 아니라 수사의 시작이다"라는 말이 있는데, 이렇듯 수사기관은 '구속'과 '자백'을 중요하게 여긴다.

한편, 피의자 대부분은 체포되거나 구속되는 경우 자신이 처한 처지와 상황에 어떻게 대처해야 하는지 당황해한다. 또한 나이와 성별, 학력과 직업을 가릴 것 없이 구금되어 조사를 받게 되면 극도로 예민하고 불안해지면서 이런저런 걱정을 떨치기 어렵다. 이런 상황에서 심리적으로 절대적 우위에 있는 경찰관이나 검사가 숙련된 방법으로 질문을 쏟아내면, 피의자는 저지르지 않은 범죄까지 자백하게 되는 경우가 종종 발생한다. 그러므로 헌법상 무죄로 추정을 받는 피의자의 인권을 보장하고 법적·사실적으로 충분히 방어하기 위해 변호인의 도움이 필요하며, 자백을 추궁받거나 자신에게 불리한 질문에 대해 답변하지 않을 권리가 보장되어야 한다.

결국 수사 절차에서 경찰관이나 검사는 피의자를 '구속'해서 '자백'을 받아내려 하고, 구속된 피의자는 '변호인 선임권'과 '진술거부권'을 행사해 대항하게 된다. 이렇게 창과 방패가 정면으로 부딪치는 상황에서 미란다 판결은 수사기관에 '변호인 선임권'과 '진술거부권'이 있다는 사실을 미리 알려준 뒤 비로소 피의자를 조사할 수 있다고 선언함으로써 형사사법의 새로운 기원을 열었다.

흉악범 미란다에 대한
수사 과정

1963년 3월 2일 밤 11시경 미국 애리조나주 피닉스시에서 18세 소녀 A
가 버스에서 내려 걸어서 집으로 가는데, 멕시코계 미국인 에르네스토
미란다Ernesto Miranda가 다가와 A의 손을 잡고 입을 틀어막으며 강제로
차 뒷좌석으로 밀어 넣었다. 대인기피증에 지적 능력이 떨어진 A는 학교
에서 퇴학당한 후 극장의 매점 종업원으로 일하고 있었는데, 그날 영화
가 늦게 끝나서 평소보다 늦게 퇴근하는 길이었다. 미란다는 교외 쪽으
로 20분쯤 달려서 사막 지역에 차를 세워둔 채 A를 강간하고 4달러를
빼앗았다. 범행 후 미란다는 A를 집 근처까지 차로 데려다주었다. 그 후
A의 가족은 이 사실을 듣고 경찰에 신고했다. 담당 경찰관 쿨리는 범인의
행적에 대해 끈질기게 조사한 끝에 3월 13일, 미란다를 체포해 경찰서
조사실에 유치했다.

　미란다는 1941년 멕시코 불법 이민자인 페인트공의 아들로 태어났
다. 어머니는 5세 때 사망했고, 1년 후 아버지가 재혼하면서 함께 살게
된 계모와 이복형제들과 잘 어울리지 못해 어린 시절을 불우하게 보냈
다. 집 안팎에서 여러 가지로 사고를 치다가 중학교 2학년 때 강도죄를
지어 학교를 중퇴했다. 이후 수차례 범죄로 경찰서와 수형 시설을 들락
거리다가 18세가 되던 1959년에 자원입대했다. 하지만 6개월간의 군사
훈련을 버티지 못하고 탈영했다. 불명예 제대 후 떠돌다가 21세가 되는
1962년에 1남 1녀를 둔 이혼녀 투일라 호프먼Twila Hoffman을 만났다.
미란다는 그녀와 동거해 딸을 낳았고, 농산물 적하장에 취직해 야간에
짐을 나르는 일을 했다.

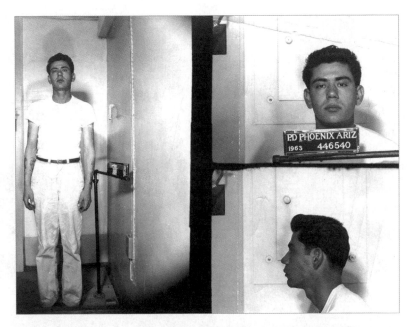

범죄자에게도 인권을 | "당신은 묵비권을 행사할 수 있고 당신에게 불리한 진술을 하지 않을 권리가 있으며 변호사를 부를 권리가 있다." 미란다 경고에 따라 경찰이 범죄 혐의자를 체포할 때 의무적으로 해야 하는 말이다. 이 미란다 원칙이 확립된 것은 한 강간범 때문이었다.

미란다에 대한 조사는 변호인이 없는 상태에서 오전 10시 30분경부터 2시간가량 진행되었다. 쿨리를 비롯한 두 경찰관이 A에 대한 범행을 추궁했지만 미란다는 범행을 부인했다. 그러자 쿨리는 '범인 식별 절차police lineup'를 실시했다. 범인 식별 절차는 피해자나 목격자가 안쪽에서는 밖을 볼 수 없는 특수 유리창을 통해 용의자와 그와 비슷한 사람들 중에서 범인을 찾아내는 절차다. 미란다에 대한 범인 식별 절차에는 4명이 참여했다. 3명은 인근 유치장에서 데리고 온 멕시코계 미국인들로 체격이 비슷했지만 모두 안경을 끼지 않았고, 맨 왼쪽에는 안경을 쓴 미란다가 1번 표시의 종이를 가슴에 달고 서 있었다. 특수 유리창으로 4명을

범인 식별 절차 | 피해자나 목격자가 안쪽에서는 밖을 볼 수 없는 특수 유리창을 통해 용의자와 그와 비슷한 사람들 중에서 범인을 찾아내는 절차다. 맨 왼쪽이 미란다였다.

살펴본 A는 1번이 범인과 비슷해 보이지만 확실하지 않다고 말했다.

미란다는 조사실로 돌아온 쿨리에게 "날 알아봤어요?"라고 물었고, 쿨리는 A가 용의자를 분명히 식별해내지 못했음에도 A가 알아봤다고 대답했다. 바로 미란다는 다 털어놓는 것이 낫겠다고 말했고, 두 경찰관은 곧바로 조사실에서 미란다를 신문하기 시작했다. 미란다는 A에 대한 납치와 강간 범행 일체를 자백하고, 자기가 말한 내용이 적힌 자백 진술서에 서명했다. 여기에는 "내 의사에 따라 협박이나 강요, 이익의 약속 없이 임의로 진술했음을 선서한다. 나의 권리를 모두 알고, 진술이 나에게 불리하게 쓰일 수 있음을 이해한다"라는 문구가 타자로 쳐 있었고, 그 아래에는 미란다의 서명이 있었다. 그런데 이 구절을 경찰관이 읽어준 때는 미란다가 범행을 자백한 이후였다. 두 경찰관이 미란다를 조사하기 전에 진술을 거부하고 변호인의 도움을 받을 권리가 있다는 것을 미리 알려주지는 않았을 것이다.

범죄 용의자 미란다와 경찰관 2명만 있었던 조사실에서 고문이나 가혹행위가 없었다는 것은 분명했지만, 경찰관의 질문 내용과 방식에 대해서는 논란을 불러일으켰다. 미란다는 법정에서 "자백하지 않으면 최근에 일어난 유사한 범죄 혐의를 다 씌워서 처벌하겠다, 성폭행만 자백하면 강도 혐의는 불문에 부치겠다, 처벌보다 성범죄에 대한 정신과 치료를 받도록 해주겠다"라는 등의 협박과 회유, 거짓 약속이 있었다고 주장했다. 이에 대해 쿨리는 미란다가 우호적으로 조사에 임했으며, 강압적인 분위기가 아니었는데 미란다가 범행을 순순히 자백했다고 반박했다.

미란다 변호인들의
'이상한' 주장

1963년 7월 미란다에 대한 형사재판이 시작되었다. 가난해서 변호사를 선임하지 못한 미란다를 위해 법원은 국선변호인으로 앨빈 무어Alvin Moore를 선임했다. 무어는 그동안 피닉스시에서 강간범 35명을 변호해 그중 1명만 유죄 판결을 받았을 정도로 유능한 변호사였다. 그런데 이제 70세가 넘은 그는 몇 년째 사건을 수임하지 않고 가끔 국선변호만 했다. 무어는 국선변호 사건을 맡을 때에는 배심원들에게 "이 사건은 관여하고 싶지 않은 사건입니다. 그러나 사건과 관계없이 피고인에게 최선을 다해 변론할 것입니다"라고 말했다. 무어는 일반 시민이나 변호사들이 쉽게 생각할 수 없는 '이상한' 이론을 내세우면서 미란다를 처벌할 수 없다고 주장했다.

경찰관은 피고인에게 피고인이 경찰 조사실에서 한 진술이 법정에서 불리하게 쓰인다는 사실을 전혀 말해주지 않았다. 조사받기 전에 변호인을 선임할 권리가 있다는 사실도 말해주지 않았다. 한 경찰관은 고지했다고 하고 다른 경찰관은 안했다고 하는데, 누가 진실을 말하고 있는지는 명백하다. 2명의 경찰관이 멕시코 청년을 조사실로 데리고 가서 이러한 권리를 전혀 고지하지 않았는데, 공정하다고 할 수 없다.[2]

이 주장에 따르면, 미란다는 '형사사건에서 자기에게 불리한 증언을 강요받지 아니할 권리[자기부죄 금지특권, 自己負罪 禁止特權]'와 '자기 방어를 위해 변호인의 도움을 요구할 권리'를 보장한 수정헌법 제5조와 제6조의 내용을 몰랐다. 경찰관 또한 신문하기 전에 미리 알려주지 않았으므로, 자기의 권리를 모르는 상태에서 이루어진 자백은 형사재판에서 증거로 채택될 수 없다는 것이다. 검사는 이렇게 반박했다.

변호인이라면 경찰관이 피고인에게 그러한 권리를 고지하는 것이 불필요하다는 사실을 잘 알 것이다. 우리는 훌륭한 경찰관이 있음을 잘 알고 있고, 그들은 불쌍하고 무고한 청소년에게 자백하라고 강요하지 않았다. 경찰관이 이러한 요건을 검증받아야 할 필요가 없다. 쿨리를 비롯한 경찰관들은 피고인의 권리를 빼앗은 사실이 없고, 피고인이 뭐라 하든지 상관없이 그럴 리도 없다.[3]

미란다 재판은 9명의 배심원들이 유무죄를 판단하는 배심재판으로 진행되었기 때문에, 이 사건을 담당한 에일 멕페이트Yale Mcfate 판사는 배심원들에게 법률과 판례에서 자백의 효력에 대해 어떻게 판단하는지 설명해야 했다.

자백이 임의로 한 것이라고 본다면 자백이 진실한지 여부는 전적으로 배심원이 판단한다. 피고인이 구속되어 자백했고 그때 변호인이 입회하지 않았거나 피고인이 한 진술이 법정에서 불리하게 쓰인다는 사실을 고지하지 않았더라도, 그러한 사실에 의해 자백이 임의적인 것이 아니라고 보아서는 안 된다.[4]

판사는 무어 변호사의 '이상한' 주장을 받아들이지 않고, 배심원들에게 그동안 법원이 선언한 법리에 따라 판단해달라고 설명한 것이다. 배심원들은 몇 분 만에 평의를 마치고 돌아와서 만장일치로 유죄로 평결했음을 밝혔고, 판사는 7일 후 미란다에게 납치와 강간 범행에 대해 단기 20년, 장기 30년의 중형을 선고했다. 무어는 이 판결에 불복해 애리조나주 대법원에 상소했다. 법원은 "자백이 임의로 한 것이고 헌법상 권리를 침해한 것이 아니라면 변호인이 없는 가운데 이루어졌어도 허용된다. 미란다는 변호인을 요청하지도 않았고, 변호인의 도움을 받을 권리도 거부당한 사실이 없다"라는 취지로 판시하며 미란다의 상소를 받아들이지 않았다.

여기서 미란다 재판을 이해하기 위해 그동안 미국 법원이 수사 절차에서 피의자가 자백하는 경우 효력을 어떻게 판단해왔는지, 당시 미국 사회와 법원의 모습을 살펴보겠다.

연방 대법원이 미란다 판결을 선고하기 전까지 자백의 효과에 대한 법원의 입장은 멕페이트 판사가 설명했다. 즉, 피의자의 자백은 전체적 신문 상황을 고려해 임의적으로 진술했다는 점만 인정되면 형사재판에서 증거능력이 있고, 수사기관이 피의자에게 헌법상 권리를 알려주었는지 여부는 문제 되지 않았다. 이런 '임의성volutariness' 기준은 자백이 이루어진 특성상 수사기관에 유리하게 작용했다. 경찰관이 고문이나 가혹행위로 받아낸 자백은 효력이 없다. 하지만 경찰관이 피의자를 회유하거나 압력을 행사했더라도 음식을 제때에 주고 밤에 잠을 자게 하면서 받아낸 자백은 전체적 상황이 강압적이지 않아서 증거로 인정될 수 있었다. 그런데 임의성 기준은 사건마다 구체적인 사정이 달라서 명확한 판단 기준을 제시하지 못했고, 수사기관으로 하여금 강압적 분위기를 조성하도록 유도했으므로, 구금되어 조사받는 상황에서 벌어질 수 있는 잠재적인 위협을 고려해서 확실하게 적용될 수 있는 새로운 기준이 필요했다.

1964년 연방 대법원은 형사 피의자가 변호인의 도움을 받을 권리를 점차로 확대했다. 매시아 사건Massiah vs. United States에서 피고인은 변호사가 입회하지 않은 상태에서 불리한 진술을 하도록 신문받지 않을 권리가 있으며, 이런 권리를 침해하고 받아낸 자백은 임의성 여부에 관계없이 증거능력이 없다고 판결했다. 에스코베도 사건Escobedo vs. Illinois에서는 피의자의 권리를 기소되기 전까지로 확대해 수사 절차상 경찰관이 피의자를 조사하는 과정에서도 변호인의 도움을 받을 권리가 보장되어야 한다고 판결했다. 그런데 에스코베도 판결로 인해 경찰관들은 많은 어려움을 겪었다. 어떤 상태에서 받아낸 자백이 증거로 인정될 수 있는지, 경찰관이 피의자에게 변호인 선임권이나 묵비권을 행사할 수 있다는 점을 알려주어야 하는지, 피의자가 이런 권리를 행사한다고 말하는 경우 조사를 중단해야 하는지 등이 문제 되었다. 이에 대해 주 법원마다 입장이 달라서 연방 대법원은 판례를 통일하고 법 집행기관에 명확한 기준을 제시해야 했다.

'브라운 재판'에서 보았듯이, 미국에서는 1950~1960년대 급속한 경제성장에 걸맞게 사회·문화적으로 성숙해져야 한다는 분위기가 조성되었고, 흑인들을 비롯한 사회적 소수자들은 사회·문화적 변화를 주장하는 차원에서 민권운동을 활발하게 전개했다. 그리고 미국과 같은 문명사회의 형사사법에서 범인을 처벌하는 것 못지않게 억울한 사람이 발생하지 않도록 피의자의 헌법상 권리를 보장하고, 이 권리는 가난한 사람들에게도 똑같이 부여되어야 한다는 주장에 동조하는 사람들이 늘어났다. 검사로 근무하는 동안 범죄에 대해 단호하게 대처하는 투사로 명성을 쌓았던 워런 대법원장은 사람들의 예상과 달리 수사 과정과 형사재판

에서 적법절차를 준수하고 피의자의 권리를 최대한 보장하는 방향으로 법리를 전개했다. 매시아 사건과 에스코베도 사건, 미란다 사건이 그 대표적인 판결이다.

　"손바닥도 마주쳐야 소리가 난다"라는 속담처럼 법원이 이런 판결들을 이끌어내기까지는 '미국민권연맹(American Civil Liberties Union, ACLU)'과 소속 변호사들의 열정 어린 변론이 있었다. ACLU는 언론과 종교의 자유, 차별 금지, 피의자의 권리가 문제 되는 소송에서 직접 변호사를 선임해 사건을 주도하거나 법원에 의견서를 제출하는 등 미국 사법을 바꾼 중요한 판결에 큰 영향을 미쳐왔다. 애리조나주 법원의 판결로 교도소에 있던 미란다는 어떻게 된 영문인지 2년이 지난 1965년 6월 연방대법원에 상고를 제기했는데, 이 사건이 ACLU에 소속된 변호사 로버트

코크란Robert Corcoran의 관심을 끌었다. 변호인단은 피의자의 변호인 선임권이 수사 절차에서의 불평등과 강제성을 해결할 열쇠라는 점을 강조하고 미란다가 자백하기 전에 묵비권과 변호인 선임권, 변호인과 상의할 권리를 고지받지 않은 점을 지적했다. 수사기관이 사전에 피의자에게 묵비권과 변호인의 도움을 받을 권리를 고지하지 않았다면, 변호인 없이 이루어진 자백은 유죄의 증거로 허용되어서는 안 된다고 주장했다.

세기의 미란다 판결

1966년 6월 13일 연방 대법원은 9명의 대법관 중 5명이 미란다의 손을 들어주는 판결을 선고했다. 워런, 휴고 블랙Hugo Black, 윌리엄 더글라스William Douglas, 윌리엄 브레넌William Brennen, 에이브 포타스Abe Fortas 등 자유주의적인 대법관들이 다수 의견을 구성했고, 할란, 포터 스튜어트Porter Stewart, 바이런 화이트Byron White, 톰 클라크Tom Clark 등 보수주의 성향의 대법관들이 반대편에 섰다. 판결의 요지만을 읽는 관례를 벗어나 워런 대법원장은 한 시간가량 판결 이유를 전부 읽었다. 판사들이 얼마나 진지하고 치열하게 연구하고 토론하며 결론을 내렸는지 짐작이 가는 대목이다. 이제 다수 의견을 살펴보자.

최근 일련의 사건에서 경찰은 자백을 짜내기 위해 육체적 잔혹 행위와 외부와 단절 상태에서 지속된 구금신문(custodial interrogation, 범죄의 혐의가 있는 사람을 구치소나 경찰서 유치장에 가두어두고 신문하는 것)에 의존했다. 그 단계에서 인내와 끈기가, 혹독한 신문이, 거짓된 법적 조언을 주는 등의 속임수 전략이 사용될 수 있다. 피신문자를 불안정한 상태에 두고 경찰은 설득하고 책략을 쓰고 부추겨서, 피신문자로 하여금 헌법적 권리를 사용하지 못하게 한다. 구금신문이라는 사실은 그것만으로도 개인의 자유에 대해 무거운 희생을 요구하고 피의자의 약점을 이용한다. 수정헌법 제5조에서 보장하는 자기부죄 금지특권과 관련해, 우리의 의견은 이렇다.

피의자가 구금신문에 처해질 때 자기부죄 금지특권은 위험에 빠진다. 이 특권을 보호하기 위해 절차적 보호 수단이 있어야 하는데, 묵비 상태로 있을 권리를 그 사람에게 알려주고 권리의 행사가 존중되도록 보장해주기 위해 완전하고도 유효한 수단이 보장되지 않는 한, 다음의 조치들이 요구된다. 묵비 상태로 있을 권리가 있고, 그가 하는 말은 법정에서 그 자신에게 불리하게 사용될 수 있으며, 변호인의 출석을 누릴 권리가 있고, 만약 변호사를 고용할 여력이 없으면 그가 원할 경우 어떤 신문도 있기 전에 변호인이 지정될 것이라는 사실을 알려주어야 한다. 이런 사실이 고지되고 기회가 주어지고 난 후, 피의자는 이런 권리를 안 상태에서 분별력 있게 권리를 포기하고 신문에 대답하거나 진술하기로 동의할 수 있다. 이런 고지와 포기 사실이 정식 재판 절차에서 검찰에 의해 증명되지 않는 한, 그리고 증명될 때까지는 신문 결과로서 얻어진 어떤 증거도 그에게 불리하게 사용될 수 없다.

구금신문을 해야 할 사회적 필요가 자기부죄 금지특권보다 무겁다는 주장도 제기되었으나, 그 특권은 박탈될 수 없다는 점이 보다 더 무겁다. 한 나라가 자신의 형사법을 시행하는 데 사용하는 방법에 의해 그 나라의 문명의 질은 개략적으로 측정될 수 있다.[5]

반대 의견 중에서 화이트 대법관의 소수 의견을 살펴보자.

다수 의견의 핵심은, 절차적 보호 수단이 없으면 구금 상태에 있는 피의자로부터 얻어진 어떤 진술도 구금 상황에 내재하는 강압 때문에 그가 자유롭게 선택한 것이 아니라는 것이다. 그러나 경찰이 피의자에게 답변을 자극하거나 유인하는 방법을 사용했다고 하더라도, 자백이 강제되었다고 볼 수는 없다. 사실 법원이 이 판결문에 적은 형태의 신문은 관례라기보다 예외인 것으로 보인다. 구금신문에 의한 자백에 강제성이 있는 경우, 변호인의 도움을 받을 권리를 고지받은 후 스스로 그 권리를 포기하고 진술하면 바로 강제성이 없어진다고 보는 것도 이해하기 어렵다.

피의자가 자백하거나 불리한 사실을 인정하는 것은 그 자체로 금지된 증거가 아니고, 오로지 강제된 것만 금지될 뿐이다. 나는 다수 의견이 이런 구분을 준수했는지 의심스럽다. 경찰의 신문 절차가 위협적인 분위기에서 이루어진다고 주장했지만, 다수 의견은 자신이 내놓은 결론과 절차적 보호 수단에 대한 타당한 근거를 전혀 제시하지 못했다. 다수 의견은 피의자의 자백에 대해 뿌리 깊은 불신에 토대를 두고 있으나, 자백은 피의자에게 심리적 위안을 제공하고 사회 복귀를 위한 전망을 높여줄 수 있다. 어떤 정부든 가장 기본적인 기능은 개인과 그가 소유한 재산의 안전을 제공하는 것이다. 사적인 폭력과 보복을 방지해야 할 임무는 효과적으로 수행하지 않고, 인간의 존엄과 문명적 가치만 한가하게 말하는 것은 부당하다. 이 법원이 제시한 원칙 때문에, 살인범과 강간범을 비롯한 많은 범죄자가 풀려나게 되고, 그들은 기분 내킬 때마다 범행을 반복하게 될 것이다.

비록, 이 시점에서 경찰의 구금신문에 대해 더 많은 제한이 바람직하다고 보더라도, 법원이 헌법 정신에 따라 규칙을 만드는 '헌법적 구속복constitutional straitjacket'을 채택하는 방안이 아니라 보다 유연하게 접근하는 것이 타당하다.[6]

경찰관에게 업무 지침을 제시하는 입법적 성격을 띤 다수 의견의 요지는, 외부와 단절된 조사실 분위기는 본질적으로 공포심을 일으키고 위협적이므로, 피의자가 자유롭게 진술하는 것을 보장하려면 그에 따른 절차가 필요하고, 그 절차를 어기고 얻어낸 자백은 유죄의 증거로 사용할 수 없다는 것이다. 반면 소수 의견의 요지는, 그 절차는 자백의 임의성과는 관계가 없고 헌법상 요구되는 것도 아니며, 피의자의 권리를 보호하는 데 치우쳐서 범죄를 제대로 처벌하지 못하는 잘못이 있다는 것이다.

미란다 판결,
논쟁 그 후

미란다 판결은 당시 수사 관행을 정면으로 거부하고 피의자의 권리를 획기적으로 넓히는 결정이었다. 하지만 보수적인 미국인들은 대법원이 범죄 예방을 가볍게 보고 피해자의 권리보다 범죄자의 권리를 더 존중한다며 거세게 비난했다. 판결이 요구하는 '미란다 규칙Miranda rule'을 그대로 따른다면 자백하는 비율이 떨어지고 많은 범죄자가 부당하게 석방될 것이라고 우려하는 목소리가 많았다. 경찰관들은 구금신문을 하기도 전에 수사의 손발을 묶는 것이고, 범죄자들로부터 사회를 보호하는 경찰을 오히려 범죄자로 취급하는 것이라고 흥분했다.

1968년 연방 의회는 연방 법원으로 하여금 피의자의 자백이 임의적으로 이루어진 것이라고 인정되면 미란다 고지 여부를 묻지 않고 증거능력을 인정해야 한다는 취지의 법률을 제정했다. 1968년 치러진 대통령선거에서 공화당 후보 리처드 닉슨Richard Nixon은 '법과 질서'를 슬로건으로 내세웠다. 그는 미란다 판결로 흉악범은 늘어나는데 유죄 선고율이 낮아져서 평화를 추구하는 시민들이 위험에 빠지게 되었다고 비판하고, 미란다 판결을 파기하거나 적용 범위를 제한하는 판사를 대법관으로 임명하겠다고 공약했다.

그동안 학자들은 미란다 규칙이 수사 절차에서 어떻게 적용되는지, 강력 범죄에 대한 검거율·자백률·유죄율에서 변화가 있는지 실증적으로 연구했다. 비판론자들의 예상과 달리 경찰관들은 미란다 원칙을 지키면서도 자백을 잘 받아냈고, 다른 수치에서도 거의 변화가 없었으며, 강력 범죄에 대한 공권력 역시 무력해지지 않았다. 한편, 1969~1970년 사이에 3명의 대법관들이 바뀌는 가운데 연방 대법원은 미란다 규칙의 요건을 좁게 해석하거나 규칙에 대한 예외를 신설했다. 다만, 하급 법원이 개정 법률을 적용해서 경찰관이 미란다 고지를 안 했더라도 임의성이 있으면 자백은 허용된다고 판단했는데, 2000년 연방 대법원은 미란다 원칙은 미국 문화의 일부가 되었으므로 연방 의회도 폐기할 수 없다고 선언하면서 기본 원칙을 유지했다는 사실은 기억할 만하다. 거센 반발 속에서도 수사기관은 미란다 판결의 취지에 따라 '미란다 고지 카드Miranda warning cards'를 만들어 경찰관들로 하여금 체포하거나 신문을 받는 피의자에게 고지하도록 조치했다.

격렬한 논쟁 끝에 대법원으로부터 유리한 판단을 받은 미란다는 A에 대한 납치·강간죄와는 별도로 강도죄의 유죄 판결을 받아 수감 중에 1967년 2월 애리조나주 법원에서 다시 재판을 받았다. 딸의 양육 문제로 동거녀와 다투던 미란다는 복지 담당 공무원에게 "호프먼이 딸의 양육자로 적절하지 않다"라고 했고, 이를 전해 들은 호프먼은 검사에게 "처음 면회했을 때 미란다가 자기에게 A를 강간했다는 사실을 털어놓으며 A를 찾아가 고소를 취하하면 결혼할 마음이 있다는 사실을 전해달라고 부탁했다"라고 진술했다. 법정에서 호프먼의 증언을 들은 후 배심원들은 유죄로 판단했고, 판사는 처음 재판과 같은 형을 선고했다. 미란다는 주 대법원에 상소했으나 기각되었고, 연방 대법원에 상고했으나 이번에는 상고가 허가되지 않았다. 1972년 가석방된 미란다는 미란다 카드를 복사해 여기에 서명해서 장당 1달러 50센트에 팔았다. 그 후 가석방 조건을 위반해서 다시 교도소에 수감되었다가 1975년 12월 석방되었다. 미란다는 1976년 1월 31일 피닉스시의 어느 술집에서 카드놀이를 하다가 싸움을 벌이게 되었고, 가슴과 배를 칼로 찔려 살해되었다. 함께 있던 두 사람은 경찰관으로부터 미란다 고지를 받은 후 변호인 없이 조사받겠다고 하면서도 범행에 대해 서로 미루면서 자백하지 않았다. 결국 경찰은 진범을 정확히 가리지 못했고, 미란다는 억울하게 삶을 마감했다.

일반적으로 9명의 대법관들은 소신과 이념 성향에 따라 판단을 달리했다고 평가된다. 검사 시절 경찰관들이 구속된 피의자로부터 자백을 받아내려고 기망이나 책략을 사용하는 것을 많이 보았던 워런 대법원장은 이런 수사 기법과 사례를 상세하게 소개하면서 '3급 수사'에서 과감

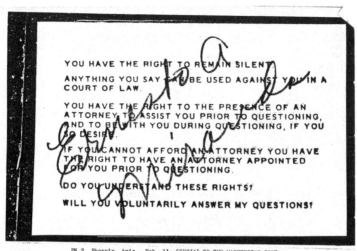

PN 2 Phoenix, Ariz. Feb. 11--SPECIAL TO THE WASHINGTON POST
An autographed reproduction of a Miranda card.

미란다가 판 '미란다 카드' │ 미란다는 자신이 '미란다 원칙'을 만든 사람이라고 뻐기며 심지어 미란다 카드에 서명을 한 뒤 팔기도 했다. 인간 이하의 범죄자였던 이 청년의 이름은 아이러니하게도 인권 존중의 한 상징으로 역사에 남았다.

하게 벗어나야 한다고 입장을 180도 바꾸었다. 미란다 재판을 연구한 권영법 변호사가 쓴《미란다 판결》에 따르면, 미국에서는 다수 의견을 낸 대법관들은 불우한 가정환경에서 자란 미란다의 관점에서 조사실을 들여다보았는데, 그들 역시 가난한 집 출신이라는 분석이 있다. 즉, 아버지가 철도 노동자, 석탄 화로공, 가난한 개신교 목사, 중소상인, 가구공인인 판사들은 피의자의 인권을 강조한 반면 아버지가 유명한 변호사, 회사 경영인인 판사들은 범죄의 예방과 질서를 강조했다는 것이다. 판사들의 이념적 성향이 어떻게 형성되고 판단에 반영되는지는 중요하면서도 거의 연구되지 않은 부분인데, 미란다 재판에서는 사회적 약자에 대한 감수성이 많이 작용했다고 생각한다.

미란다 판결은 역사적으로 미국의 형사사법에서 피의자의 권리를 최대한 보호하는 방향으로 물꼬를 바꾼 세기의 결정이었다. 수사 절차는 본질적으로 강제성을 띠게 되고, 수사기관과 피의자 사이에 힘의 균형이 이루어지기 어렵다. 이런 상황에서 구속 피의자는 변호인의 도움을 받아 답변하거나 아예 답변을 거부할 수 있어야 하는데, 피의자에게 부여된 '자기부죄 금지특권'과 '변호인의 도움을 받을 권리'를 보장하기 위해 미란다 판결이 제시한 원칙은 수사 절차에서 '무기대등의 원칙(또는 무기평등의 원칙, 재판에서는 양 당사자가 대등한 지위에서 법적 다툼을 해야 한다는 의미)'을 구현하는 첫 번째 발걸음이었다. 기존의 수사 관행을 전면적으로 부정하는 미란다 판결은 자백의 증거능력에 대해 종전의 '임의성' 원칙을 버리고 '절차의 적법성'을 채택했는데(패러다임의 전환), 형사사법의 모든 부분에서 적법절차를 준수하고 피의자의 권리를 보호하는 방향으로 운용하는 데 크게 기여했다. 당시 미국 사법부는 워런 대법원장의 주도로 사법적극주의에 따라 '형사절차의 혁명revolution in criminal procedure' 과정에 있었는데, 미란다 판결은 그 정점에 있었다고 평가된다.

과연 미란다 판결은 옳은 것인가? 미란다 판결은 "1명의 무고한 사람을 처벌하기보다는 10명의 범인을 놓치는 것이 낫다Better that ten guilty persons escape than that one innocent suffer"라는 법 격언의 현대적 적용이라고 할 수 있다. 이와 반대로 '10명을 처벌하다 보면 1~2명의 억울한 사람도 생길 수밖에 없지 않는가'라는 입장도 있을 수 있다. 억울한 사람이 없도록 신중하게 범죄자를 가려내는 것이 중요하다고 생각하는 사람들은 전자의 입장을, 범죄를 엄단해서 사회질서를 유지하는 것이 중요하다고 생각하는 사람들은 후자의 입장을 취할 가능성이 크다. 이 문제는 각자의 인간관과 사회의식에 달려 있으므로 모든 사람의 일치된 의견을 기대할 수는 없다. 다만, 자신이 범죄에 의한 잠재적 피해자가 될 수 있다는 점만 생각할 것이 아니라, 국가권력에 의한 피해자가 되었을 때도 함께 생각해야 할 것이다. 근대국가의 형사법은 시기와 장소에 관계없이 사법권을 행사하는 사람들이 여러 원인(개인과 수사·재판 기관의 속성, 정치권력에 의한 압박, 엄중한 처벌을 요구하는 사회 분위기)으로 억울한 범죄자를 만들어낸 역사적 현실을 반성하며 자세하게 절차를 규정하고 신중하게 수사와 재판에 임하도록 요구하고 있다. 미란다 판결의 다수 의견과 소수 의견은 이념적으로나 정책적으로 다른 입장에 서 있지만, 법 이론을 바탕으로 치열하게 논쟁했다는 점에서 새롭게 음미해보아야 한다.

미란다 판결은 미국의 수사 실무나 형사재판에 실질적으로 어떤 영향을 미쳤을까? 앞서 보았듯이, 주요 범죄에 대한 검거율과 자백률과 유죄율에서 의미 있는 변화가 없다는 것이 실증적으로 밝혀졌다. 피의자들 대부분은 명시적으로나 묵시적으로 미란다 권리를 포기하고 변호사 없이 경찰관의 신문에 대답했고, 경찰관들은 자백을 잘 받아냈다. 이러한 현상은 경찰관들이 정교한 방법으로 피의자를 설득해서 미란다 권리를 포기하는 수사 기법을 개발하고 시행해왔기 때문이다. 검사와 판사는 미란다 원칙이 자백의 증거능력에 대한 입증과 판단의 부담을 덜어준다는 이유에서 미란다 판결을 지지한다. 이런 측면에서 미란다 원칙이 수사기관에 다루기 쉬운 사전 절차가 되었고, '담배갑의 경고 그림'으로 전락했다는 비판도 있다. 이 점은 미란다 원칙을 도입한 우리나라에서도 마찬가지다. 그렇다면 경찰관의 신문 과정에서 변호인이 참여해서 실질적으로 피의자를 거들어주고 있는지가 중요할 터인데, 법적으로나 현실적으로 아직도 가야 할 길이 멀다. 한편, 일반 시민에게 '국가가 범죄인 처벌과 함께 적법절차도 중요한 가치로 여기고 있고, 흉악한 피의자에게도 보호받아야 할 권리가 있다'는 사실을 용어 하나로 알려준다는 점에서 교육적 기능을 톡톡히 하고 있다고 생각한다.

우리나라는 헌법 제12조 제2항과 제4항에서 피의자의 진술거부권과 구금 시 변호인의 도움을 받을 권리를 규정하고, 제5항 전문에서 "누구든지 체포 또는 구속의 이유와 변호인의 조력을 받을 권리가 있음을 고지받지 아니하고는 체포 또는 구속을 당하지 아니한다"라고 규정함으로써 미란다 원칙을 헌법상 국민의 권리로 규정하고 있다. 또한 제5항 후문은 "체포 또는 구속을 당한 자의 가족 등 법률이 정하는 자에게는 그 이유와 일시·장소가 지체 없이 통지되어야 한다"라고 규정해 후속 통지 절차를 규정하고 있다. 나아가 피의자와 피고인의 기본적 권리를 보장하고 형사소송에서 적법절차를 강조하기 위해 헌법은 제12조 제1항부터 제7항까지 구체적이고 상세하게 규정하고 있다. 이는 과거 권위주의 시대에 민주화 운동을 하는 사람들을 불법적으로 체포하고 구금해 인권을 침해하고 가족들에게 고통을 준 일이 많았음을 반성하며 국민들의 뜻을 받들어 모든 국가기관에 피의자의 기본적 권리를 침해하는 사례가 발생하지 않도록 명령하는 것이라고 평가된다.

마지막으로, 미란다 재판의 주인공 미란다를 떠올려본다. 불우한 가정환경 탓으로 돌리기에는 그의 범죄가 매우 흉악하다. 법원의 법리적 판단으로 잠시 한숨을 돌렸지만 동거녀의 배신으로 죗값을 치렀는데, 배신의 원인은 자신에게 있었다. 자신을 살해한 사람이 처벌되지 않은 이유 중에는 잠시 희망을 품게 했던 법리가 있었다. 누구를 탓하고, 누구를 원망할 것인가. 그런데 미란다의 '이상한' 주장이 받아들여지면서 모든 피의자에게 방패를 주었는데, 이것은 누구의 덕이고 무슨 조화일까. 획기적인 판례가 나온 역사를 보면, 나쁜 당사자가 훌륭한 법리를 만들어내는 일이 종종 있다. 우리나라에서도 독특한 당사자들이 법조문에 대해 통설에 어긋나게 '이상한' 해석이나 주장을 하는 경우가 많은데, 그때 필요한 것은 선입견에 빠지지 않고 선의로 '이상한' 주장을 살펴보면서 세상을 넓게 보려는 판사의 열린 마음일 것이다.

주석

1 소크라테스 재판

1 《고등학교 철학》교과서, 한국정신문화연구원 편, 1990, 8쪽

2 플라톤, 강철웅 옮김, 《소크라테스의 변명》, 이제이북스, 2014, 47쪽

3 플라톤, 같은 책, 64쪽

4 플라톤, 같은 책, 79쪽

5 플라톤, 같은 책, 84~85쪽

6 플라톤, 같은 책, 104쪽

7 플라톤, 같은 책, 107쪽

8 플라톤, 같은 책, 110~114쪽

9 플라톤, 같은 책, 114~115쪽

10 이정호, 〈플라톤의 대화편 기행 2 '크리톤'-소크라테스는 악법도 법이라고 말한 적이 없다〉, 《시대와 철학》제6권 제2호(한국철학사상연구회), 1995, 289~290쪽

11 플라톤, 전현상 옮김, 《파이돈》, 이제이북스, 2013, 164쪽

2 카틸리나 재판

1 김영진, 〈기원전 63년 카틸리나 '음모'의 재조명-키케로와 살루스티우스의 평가를 대비하여〉, 서울대학교 대학원, 2001, 6~7쪽. 이 연설은 기원전 64년 키케로와 집정관 선거에서 경쟁하기 이전에 행해진 것으로 되어 있다.

2 키케로, 김남우 옮김, 《설득의 정치》, 민음사, 2015, 124~125, 139~140, 142쪽

3 시오노 나나미, 김석희 옮김, 《로마인 이야기 4》, 한길사, 1996, 141~147쪽

4 시오노 나나미, 같은 책, 147~150쪽

5 시오노 나나미, 같은 책, 151쪽

6 김영진, 같은 논문, 40쪽

7   마이클 파렌티, 이종인 옮김,《카이사르의 죽음》, 무우수, 2004, 113쪽

8   기원전 149년에 설치된 배심재판제도인 상설사문회는 종전의 민회 재판을 대체해 이후 제정기 200년간 일반 형사법원으로 자리 잡았다.

3   토머스 모어 재판

1   박홍규,《몽테뉴의 숲에서 거닐다》, 청어람미디어, 2004, 175~176쪽

2   박홍규, 같은 책, 175쪽

3   토머스 모어, 주경철 옮김,《유토피아》, 을유문화사, 2007, 119쪽

4   토머스 모어, 같은 책, 119~120쪽

5   토머스 모어, 같은 책, 2007, 47~48쪽

6   모어와 같은 시대를 산 영국의 문법학자 토머스 휘팅튼이 모어의 재능을 극찬하면서 한 말이다. 사리사욕에 흔들리지 않고 소신에 따라 행동하는 변함없는 성품으로 볼 때, '사계절 늘 변치 않는 기개를 가진 사람'이라는 뜻으로 볼 수 있다.

7   브라이언 해리스, 이보경 옮김,《인저스티스》, 열대림, 2009, 308쪽

8   브라이언 해리스, 같은 책, 309쪽

9   박원순,《세기의 재판》, 한겨레출판, 2016, 133쪽

10 브라이언 해리스, 같은 책, 314쪽

11 브라이언 해리스, 같은 책, 316쪽

12 박원순, 같은 책, 138쪽

13 토머스 모어, 같은 책, 2007, 27쪽

14 토머스 모어, 같은 책, 2007, 220~221쪽

4   마르탱 게르 재판

1   몽테뉴, 손우성 옮김,《몽테뉴 수상록》, 동서문화사, 1978, 1146~1147쪽

5   갈릴레오 갈릴레이 재판

1   강명관,《조선에 온 서양물건들》, 휴머니스트, 2015, 92쪽

2   주경철,《유럽인 이야기 2》, 휴머니스트, 2017, 118쪽

3   갈릴레오 갈릴레이, 이무현 옮김,《대화》, 사이언스북스, 2016, 495~498, 543쪽

4   박원순,《세기의 재판》, 한겨레출판, 2016, 212~213쪽

5   갈릴레오 갈릴레이, 같은 책, 17쪽

6   찰스 1세 재판

1   《광해군 일기》, 광해 8년, 2월 28일

2   김진한,《헌법을 쓰는 시간》, 메디치미디어, 2017, 107~108쪽

3   브라이언 해리스, 이보경 옮김,《인저스티스》, 열대림, 2009, 148~150쪽

4   브라이언 해리스, 같은 책, 148~150쪽

5   브라이언 해리스, 같은 책, 151~153쪽

6   브라이언 해리스, 같은 책, 154쪽

7   브라이언 해리스, 같은 책, 155쪽

8   브라이언 해리스, 같은 책, 161쪽

9   브라이언 해리스, 같은 책, 162쪽

10 존 킨, 양현수 옮김,《민주주의의 삶과 죽음》, 교양인, 2017, 375쪽

7   세일럼의 마녀재판

1   로절린 섄저, 김영진 옮김,《세일럼의 마녀들》, 서해문집, 2013, 79쪽

2   로절린 섄저, 같은 책, 73쪽

3   로절린 섄저, 같은 책, 110쪽

8   마버리 재판

1   이범준,《헌법재판소, 한국 현대사를 말하다》, 궁리, 2009, 113쪽

2   알렉산더 해밀턴·제임스 매디슨·존 제이, 김동명 옮김,《페더럴리스트 페이퍼》, 한울아카
    데미, 1995, 458, 460쪽

3   한국미국사학회,《사료로 읽는 미국사》, 궁리, 2006, 101~102쪽

4 1819년 9월 6일, 제퍼슨 대통령이 스펜서 로언(Spencer Roane) 판사에게 보낸 편지 중에서

5 김진한,《헌법을 쓰는 시간》, 메디치미디어, 2017, 321쪽

9 드레드 스콧 재판

1 임상혁,《나는 노비로소이다》, 너머북스, 2010, 202~203쪽

2 L. 레너드 캐스터·사이먼 정,《미국을 발칵 뒤집은 판결 31》, 현암사, 2012, 218~220쪽

3 L. 레너드 캐스터·사이먼 정, 같은 책, 221~223쪽

10 드레퓌스 재판

1 박원순,《세기의 재판》, 한겨레출판, 2016, 229~230쪽

2 에밀 졸라, 유기환 옮김,《나는 고발한다》, 책세상, 2005, 90, 106쪽

3 박원순, 같은 책, 221쪽

4 니홀라스 할라스, 황의방 옮김,《나는 고발한다》, 한길사, 2015, 397쪽

5 니홀라스 할라스, 같은 책, 419쪽

6 머니투데이,〈시간이 가면 기록은 사라지고…'재심' 국가가 나설 때〉, 2016. 4. 28.

11 로크너 재판

1 종업원 300인 이상의 사업장과 공공기관은 7월 1일부터, 50~299인의 사업장은 2020년 1월 1일부터, 5~49인 사업장은 2021년 7월 1일부터 주당 52시간 근로시간을 준수해야 한다.

2 L. 레너드 캐스터·사이먼 정,《미국을 발칵 뒤집은 판결 31》, 현암사, 2012, 366~368쪽

12 팽크허스트 재판

1 1947년 9월 2일 5명으로 구성된 대법원 민사부에서 선고한 이 판결(1947. 9. 2.선고 1947

민상제88호)은 당시로서는 파격적인 것이어서 국내 최초로 헌법 재판 논쟁이 일었다.

2   박석분, 《인물여성사-세계 편》, 새날, 1996, 257쪽

3   박석분, 같은 책, 258쪽

4   미셸린 이샤이, 조효제 옮김, 《세계인권사상사》, 길, 2005, 282쪽

5   리처드 앨틱, 이미애 옮김, 《빅토리아 시대의 사람들과 사상》, 아카넷, 2011, 103~104쪽

6   이남희, 〈영국 여성참정권의 반대자들〉, 《역사학보》제150집, 377~380쪽을 요약한 것임.

7   박석분, 같은 책, 280쪽

8   에멀린 팽크허스트, 김진아·권승혁 옮김, 《싸우는 여자가 이긴다》, 현실문화, 2016, 377~382쪽

9   에멀린 팽크허스트, 같은 책, 384~387쪽

10   이남희, 〈젠더, 몸, 정치적 권리 – 영국 여성참정권 운동가의 이미지 분석〉, 《영국 연구》제24호, 2010, 179쪽

13 브라운 재판

1   L. 레너드 캐스터·사이먼 정, 《미국을 발칵 뒤집은 판결 31》, 현암사, 2012, 231~232쪽 단, '격리'를 '분리'로 바꾸었음.

14 아이히만 재판

1   송충기, 《나치는 왜 유대인을 학살했을까?》, 민음인, 2013, 102~103쪽

2   한나 아렌트, 김선욱 옮김, 《예루살렘의 아이히만》, 한길사, 2006, 342쪽

3   한나 아렌트, 같은 책, 382쪽

4   한나 아렌트, 같은 책, 391~392쪽

5   한나 아렌트, 같은 책, 106쪽

6   알랭 쉬피오, 박제성·배영란 옮김, 《법률적 인간의 출현》, 2015, 글항아리, 83쪽

15 미란다 재판

1   신동운 외, 《새로운 인신구속제도 연구》, 법원행정처, 1996

2   권영법, 《자백과 묵비권, 그리고 미란다 판결》, 세창출판사, 2015, 135쪽

3   권영법, 같은 책, 135~136쪽

4   권영법, 같은 책, 148쪽

5   박승옥, 《미란다 원칙》, 법수레, 2010, 40~175쪽을 정리했음.

6   박승옥, 같은 책, 240~285쪽을 정리했음.

참고 문헌

· 국내에 출간되거나 번역된 책과 논문 중에서 각 재판의 이해를 도울 중요한 문헌을 소개한다.

---

1   소크라테스 재판

· 권창은·강정인, 《소크라테스는 악법도 법이라고 말하지 않았다》, 고려대학교출판부, 2005
· 박홍규, 《소크라테스 두 번 죽이기》, 필맥, 2005
· 이정호, 〈플라톤의 대화편 기행 2 '크리톤' – 크라테스는 악법도 법이라고 말한 적이 없다〉, 《시대와 철학》제6권 제2호(한국철학사상연구회), 1995
· 제임스 A. 콜리이이코, 김승욱 옮김, 《소크라테스의 재판》, 작가정신, 2009
· 플라톤, 강철웅 옮김, 《소크라테스의 변명》, 이제이북스, 2014

---

2   카틸리나 재판

· 박찬운, 《로마 문명 한국에 오다》, 나남, 2014
· 마리 자겐슈나이더, 이온화 옮김, 《재판》, 해냄, 2003
· 메리 비어드, 김지혜 옮김, 《로마는 왜 위대해졌는가》, 다른, 2017
· 시오노 나나미, 김석희 옮김, 《로마인 이야기 4》, 한길사, 1996
· 키케로, 김남우 외 옮김, 《설득의 정치》, 민음사, 2015

---

3   토머스 모어 재판

· 김우창, 《법과 양심》, 에피파니, 2017
· 박원순, 《세기의 재판》, 한겨레출판, 2016
· 브라이언 해리스, 이보경 옮김, 《인저스티스》, 열대림, 2009
· 제임스 몬티, 성찬성 옮김, 《성 토머스 모어》, 가톨릭출판사, 2006
· 토머스 모어, 주경철 옮김, 《유토피아》, 을유문화사, 2007

4 마르탱 게르 재판

- 권오룡, 〈역사와 영화: 근대적 개인의 탄생-마르탱 게르의 귀향의 역사적 의미 해석〉, 외국어 교육 제10권, 2008
- 서정남, 〈영화 '마르탱 게르의 귀향', 주제 구현을 위한 서사전략 연구〉, 《프랑스 문화연구》제20집(한국프랑스문화학회), 2010
- 유바믹, 〈'마르탱 게르의 귀향'을 둘러싼 논쟁의 분석-시대 착오와 스테레오 타입, 그리고 16세기 개인과 선택의 문제〉, 《용봉인문논총》제39권(전남대학교인문학연구소), 2011
- 차용구, 《로마 제국 사라지고 마르탱 게르 귀향하다》, 푸른역사, 2003
- 나탈리 제먼 데이비스, 양희영 옮김, 《마르탱 게르의 귀향》, 지식의풍경, 2000

5 갈릴레오 갈릴레이 재판

- 곽차섭 · 임병철, 《역사 속의 소수자들》, 푸른역사, 2009
- 박원순, 《세기의 재판》, 한겨레출판, 2016
- 주경철, 《유럽인 이야기 2》, 휴머니스트, 2017
- 갈릴레오 갈릴레이, 이무현 옮김, 《대화》, 사이언스북스, 2016
- 크리스티안 마이어 외, 이온화 옮김, 《누가 역사의 진실을 말했는가》, 푸른역사, 1998

6 찰스 1세 재판

- 김민제, 《영국 혁명의 꿈과 현실》, 역민사, 1998
- 김진한, 《헌법을 쓰는 시간》, 메디치미디어, 2017
- 김중락, 〈국왕 죽이기-잉글랜드 찰스 1세의 재판과 반역법〉, 《영국 연구》제14권(영국사학회), 2005
- 나종일 · 송규범, 《영국의 역사-상》, 한울아카데미, 2005
- 브라이언 해리스, 이보경 옮김, 《인저스티스》, 열대림, 2009

7 세일럼의 마녀재판

- 양정호, 〈1692년 세일럼 마녀재판을 통해서 본 17세기 뉴잉글랜드의 종교문화〉, 《젠더와 문화》제8권 제2호(계명대학교 여성학연구소), 2015
- 주경철, 《마녀》, 생각의 힘, 2016
- 최웅·김봉중, 《미국의 역사》, 소나무, 1997
- L. 레너드 캐스터·사이먼 정, 《세계를 발칵 뒤집은 판결 31》, 현암사, 2014
- 로절린 샌저, 김영진 옮김, 《세일럼의 마녀들》, 서해문집, 2013

8 마버리 재판

- 박철, 〈존 마셜 대법원장〉, 《민사법 연구》제12권 제1호(대한민사법학회), 2004
- 조지형, 〈마버리 v. 매디슨 사건과 존 마셜의 사법 심사〉, 《미국사 연구》제9집(한국미국사학회), 1999
- 조지형, 〈사법심사의 역사적 기원, 마버리 v. 매디슨 사건 이전을 중심으로〉, 《서양사론》제53권(한국서양사학회), 1997
- 알렉산더 해밀턴·제임스 매디슨·존 제이, 김동명 옮김, 《페더럴리스트 페이퍼》, 한울아카데미, 1995
- 앨런 브링클리, 황혜성 외 옮김, 《있는 그대로의 미국사 1》, 휴머니스트, 2011

9 드레드 스콧 재판

- 박철, 〈미국의 판례를 통해서 본 인종차별 극복의 역사〉, 《민사재판의 제문제》제15권(한국사법행정학회), 2006
- 조지형, 〈시민권의 의미와 친노예적 법문화〉, 《미국사 연구》제11집(한국미국사학회), 2000
- 최웅·김봉중, 《미국의 역사》, 소나무, 1997
- L. 레너드 캐스터·사이먼 정, 《미국을 발칵 뒤집은 판결 31》, 현암사, 2012
- 앨런 브링클리, 황혜성 외 옮김, 《있는 그대로의 미국사 2》, 휴머니스트, 2011

10 드레퓌스 재판

- 박원순, 《세기의 재판》, 한겨레출판, 2016
- 유시민, 《거꾸로 읽는 세계사》, 푸른나무, 2008
- 니홀라스 할라스, 황의방 옮김, 《나는 고발한다》, 한길사, 2015
- 에밀 졸라, 유기환 옮김, 《나는 고발한다》, 책세상, 2005
- 콜린 존스, 방문숙·이호영 옮김, 《케임브리지 프랑스사》, 시공사, 2001

11 로크너 재판

- 최웅·김봉중, 《미국의 역사》, 소나무, 1997
- 장하준, 김희정 옮김, 《장하준의 경제학 강의》, 부키, 2014
- 조지형, 〈실체적 적법절차와 '반개혁'의 정치-로크너 사건을 중심으로〉, 《미국사 연구》 제 27집(한국미국사학회), 2008
- L. 레너드 캐스터·사이먼 정, 《미국을 발칵 뒤집은 판결 31》, 현암사, 2012
- 앨런 브링클리, 황혜성 외 옮김, 《있는 그대로의 미국사 2》, 휴머니스트, 2011

12 팽크허스트 재판

- 박상훈, 《민주주의의 시간》, 후마니타스, 2017
- 박석분, 《인물여성사-세계 편》, 새날, 1996
- 이남희, 〈영국 여성 참정권 운동의 성격, 1897~1918-활동가에 대한 분석을 중심으로〉, 서울대학교 대학원, 1999
- 이남희, 〈젠더, 몸, 정치적 권리-영국 여성 참정권 운동가의 이미지 분석〉, 《영국 연구》 제 24호, 2010
- 에멀린 팽크허스트, 김진아·권승혁 옮김, 《싸우는 여자가 이긴다》, 현실문화, 2016

13 브라운 재판

- 안경환, 《미국 헌법의 이해》, 박영사, 2014
- 장호순, 《미국 헌법과 인권의 역사》, 개마고원, 2016
- 조지형, 〈평등의 언어와 인종차별의 정치-브라운 사건을 중심으로〉, 《미국사 연구》제17집(한국미국사학회), 2003
- L. 레너드 캐스터·사이먼 정, 《미국을 발칵 뒤집은 판결 31》, 현암사, 2012
- 앨런 브링클리, 황혜성 외 옮김, 《있는 그대로의 미국사 3》, 휴머니스트, 2011

14 아이히만 재판

- 강신주, 《철학 vs 철학》, 오월의봄, 2016
- 김선욱, 〈아이히만 재판과 인류에 대한 범죄〉, 《대동철학》제51집, 2010
- 송충기, 《나치는 왜 유대인을 학살했을까?》, 민음인, 2013
- 쿠르트 리스, 문은숙 옮김, 《악법도 법이다》, 이룸, 2008
- 한나 아렌트, 김선욱 옮김, 《예루살렘의 아이히만》, 한길사, 2006

15 미란다 재판

- 권영법, 《자백과 묵비권, 그리고 미란다 판결》, 세창출판사, 2015
- 박승옥, 《미란다 원칙》, 법수레, 2010
- 안경환, 《미국 헌법의 이해》, 박영사, 2014
- 장호순, 《미국 헌법과 인권의 역사》, 개마고원, 2016
- 조국, 〈미란다 규칙의 실천적 함의에 대한 소고-미국 연방대법원의 입장 변화를 중심으로〉, 《형사법 연구》제10호(한국형사법학회), 1997

찾아보기

재판으로 본 세계사

1판 1쇄 발행일 2018년 8월 3일
1판 6쇄 발행일 2022년 11월 21일

지은이 박형남

발행인 김학원
발행처 (주)휴머니스트출판그룹
출판등록 제313-2007-000007호(2007년 1월 5일)
주소 (03991) 서울시 마포구 동교로23길 76(연남동)
전화 02-335-4422 **팩스** 02-334-3427
저자·독자 서비스 humanist@humanistbooks.com
홈페이지 www.humanistbooks.com
유튜브 youtube.com/user/humanistma **포스트** post.naver.com/hmcv
페이스북 facebook.com/hmcv2001 **인스타그램** @humanist_insta

편집주간 황서현 **편집** 이영란 **디자인** 민진기디자인
용지 화인페이퍼 **인쇄** 청아디앤피 **제본** 민성사

ⓒ 박형남, 2018

ISBN 979-11-6080-148-4 03300